建設維護生命尊嚴的世紀

2005至2012年SGI日紀念倡言集

池田大作 著

商務印書館

建設維護生命尊嚴的世紀

作　　者：池田大作
責任編輯：蔡柷音
出　　版：商務印書館（香港）有限公司
香港筲箕灣耀興道 3 號東匯廣場 8 樓
http://www.commercialpress.com.hk
發　　行：香港聯合書刊物流有限公司
香港新界大埔汀麗路 36 號中華商務印刷大廈 3 字樓
印　　刷：美雅印刷製本有限公司
九龍觀塘榮業街 6 號海濱工業大廈 4 樓 A
版　　次：2018 年 5 月第 1 版第 1 次印刷

（精）ISBN 978 962 07 5767 9
（平）ISBN 978 962 07 5768 6
Printed in Hong Kong

目錄

面向新世紀——人本主義的對話

2005 年 SGI 日紀念倡言

為了紀念 SGI（國際創價學會）成立三十週年，在敍述我的感想的同時，我要提出為尋求世界和平及人類共生的確實可行方法及途徑。

首先，我要對這次在印尼蘇門答臘地震及海嘯中不幸喪生的人民表示深切的哀悼，同時也對災民表示親切的慰問。

遭受這場罕見大災害的國家，在實現復興之中，不可或缺的是國際社會強力而持續的支援體制。我希望這種合作能夠進一步地加強。

我從心裏盼望復興事業得以順利進行，使災民能夠化悲痛為力量，早日恢復充滿希望及安定平穩的生活。

⁂ 安全保障優先政策

自從 2001 年美國發生 911 恐怖活動以來，全球的緊張狀態一直不斷增加。為了應付隨時可能發生的恐怖活動，眾多國家都把安全保障政策放在優先位置。

這種緊張狀態使市民日常生活的不安不尋常地擴大。雖然這種狀態與冷戰時代有相似之處，卻令人感到有過之而無不及的威脅，原因是現在我們不僅看不清誰是敵人，同時也不知道甚麼時候會結束。正因為人們被這種無休止的不安困擾，所以無論我們採取怎樣的軍事行動或治安措施，都不能令人感到安心。

伊拉克的局勢仍然處於混亂狀態。雖然去年（2004 年）

6 月美國向臨時政府移交了主權，但是仍很難說在 1 月 30 日舉行的國民議會選舉能否成功。（國民議會選舉在 1 月 30 日順利舉行，有 845.6 萬名選民參加大選投票，佔登記選民 58%，由什葉派宗教領袖西斯塔尼支援的政黨聯盟「伊拉克團結聯盟」獲得了超過 407 萬張選票，得票率約為 47%）

除了這些問題外，中東和平的前景困難重重、北韓核武器開發問題的膠着，還有地域糾紛不斷發生等不安因素此起彼伏，令人擔憂「戰爭與暴力的二十世紀」將會重現。

另一方面，近年來許多國家不斷優先採取安全保障政策，使本來應該裁軍的地方卻出現擴軍的勢頭，治安問題優先於人權問題，貧困和破壞環境等其他全球性問題的對策再被推遲。可以說，為了預防恐怖活動，卻產生了另一個深刻地威脅人類生活和尊嚴的局面。

那麼，如何克服二十一世紀人類所面臨的危機呢？從根本上來說，沒有如同一揮魔杖就可解決問題的政策。相反，我們不得不承認前途非常險峻，我們面對的是如何不得不挺身抵抗蠻不講理的暴力難題。

儘管如此，我們也沒有必要陷入悲觀與絕望之中。只要是由人引起的問題，人就一定能用自己雙手來解決。無論要花多少時間，只要我們不放棄努力解決問題的信念，就一定能夠找到解決問題的方法。

我認為，關鍵就是我在以往的倡言中也提及的「對話」。

「對話才是和平的王道」——只要人類歷史不停地前進，人類就不得不永遠肩負這一命題。不管遭受多少冷嘲熱諷，到最後也不能放棄這吶喊。

我想先回顧一下二十年前我在倡言中引用詩人泰戈爾 (Tagore) 的話：「可能問不可能，你住在甚麼地方？不可能回答：我住在失去理想、無氣力的人的夢中。」(《泰戈爾著作集》一)

＊在對話浪潮中成立的 SGI

回想起，SGI 成立的 1975 年，正是第四次中東戰爭和越南戰爭的戰火硝煙仍未消散的時期。西方國家召開第一次高峰首腦會議鞏固自己的陣線，東方陣營的中蘇對立則不斷激化，世界處於愈加分裂的狀態中。

正是在這個時候，在 SGI 即將成立之前，我於 1974 年首次訪問了中國及蘇聯，在一觸即發的緊張局勢下，我與兩國首腦進行了誠心誠意的對話。

當時的日本對蘇聯充滿強烈敵對意識，因此大部分人都指責我身為宗教人士為甚麼要去一個否認宗教的國家。然而，我認為若忽視大約佔世界人口 30% 的社會主義國家的存在，是不可能達致世界和平的展望，這種狀態必須早日得到改善。這就是我作為佛教徒的坦誠想法。

首次訪問中國時，我看到北京居民為了防禦蘇聯空襲而挖建防空洞的情形。三個月後，我在會見柯西金（Kosygin）總理時，單刀直入地提出「中國非常擔心蘇聯的行動，蘇聯是否有意向中國發動攻擊？」柯西金總理表示「蘇聯沒有進攻中國的念頭，也沒有孤立中國的想法」。我又訪問了中國，在轉達此一消息的同時，與周總理會面，就加深日中兩國的友好關係和共同為世界的發展而行動的重要性進行了討論。

之後，在 1975 年 1 月訪問美國。在聯合國總部遞交了創價學會青年部要求廢除核武器的一千萬人簽名，並與當時美國國務卿基辛格（Kissinger）博士交換了意見。

就在這不斷擴大「對話」的潮流之中，三十年前的今天 1 月 26 日，在第二次世界大戰傷亡慘重的關島，雲集了五十一個國家和地區的代表，發起了以形成「民眾的大和平勢力」為目標的 SGI。

直到今天，我們一直抱持着「對話才是和平的王道」的信念而不斷前進。

❊ SGI 將分裂的世界連結起來

面對走向分裂的世界，我一直通過建立友情與信賴，全力推進平民外交，並於文化教育範疇裏廣泛地進行交流。

超越國家及思想形態，我不斷與各界領袖進行對話。在與基督教、伊斯蘭教、猶太教、印度教及儒教為首的各種思想、文化、宗教背景的有識之士的交談中，了解到能成為「對話」

這二十一世紀人類至要課題的基礎的，就只有是以「合為善，分為惡」的「人本主義」信念為基準。這也正是我一貫的結論。

我一直本着人本主義推行外交活動，深深地體會到，都必須要對眾多糾紛根源的過激主義、教條主義等作出修正，無論如何也要回歸人本主義的方向。

放眼世界不斷發生的恐怖活動、報復戰爭、民族和宗教糾紛，有可能感到是無從下手的難題。但是，不管怎樣，總需要往前先邁出一步。

威倫斯（Harold Willens）曾以方向操作舵（trimtab）作比喻（《阻止核武器的力量》）。方向操作舵是安裝在飛機的機翼及遊艇的龍骨上的輔助用襟翼。通過操縱襟翼可確保飛機及船身平衡穩定，它與主舵相連，也可改變船舶或飛機的前進方向。以一個人的力量去操縱這個方向操作舵是綽綽有餘的。

人本主義的力量就好比是方向操作舵的力量。相對於過激主義、教條主義，人本主義決不是主義與主義的漠然對峙，其原點是人彼此間一對一的、開誠佈公的對話。

從首腦外交到民間外交，真誠對話的本質，正像二十世紀猶太人道主義哲學家馬丁·布伯（Martin Buber）所講的於「狹隘山脊」上的相遇，如果稍有不慎的話，就會掉下山脊（《我與你·對話》）。對話正是如此緊張細心的過程。

對話像一個漣漪，由一波推動千波萬波。對話與人本主義的巨大浪潮，可以包容過激主義與教條主義。而且，最重要的是通過真心的面對面的對話，耐心地一個一個打開人們所拘泥或被拘束的所有疙瘩。

如此不斷重複努力，結果必然如同方向操作舵那樣，小小的力量就可以支配巨大的飛機及船舶般，修正時代潮流的軌道。

⁜ 造成二十世紀悲劇的過激主義的陷阱

說到過激主義及教條主義，實在是種類繁多。雖然很多人會馬上聯想到如一神教般的宗教，但其實在人類社會中，是隨處可見的。

被認為與過激主義關係不大的佛教，也並不是與過激主義的陷阱毫無關係，下面將會重述此點。

不僅僅是宗教，二十世紀許多殘暴的政治意識形態，也正是這過激主義的俘虜，如此的事例讓人記憶猶新。

在此，最引人注目的就是「主義的功過」此點。從廣義上來說，意識形態擁有作為「某某主義」的屬性，具有引導人們的思考與行為走向某一方向的功能。也就是說不能否定其有「功」的一面。同時，在不知不覺之中，又具有束縛人們自由思考判斷並使其歸一化的拘束性的一面。偏重這一側面的時候，會使「主義」高於「人」，喧賓奪主，這就是「過」的一面，而且「主義」經常有走向這一負面的傾向。

過激主義、教條主義正是這種不平衡極端發展的明顯例證，結果是不管是自殺還是被殺，都會把它加以美化、正當化，輕視生命如鴻毛。因此，偏重意識形態的上個世紀，也正是空前面絕後的屠殺世紀。

對此，我所強調的人本主義，雖然也帶有「主義」的字眼，但是它與前面所説的「主義」性質完全相反。

人本主義的最大特徵，就是「主義」的規範並非從外制內，而是人的自由精神從內對外作出主體的判斷。

無可否認，雖然説是以人或人性為基準，但並不是由此便可立刻找到作為判斷基準的行動規範。

當被問及人性的普遍基準時，著名文化人類學家石田英一郎曾苦惱地説，站在文化相對主義立場上，根本是不可能定下甚麼是「普遍」的界線，「結果是自己認為這是人性的，就向着這一方向走下去」(竹山道雄，《關於歷史認識》)。

這看來好像曖昧不清，但亦只能如此表達，這正是內發性、主體性的特質。

✲ 愛因斯坦的「靈魂的呻吟」

儘管如此，我並不認為這是沒有原則、沒有責任的意思。當人面對嚴峻的考驗時，便會了解到要作貫徹人性的自主決斷是超越想像的困難。

舉個例子來説，身為猶太人，深受納粹非人道的彈壓和暴力迫害的和平主義者愛因斯坦 (Einstein)，在冥思苦想如何防止發生最壞局面的時候，終於決定不得不與納粹黨對抗。就當時的心情，愛因斯坦說：「原則是為人而制訂出來，而不是人為了原則而有」（威連 · 赫爾曼斯，《愛因斯坦 · 論神》，以下也是摘自同書）。

非常敬仰甘地（Gandhi）的愛因斯坦，甚至曾說過：「如果要我執行命令去殺人，倒不如將我五馬分屍。」由此可見，如果以教條主義去衡量愛因斯坦的信條，可以說他在原則上作了修正。

但是，我所關心的是，第一，假如愛因斯坦在納粹蠻不講理的暴力面前毫不抵抗，結果反而會變成助紂為虐，所以才會迫不得已地做出如此決斷。第二是在害怕納粹先擁有核武器的前提下，認可製造原子彈（不是使用），結果事與願違，招致向日本投下原子彈的後悔，他說這是「一生中犯下的重大錯誤」（金子務，《愛因斯坦 · 震驚》），充滿罪惡感。第三是出於罪惡感，在第二次世界大戰之後積極投身於廢除核武器，樹立世界政府的和平運動。

這種心靈變化的歷程，每次都是基於其普遍的「人性感覺」而作出的極限的選擇。只有這種追求善的內心鬥爭、精神鬥爭，才是人本主義的真正體現。在法西斯納粹漩渦中的愛因斯坦反覆提出「必須改變人的心」，這正是內心鬥爭、精神鬥爭所不能缺少的因素。

雖然嚴格來說，第二次世界大戰後的愛因斯坦並不能稱為是「非暴力」的。但是，他這種內心的巨大鬥爭，正是與甘地（不是指甘地主義）的非暴力鬥爭在深層上是相互溝通的。從晚年的愛因斯坦稱讚聖雄甘地是「我們這一時代的最偉大的政治天才」中，可以看出這一點（《愛因斯坦 · 震驚》）。

想起愛因斯坦的「原則是為人而作出來的，而不是為原則而有人」的這一肺腑之言，可以說是直截了當地表達了人本主義的「黃金規律」。

但是這位二十世紀的巨人的努力搏鬥還未看到結果，我們看得到現實世界是「知易行難」。不管是宗教還是政治思想體制，不知有多少人忘記了這一黃金規律，使人從屬於原理原則，而結果被迫犧牲，令人一想起就毛骨悚然。這種顛倒是非之根源、偏於過激主義和教條主義的傾向，從某種意義上也可歸咎於人的本性。

佛經中有云：「淺易深難，釋迦所判；去淺就深，丈夫之心也」。人動不動就忘記「丈夫之心」即堅強之心，對某種教義盲從，趨於選擇「淺易」，而墮進「過激主義」的陷阱。利用人誰都有的這一軟弱愚昧的本性，通過阿諛奉承、權謀術數的伎倆，引誘人陷入佛法上稱作三惡道、四惡趣的憎恨、憤怒、嫉妒及傲慢圈套。如此使人的精神變得惡劣、軟弱及愚昧的，正是過激主義、教條主義的反人性所致。

從這點來看，近十多年來，我們 SGI 一直與邪惡的反人性宗教權威對抗的，即是「平成的宗教改革」運動，正是為了樹立人本主義而進行的鬥爭。反人性的宗教權威以聖職者的權威為擋箭牌，對自身的腐敗墮落視而不見，在權力下妄圖扼殺信徒的靈魂等行為，是最可惡的反人本主義。

如果害怕或是屈服的話，就是人性的失敗。因此，超越一宗一派的問題，為了維護人的尊嚴這一普遍的心情，是一步也不可以後退的。

有關「平成的宗教改革」，已故的滋賀文化短期大學堀太郎校長曾說，這是向隱藏在每個人心中的「權威主義」與「盲從信仰」的挑戰，假如能戰勝，則每一個人都會有顯著的成長。

從此十幾星霜，通過與墮落的宗教權威鬥爭，不管是個人還是整個團體，我們 SGI 都得到很大的成長，為鍛鍊成「堅強之心」而自豪。這種自豪，正是來自我們共同為構築人本主義這一文明論課題而奮鬥過來的自覺和自信。

⁑ 基於佛法的人本主義

我在三年前的倡言中，曾簡要地提及基於佛法的人本主義結構。在這裏，我以此為基礎，作進一步的探討。

人本主義的結構，大致可以分為三個項目。

(1) 所有的現象是相對的、可變的。

(2) 故此要培養能看透現象的相對性、可變性的觀察能力，以及不被它迷惑的強韌主體。

(3) 以這種觀察能力、主體為基礎的人本主義，不會根據意識形態、種族、民族而將人「定型化」，進行壓迫或歧視，也不會拒絕對話。

三項中的第一、第二項，也就是看透現象的相對性、可變性的觀察能力，這與佛教哲學中的「三法印」，即「諸行無常，諸法無我，涅槃寂靜」異曲同工。

諸行無常，萬物在變化。正因在連續的變化，故云「無常」。因此，也沒有固定的、實體的「我」，故此云諸法無我。由這種看透無常現象的觀察能力所帶來的悟境，就是「涅槃寂靜」。這也相通於釋尊原初悟達的「緣起」世界，即森羅萬象都是相互為緣、相互依存而生成，是個多樣性的富饒世界。

問題在於，按照通常對佛教的理解，很難把「三法印」、「緣起」等意識，連結到我作為人本主義歸結的第三項的富有能動色彩的對話與實踐上去。

「諸行無常，諸法無我，言語道斷，心行處滅。」法國哲學家、科學家阿魯貝路．加歌爾（Albert Jacquard）在《了解世界的小哲學》中說「對話裏包含着言語和沉默的時刻」，指出和「言語」相比，「沉默」很多時確實是更具有分量。同樣地，佛教主張沉默不是空虛而是富饒的。

以言語中心主義進化至今的西方文明已在各處露出破綻，很多精疲力竭的人們想要從佛教尋求心靈的安慰，這是可以理解的。

但我認為，只要言語是人擁有的最大武器之一，為標榜人本主義（不是人類中心主義），就不可能一直保持沉默。不管是否願意，都要置身於人羣之中、置身於對話的汪洋之中。

更具體地說，就是如何面對及處理人生活中必然會遭遇的邪惡與不幸。

正如維摩詰[1]所發誓的那樣，「眾生病則菩薩病，眾生病癒菩薩亦癒」，大乘佛教的菩薩道，就是向這一課題的挑戰。特別是從《法華經》到日蓮佛法的系譜，在不否定或排除「涅槃寂靜」的原則上，更積極地促進菩薩道精神的對話與行動。

我在 1993 年哈佛大學的演講《二十一世紀文明與大乘佛教》中，強調了佛典所描繪的，「以喜悦的心情與人接觸，不是愁眉苦臉，而是輕鬆愉快去率先打開話題」的釋尊形象。

我認為，這種躍動性的積極精神，正好與愛因斯坦津津樂道的「宇宙的宗教感覺」(《愛因斯坦 · 論神》) 共鳴。

綜合上述幾點，我要把「人本主義的行動準則」，歸納為以下的內容。

「萬事俱在相互依存（緣起）中不斷變化。調和、一體性固不用說，甚至矛盾與對立，也可說是聯結的一種表現形式。因此，征服矛盾，向惡挑戰，是為了邁向大聯結而不可

---

1 釋尊在世的時代，家住印度中部耶離城的在家修行的佛教代表人物。通過大乘佛教的奧秘，利用雄辯巧妙的方便，對佛教發展作出很大貢獻。《維摩經》描述了文殊師利菩薩探訪生病的維摩詰的對話情景。

避免的考驗。」

⁂ 大乘佛教菩薩道的精髓

如果說調和與一體性是「順緣」的話，那麼，矛盾與對立就可算是「逆緣」[2]。兩者雖可說同樣是緣的相對性表現，但假如人生是要通過鬥爭才可以得到鍛鍊，那倒不如勇敢地挺身向逆緣挑戰，這才是菩薩的勳章。

不以固定觀念來歧視或把人分類，譬如看似是逆緣，但本着順逆不二的生命定義，通過堅韌不拔的對話，就一定可以使其轉化為順緣，這正是佛教的人本主義理念。

我也是本着此信念不斷地行動。

我曾在日中關係嚴峻的時代提出實現兩國的邦交正常化，也曾為緩和中蘇間緊張關係而採取行動。這都是我確信不論相互對立如何嚴峻，總不可能永遠持續下去。只要有渴求和平的聲音，就一定有希望。

1996 年，由於古巴擊落美國民航客機，令美國收緊對古巴的經濟制裁，兩國關係愈益險峻。當年 6 月，我相繼訪問了古巴與美國，並與古巴的卡斯特羅議長舉行了長時間的友好會談。基於對人本主義的信念，我堅信兩國的敵對關係絕

2　順緣是指順從教誨進入佛門，逆緣是指通過誹謗等與佛教對立的行動而結下佛緣，佛法中稱為「毒鼓之緣」。儘管是逆緣，但最後能斬斷煩惱而得道，這種緣也可以轉惡為善。

不會持久不變。

柏林圍牆倒塌，象徵着不知何日終結的冷戰的終結，就是對「凡事皆會改變」的最佳證明。

⁂ 人的意志推倒了圍牆

回想起四十四年前的 1961 年 10 月，我訪問了德意志聯邦共和國（當時）。在西柏林的布蘭登堡（Brandenburg）門前，我堅信人民渴求和平的勇氣，對同行的友人說：「三十年後，相信這柏林圍牆也將會被推倒」。果真在二十八年後，牆被拆毀了。

我曾與南非共和國的前總統曼德拉會見過兩次，我非常珍惜與他的友情。在提到如何廢除種族歧視政策、如何推倒

國際創價學會會長池田大作與南非曼德拉總統（左）暢談南非的種族融和。（攝於 1995 年 7 月日本東京，聖教新聞社提供）

現實這厚厚的牆壁時，他這樣說：「對我們的社會提出不吉預言的人，公言糾紛不會終止。但他們的預言徹底落空了。大多數隔岸觀火的國際社會人士以為是個奇蹟。但是，對密切關注這國家變革的人來說，則非常清楚地知道，這是從人的決斷中誕生出來的成果。」(聯合國開發計劃署，《2004 人類發展報告》)

這番話的確是意味深長。

在旁人看來只是奇蹟的時代變革，當事人只要能看穿現象的相對可變性質，擁有明確的展望，以堅強的意志邁出一步，就是產生變革的動力。

⁂ 努力了解伊斯蘭社會的實像

現在最受關注的伊拉克局勢中，最令人擔憂的是「文明的衝突」這不同世界觀的全面對立，並不是任何國家都抱有過激主義的想法，抱有將本國文化及法律制度強加於他國的想法，或者可以說擁有以上想法的只佔少數。

我在五年前，與伊朗出身的和平學家特拉尼安 (Majid Tehranian，夏威夷大學教授) 教授一起探討了佛教與伊斯蘭教，並編成對話集出版。我們在對話中提到的一點，就是普遍認為伊斯蘭教與暴力、威脅有強烈關聯的誤解。特拉尼安教授強調，「聖戰」(jihad) 這一詞本身的意思，是人為追求更高的精神性而作的內心的搏鬥。

我們一致認為，過去奧斯曼帝國對其他宗教採取綏靖政策，在伊斯蘭統治下的哥多華及薩拉熱窩等歐洲城市享有多種宗教共存的自由。從這些歷史事實，我們可以知道伊斯蘭文明絕非不寬容，而是相反地擁有「普遍性」及「尊重多樣性」的美德。

從 2 月起，我與土耳其出身的文化人類學家亞曼 (Nur Yalman，哈佛大學教授) 教授開始了連載對話。為了開拓人類共存的地球文明之路，在對話裏也準備談到伊斯蘭社會的實像與精神。

SGI 在四年前發生 911 恐怖活動之後，定期參與歐洲科學藝術學院召開的研討會。在此，基督教、佛教、猶太教、伊斯蘭教的代表濟濟一堂，舉行「四大宗教間的對話」，共同摸索為和平作貢獻之路。

而我所創辦的和平研究機構「波士頓二十一世紀中心」、東洋哲學研究所等，同樣為了解決全球性的各種問題而積極推展文明間、宗教間對話。

無論如何，為了不使對立陷入泥潭，一定要把伊斯蘭文明與暴力傾向分開看待，不要把對方主觀地「定型」，要時刻警惕不要墮入「過激主義」的陷阱。

⁂ 排他主義的兩個特徵

關於這點，以地球性文化對立為主題的聯合國開發計劃署的《2004 人類發展報告》中有着深刻的分析。

報告指出，對於不惜使用暴力手段把自己的主義主張強加於他人的團體，其目的「不是解決對現實的不滿，而是利用人民的不滿來作煽動性的行動」。

報告也指出，縱使屬於同一團體的人也會成為攻擊目標，他們會對持不同意見者進行誹謗、壓迫，強迫他們對團體服從與忠心。

由此可見，過激行動的起因並不單純是因為從屬於某特定的宗教或民族。這類組織甚至於自己團體內部也會採取排他性的行動。

至今為止，從我與眾多的中東、亞非地區的伊斯蘭教領導及有識之士的對話中，實際感受到期望和平共存而非敵對的穩健派人士佔大部分，而發動恐怖活動引起糾紛的組織則是例外的存在。

因此，關鍵並非在於充實軍事力量來對抗暴力組織，因為這麼做，許多時會於市民之間擴大對暴力組織的支持及好感，帶來反效果。我們必須堅忍不拔地清除成為暴力組織活動溫床的社會不安、不滿，努力根除其立足的基礎。

⁂ 培育和平文化的世界公民

我一貫強調，重要的是教育，尤其是青少年的教育。

雖然也有如過去日本軍國主義弊病的例子，說明教育也有正反兩面，但只要善用、活用的話，是可以改變人類、改變社會的。

培育世界公民，就是將「戰爭文化」轉變為「和平文化」的強而有力的武器。也是讓我們「言語人」(Homo loquens)發揮本能的機會。而聯合國，正應是如此大派用場的地方。

從今年1月開始的聯合國「人權教育世界計劃」(World Programme for Human Rights Education)，是具有重要意義的活動。

四年前，在南非召開了聯合國「關於種族主義、種族歧視、仇外心理和有關不容忍問題世界會議」(UN Conference Against Racism, Racial Discrimination, Xenophobia and Related Intolerance)，在我寫給這次會議的致詞中，也曾指出持續世界人權教育的必要性。這次的世界計劃，是通過SGI等非政府組織(Non-Governmental Organization, NGO)、聯合國機構，以及各國政府的相互合作，在提高這一機會當中，經過去年4月於聯合國人權委員會決議的提出，在12月的聯合國大會決議上得到制定的。

⁜ 聯合國的人權教育計劃

作為第一階段，至2007年的三年間，將於初等、中等教育對青少年進行人權教育。我們SGI將繼續以支持聯合國的人權教育十年的形式，於各地開展新的人權展覽。

從今年起聯合國也開始了「可持續發展教育十年」，這也是經過我們與其他非政府組織的努力而得以實現的活動。正如推進這項活動的聯合國教科文組織（UNESCO）指出，目標是「實現一個讓每個人也有機會通過教育來學習如何實現可持續未來和積極變革社會的價值觀、行動和生存方式的世界」。

因此對象並不局限於環境教育，而是非常廣泛的，當中包括和平、貧困等人類面對的各種課題。大家同心協力，要建設一個未來世代可以繼承的「可持續的地球社會」的基礎。

由此來看，「人權教育」和「可持續發展教育」具有密切關聯，相輔相成，國際社會應把握聯合國所推進的這兩個教育計劃，努力合作，以引領二十一世紀走向正確光明的方向。

⁎「我你」根源的邂逅

對於現代的人本主義來說，重要的是，不能只單純地考慮人類社會而不顧及其他。

在這裏我要重提上述「對話的哲學家」布伯的觀點。他在八十年前完成的名著《我與你》（*I and Thou*），至今仍發出不滅的光輝。

他以「我－它」（I-It）和「我－你」（I-You）的兩種不同表現，來區別我們跟周圍世界的兩種關係。「我－它」在這裏代表了主體跟客體的一般關係，這也是近代世界最普遍的主客關係。而「我－你」則顯示雙方都是主體的關係，指一種超越了上述的表層關係、一種涉及人性的更深層的接觸。

布伯說：「所有真實的生活都在邂逅之中」。他要剝除覆蓋近代文明的虛偽的「我－它」關係，致力於不斷探索「你」的實像。他認為，有「我－你」才有我，而有我才有「你」。這種思考形態與佛教的緣起觀非常相似。

他指出世界上有三種相關領域。

第一：與自然相關的生活。這裏的關係如同在黑暗中的顫動，未曾達到語言溝通的領域。各種生物在我們跟前去來，但不能接觸到我們。我們向它們呼喊，但這個「你」只是停留在語言的入口處。

第二：與他人相關的生活。這裏的關係涉及到語言的採用。我們可以創出「你」，也可以成為「你」。

第三：與精神性相關的生活。這裏的關係像被雲層包裹起來，但又會如閃光般給我們啟示。這裏沒有語言，但又產生出語言。我們聽不到「你」的聲音，但是卻感受到「你」的呼喊。我們通過創造、思維、行動來回答。

✻「言語人」的宿命

值得注意的是，第一，布伯非常真誠地抓住了「言語人」的宿命。他指出，言語在對話中是不可或缺的手段，但不應過於重視或輕視。我們當然不應像過去的過激主義或教條主義般，對言語過於信任，也不應像後來的構造主義體系那樣，對言語過分不信。

他認為，既然言語是人的特徵，我們便應通過這一媒介，與自然界，甚至與神共創出一種「我－你」的相互主體性關係。

在此，令我想起了世界大文豪艾特馬托夫（Chingiz Aitmatov）十多年前來日本演講時的一段話。我和他曾多次見面，並出版了對話集《壯大的魂詩》。

有一天，讀了對談集並深有感觸的德國著名記者來訪問了艾特馬托夫。記者説他自己正準備發射人造衛星，建立一個宇宙博物館，要把人類文明各方面的成果收入微型膠片中放進去。他想把對談集也收錄，因此要求艾特馬托夫寫幾句話。艾特馬托夫思索過後，寫道：「即使石頭之中也蘊藏着生命。但只有我們人類，可以通過思索和語言，賦予宇宙萬物意義。」

這也正是我所認為的言語人的宿命。

第二，作為一名猶太教徒，布伯相信希伯來教的傳統，即使人同樣是神所創，但與其他的創造物有着明確的序列分別。但同時他也主張，如果不把人間與自然界作為一體看待，則不能實現「我－你」的邂逅，也不能體會真正的對話。

布伯稱讚全神論者歌德，寫道：「歌德的完美的『我』是多麼美麗調和！這是與自然完全結合而成的『我』。」同前揭書看來，布伯繼承了連對雀鳥植物及岩石也親切地打招呼的十三世紀的聖徒聖方濟各（1980 年被公認為生態學家的守護聖人）的傳統。

※ 打破近代文明危機的環境觀

人不應只看到人的世界，還應關注到自然環境。如果考慮到進退維谷的現代文明危機，無論如何強調這都不會過分。對於我來説，每當我拿起相機即興地拍些自然照片時，就會感到如同與自然進行着對話。與布伯的時代相比，地球環境不知惡化了多少倍。從構築和平文化這一觀點來看，應更重視與自然的對話。

雖説「二十一世紀是人權的世紀」，但如果僅把人權看成是近代人道主義的系統，那麼絕對不會有任何結果。個人的自由及尊嚴這一近代人道主義的原理，如果不顧及環境和自然的側面，使之相輔相成，則這人權絕對不是一個完美的概念。

早在二十世紀的中葉，已經響起了要關注自然的權利的呼聲。納什（Roderick Frazier Nash）在其著作《自然的權利》（*The Rights of Nature*）中詳細地追述了其沿革，指出權利不是人的特權，還應包括動物、植物、土地，甚至所有自然的無機物體。

我們的時代更需要認真地認識到，自然並不是我們可以自由濫用索取的對象。自然也擁有它本身的權利。了解這點，才能真正改變現代的文明。為此，在此之前我已提出應在日本國憲法中加進「環境權」一項目。雖然如此，但對於如何解決這人類史的至要命題，與它的重要性和重責相比，人類的對策不得不說是太慢了。

最具代表性的事例就是如何解決防止地球變暖的問題。1992 年，在巴西召開地球高峰首腦會議之前，聯合國已經通過了《氣候變化框架公約》(United Nations Framework Convention on Climate Change)。經過一番周折，隨着去年俄羅斯批准該條約，才終於使它得以生效。「京都議定書」規定所有先進國家要將二氧化碳等產生溫室效應的廢氣排放量比起 1990 年的至少減少 5% 以上。但是由於美國的退出，發展中國家的參加，還有不包括在議定書對象內的 2013 年以後的對應等等，要待解決的問題堆積如山。

為配合實施這一條約，各國開始研討實施可持續社會的法律制度。從九十年代起，以歐洲各國為中心，引入了以控制溫室效應的氣體排放為目的的環境稅，以及努力擴大代替石油資源的循環性能源比率。但是如果要制止變暖的發展，就必須將全世界廢氣排放量降至目前的一半，可想而知是如何任重道遠的一道難題。但是，正因如此，才再次確定了「全球性地思考，地區性的行動」這一基本原則的寶貴。

今年在英國召開的八國集團 (G8) 首腦高峰會議，主要議題就是地球變暖問題。英國實現了邀請中國和印度這兩大人口國家參加大會，意義重大。另一方面，也希望能於會議上對美國施壓，令它改變原來立場，向實現京都議定書的目標邁進一步。

如此，作為短期和中期的課題，地球環境問題被擺在議論國際政治與經濟的舞台上。更具體來說，由於這課題關乎人類的存亡，我認為還要儘早制定一個長期的方案。處理環境問題的困難，是我們雖然可以應付和處理個別的危機，但很難看清和預見如此龐大複雜而糾纏不清的整個危機構造。

⁂ 整個生態系統機能的危機

去年 11 月，日本的 NHK 電視台播放了一個叫「地球大異變」的寫實性節目。共分開三次播放，主題是「地球變暖帶來的問題」、「水的危機」和「生態系統的崩潰」，說明了像加勒比海各國哮喘的流行和非洲的沙塵暴、夏威夷的泥石流與南美洲的植物生態，這些表面看來毫無關聯的現象，實際上是密切相關的事實，介紹了瀕於各種危機的地球環境現狀。

我與莫斯科大學薩多夫尼奇校長的對談中，就環境問題，也提到了「蝴蝶效應」，即巴西的蝴蝶扇動翅膀，會引致美國德克薩斯州發生龍捲風的現象。

⁂ 隔岸觀火，馬耳東風

就算可以看到顯示危機的個別信號，但在這糾纏不清的連鎖中，很多時會預料不到它所招來的結果。這就是地球環境問題的可怕之處。

回顧去年一年中，襲擊歐洲的熱浪、在印度及孟加拉發生的大洪水、北美及中美洲的大型颶風等等，世界各地不斷發生氣候異常現象，有專家指出這都是地球變暖的影響。

儘管有各種各樣的徵兆表明地球環境出現危機，但現實是面對於這種咄咄逼人的危機，能認真地重視、認識其嚴重性，並為此而採取行動的則少之又少，這正是為何解決地球環境問題的對應措施總是姍姍來遲的理由之一。

艾特馬托夫在《卡桑德拉印記》(*The Mark of Cassandra*)[3]中，用巧妙的比喻襯托出人的心理狀態。他說，譬如美國舊金山灣的某座大橋發現有嚴重的結構問題，但是依舊可以使用，那麼人會認為既然可以通行，要搬運的貨物儘管搬運，對於橋有甚麼問題則可以留給後人去考慮。

在這個作品中，艾特馬托夫假借希臘神話中擅卜凶事的卡桑德拉的名字，描繪出現代文明的陰暗一面。正如氣候變動構造條約從京都議定書生效到實質運行要花費十三年歲月所反映的那樣，國際性的緩慢對應遠遠落後於急劇加速的環境破壞，就此下去，兩者的差距將愈來愈大。我們的當務之急，是要認真地接受卡桑德拉發出的關於地球環境變動的各

3　希臘神話中特洛伊是最後一位國王的女兒。她得到太陽神阿波羅賜予能卜吉凶的本領，卻拒絕了阿波羅的求愛，所以被他詛咒，致使沒有人相信她的預言。結果誰也不聽希臘軍隊將要進攻的預言，特洛伊成為俘虜，在希臘被殺。

種訊號，在發生大慘事之前，轉換文明的路線方針，於國際社會、國家、社區等各個層次迅速採取行動。

說起卡桑德拉，與艾特馬托夫採用同樣主題的，是阿特基遜（Alan Atkisson）的《相信卡桑德拉：對悲觀的地球的樂觀看法》（*Believing Cassandra: An Optimist Looks at a Pessimist's World*）。正如它副標題所指，本書自始至終貫穿着樂觀的看法。雖然也對地球環境的各種問題進行了全面論述，但它排除了世界末日論等悲觀主義，排斥了托夫勒（Alvin Toffler）所批評的環境神權政治（eco-theocracy）等教條主義，基於現實來探索進退兩難的局面。

書中從基本體系分析環境問題，指出其關鍵在於人類社會與自然界這兩個世界的脱節，亦即缺乏溝通，而問題在於人類社會忽視了自然界所發出的危險訊號。正因為人有理解和行動的能力，所以責任也在於人的身上。

這種觀點，也可說是普通常識，但給我留下強烈印象的，是作者在提到交流時引用了系統力學（System Dynamics）的專有名詞「反饋環」（feedback loop），指出這一環不能正常工作（不徹底的相互交流），才是問題的核心。

交流、反饋環——不正是與自然的對話嗎？正如布伯所指，自然「只是停留在語言的入口處」，而只有通過人堅韌不拔地努力與自然溝通對話，才有機會建立一種「我－你」關係。

在環境保護運動論中，使用精神領域的「我－你」表現，可能會令人感到奇怪。但是，正如「全球性地思考，地區性的行動」的口號所反映的那樣，這課題一方面需要從非常具體的行動開始，但另一方面又要從整個人類文明史來展望，而最為重要的就是持續性。為了能使之持續，精神方面的支持和鼓勵至為重要。

在此，佛教哲理所論述的，遍佈有情（人、動物）非情（草木、山河、大地等）的生命論，指出「草木也可成佛」的哲理，正可成為這種精神支柱。

如果忘記以謙虛的態度傾耳恭聽「自然界」發出的訊號，只是按照人類社會的方便而獨斷專行，「反饋環」便會失效，對自然界體系的破壞就會無止境地進行下去，而「我－它」的關係得不到成立，變成人單方面對世界的獨裁支配——這就是布伯對錯綜複雜的現代文明構造的透徹洞察。

⁂「人生地理學」的卓越觀點

因此，我一直感嘆創價學會初代會長牧口常三郎充滿先見性的卓見。

牧口會長在年僅三十二歲的時候推出巨著《人生地理學》，其中列舉了八項作為人與環境的精神交往：「知覺的交往」、「利用的交往」、「科學的交往」、「審美的交往」、「道理的交往」、「同情的交往」、「公共的交往」、「宗教的交往」。

這最初的五項講述環境是有異於自己的客體，僅是作為擴大知識經驗的材料。其餘的三項則把環境作為與自己等同的世界的一部分。牧口會長指出與環境的密切接觸，可以幫助培養自己的身心和人格。

我們首先要理解到人與外界的交往是基於人的主觀性質。人就是通過與外界進行各種交往而得到全面發展成長。如此，外在的自然界可說是我們的啟蒙者、指導者、安慰者。我們與自然界的交往，對於幫助我們適應人生必經的盛衰得失是不可或缺的重要任務。說人生的幸福是與自然界交往的多寡成正比例，也並不過分。(《牧口常三郎全集》一)

雖然表現有異，但總的來說，牧口會長說屬於「經驗」的前五項，正是布伯所說的「我－它」關係，而後面三項，正是所指的「我－你」關係。

❊《人生地理學》的真知灼見

「外在的自然界可說是我們的啟蒙者、指導者、安慰者」的說法，是多麼直截了當的擬人化比喻，是多麼貼切的「我－你」關係的表現！

在希伯來主義的精神風氣影響下，布伯非常慎重地選擇他呼籲自然的詞彙。與此相比，在萬物有靈論的日本出生的牧口會長，則大膽直接地參與和自然的交往。他不像布伯那樣拘泥躊躇，而是直接把自然當作「伴侶」。

這裏的問題不在於慎重或大膽，重點是真正與自然的交往和對話。在此有全人格的呼喚與回應。因此，牧口會長才會說「我們與自然界的交往，對於幫助我們適應人生必經的盛衰得失是不可或缺的重要任務」。相信當時的牧口會長也絕對想像不到現代地球環境會如此的惡劣。人生重要的伴侶受到傷害，也就等於我們自身受到傷害。人只能與環境共存，才能活下去。

⁂ 建設可持續的世界

現今的全球化可說與創建地球文明完全無緣，只見到經濟的不斷膨脹，活像被財富之神瑪蒙（Mammon）所支配的全球拜金主義，也是「我－它」關係氾濫的悲慘結局。

的確，貨幣是潤滑生活的智慧產物。但我們不能忘記，貨幣的功能只能發揮在人與人的約束體制上，對自然來說這不過是一堆廢紙而已。雖然說得有點極端，但我們不能忽視貨幣本身的這種性質。錯認這一點，就會被瑪蒙的誘惑牢牢地抓住。忘記了人和自然界是相輔相成的話，就會讓「資本論理」肆無忌憚地橫行，增加兩個世界之間的摩擦與衝突，結果只會受到自然界強烈的報復。

因此，重要的是決心與行動，還有上述的持續性。特別是持續性，我們可以看到，「可持續」這一詞彙已成了解決地球環境問題的關鍵詞彙。

考慮到上述這些問題，我在三年前的「可持續發展問題世界首腦會議」上發表的環境提言中，曾強調採取 (1) 了解、掌握現狀；(2) 反省生活態度；(3) 採取行動這三個步驟，來推進聯合國「可持續發展教育十年」。

我們 SGI 所採取的行動之一，就是與地球憲法委員會共同製作「變革的種子——地球憲章與人的潛能」展覽，這展覽已經在世界十餘個國家與地區展出。從今年起，又準備在日本推出新的展覽，主題暫定為「地球憲章——追求新的地球倫理」。

⁂ 二十一世紀型聯合國的機構改革

接着我想提出如何從國際制度和機構方面提高「人本主義」潮流的方案。

今年是聯合國創設六十週年，也是第二次世界大戰停戰及對廣島長崎投下原子彈後的六十年。

在此，我想提出以下三個觀點：

(1) 改革與強化聯合國

(2) 在亞太地區增強信賴與構築和平

(3) 推進核裁軍與防止糾紛

首先，第一是改革與強化聯合國。

去年，就聯合國的改革方案，安南秘書長發表了他設置的兩個組織的報告書：

以泰國的阿南 (Anand Panyarachun) 前總理為主席的「威脅、挑戰與改革」高級別研究小組 (High-Level Panel on

Threats, Challenges and Changes）的報告書，及以巴西的卡多佐（Fernando Henrique Cardoso）前總統為主席的「民間社會與聯合國關係知名人士小組」(Panel of Eminent Persons on Civil Society and UN Relationship）的報告書。

高級別研究小組的報告書中提到「擴大安全保障理事會」、「新設和平建設委員會」等具體方案，並呼籲「早期締結綜合性對付恐怖活動條約」、「有效運用國際刑事法庭」、「對行使武力判斷基準的嚴格化」等，來充實聯合國的作用。

特別是需要一個機構來處理並構築紛爭後的和平環境，這點我在去年的倡言中也曾強調過，期望它能早日實現。

另外，成為報告書最大焦點的改革安全保障理事會的提議，指出考慮地域間的平衡和對聯合國的貢獻度等，應增加理事國成員。如此，能使更多國家共同分享理事會的責任與發展，使理事會站在更國際化的視野上活動，這是值得評價的。

過去安南秘書長曾舉出，聯合國的目標應該是「創造難以產生威脅的世界」，與「能夠面對如何防範也會發生的威脅，構築比它更大的能力」這兩點。(《新世紀的新聯合國》)。就是說，除了事後處理的事務之外，還應提高其防禦的力量。就報告書所提示的內容，可看到其比重還是放在事後處理方面。

⁎ 創設治理調整委員會

在此，我想對另一個目標，即「創造難以產生威脅的世

2004 年 2 月，SGI 在紐約聯合國總部舉行「為世界兒童建設和平文化展」，這是繼「核威脅」展（1982）、「戰爭與和平」展（1989）後第三個於聯合國總部展出的展覽。（聖教新聞社提供）

界」作出提案，以使聯合國適應二十一世紀的要求。

我認為，聯合國的本質具有對話與國際合作這軟能（soft power）精神，而軟能在研究全球性問題羣、提出規範、創建預防性合作體制上是最合用的。

經濟社會理事會（ECOSOC）一直通過討論國際性經濟社會問題和政策勸告等推進開發。近年來又不遺餘力地去嘗試解決貧困等全球性問題，對聯合國在設定行動優先順序上有着關鍵性的影響。

根據經濟社會理事會積累至今的經驗與教訓，我認為二十一世紀的聯合國需要以如下的四點為目標，去進行其機構改革：

(1) 制定國際社會應優先解決的課題

(2) 制定國際合作的規範與目標

(3) 調整聯合國的各種活動，以提高更大效果

(4) 蒐集與分享各機構擁有的信息與經驗

如環境與貧困這些全球性問題羣，聯合國往往到事態嚴重時才開始應對。為了改變這種事後處理的陋習，積極地「創造難以產生威脅的世界」，脱胎換骨成為預防性的機構，聯合國必須從軟能的層面進行強化。

聯合國於 1997 年進行機構改革，把所有事務劃分四個領域，即「和平與安全」、「經濟和社會事務」、「人道主義事務」、「發展」，並設立了四個執行委員會。各個執行委員會議長又定期召開以秘書長為中心的「高級管理小組」會議。

由於全球性問題羣縱横交錯，糾纏不清，為了能分享訊息與擴充調整機能，我提議創立「全球治理調整委員會」，與經濟社會理事會的審議與決定互相連動，藉此有效地發揮上述四點的作用。另外，由具有專門知識的非政府組織成立諮詢性的工作小組來支持這個委員會，使它可以更靈活、更廣泛地反映全球性危機的各種複雜層面。

通過這些機構改革，我認為聯合國首先要着手處理到

2015 年為止務必要達成的「千年發展目標」[4]。儘管對於達成該目標的看法一般比較悲觀，而且困難重重，但絕對不是不可能達到的。據世界銀行調查，雖然人口不斷增長，但未滿一美元生活的極貧人口自 1981 年到 2001 年，從世界總人口的 45% 大約減少到一半的 21%，即減少了近四億人。這些事例顯示，只要國際社會有強烈意識去改革，便沒有不可能達成的目標。

今年 9 月預定召開研討「千年宣言」、「千年發展目標」聯合國大會高層協議。為了從地球上消除「悲慘」這二字，我深切期望各國代表勇於進取，勿忘過去制定這目標時的精神。

❊ 民眾之聲

配合聯合國軟能層面的機構改革，我進一步提議要加強聯合國與市民社會的合作關係。

關於這一點，以巴西前總統卡多佐為首的知名人士小組所提出的報告書《我們人民：民間社會、聯合國與全球治理》中有很大啟發性提案。報告書指出，聯合國不應獨自去處理所有的問題，而應召集和組織外部的合作，要聯合國面向外

---

4 結合在 2000 年通過的聯合國「千年宣言」與在 1990 年召開各種會議所通過的發展目標，在共通的框架中給予總結的開發目標。其中包括在 2015 年「將一天以不足一美元生活的人口減少一半」、「將受飢餓之苦的人口減少一半」、「完全普及小學教育」等條款。

部，召集更多能處理多種多樣不同問題的角色進行合作。

為此，加強聯合國與民間社會，特別是與非政府組織的合作關係是不可或缺的前提。

與 1945 年創設時的聯合國比較起來，現代最大的不同是全球性問題羣堆積如山。而在努力解決這些問題當中，許多非政府組織發揮了重要的作用。因此，不面對此事實而要進行聯合國內部改革，簡直是畫龍欠睛，難有好結果。

例如像經濟社會理事會承認非政府組織的協議資格般，聯合國的其他機關也應採取這種形式，擴大並反映民眾之聲。

在聯合國大會上，非政府組織被准許旁聽會議與取得文件，但只是作為旁聽而不能發表意見。九十年代起，在接連召開的聯合國特別大會上，非政府組織代表能與各國政府代表同場進行演説，並參加內閣級的各國政府協議。

安理會也從 1992 年以來，主席國成員可以依照阿里亞模式（Arria Formula），邀請非政府組織團體就相互所關心的主題進行非公式意見交換。

立足於經濟社會理事會的經驗，聯合國大會或安理會也應該積極考慮，讓非政府組織作為非投票團體參加討論，或是提出暫定議案等。

美國甘迺迪（John F. Kennedy）總統曾於 1963 年在聯合國總會上呼籲：「地球上的各位居民，讓我們把這國際議會作為我們的立足點。然後看看我們可否在我們的時代，為世界帶來公正與持續的和平。」

今年正是聯合國創立六十週年。讓我們細味甘迺迪總統這段說話，進而重新確認以「我們人民……」為開場白的聯合國憲章的精神。

為了地球的利益，為了人類的利益，讓我們抓緊這個絕好機會，匯集人類所有的智慧與決意，努力改革並強化聯合國。

⁂ 聯合國亞太地區事務局的候補地點

第二，我想提出形成亞太地區的信賴與和平的一些提議。

首先是設置「聯合國亞太事務局」，作為聯合國新的地域基地。

現在，除了紐約的聯合國本部之外，還在日內瓦、維也納及內羅畢設有事務局。這三個城市的事務局各有主題：日內瓦主要是負責人權和裁軍，維也納是防止犯罪與國際貿易，而內羅畢是處理環境與居住問題。

我曾於 1994 年的倡言裏呼籲設置亞洲事務局，因為很多聯合國的活動是關乎着亞洲國家的需求，如此可以使事務進展得更為靈活。這次我提議再廣泛地包括太平洋地區，如此可以把加拿大、澳洲這些積極擁護聯合國的國家也包括在內。

位於亞太地區的日本設有聯合國大學，近年來集中對「和平與治理」及「環境與可持續發展」這兩個課題進行研究及研修活動。

聯合國亞太事務局可成為聯結聯合國大學和地區內各機關的核心，致力於有關「人類安全」活動和以聯合國為中心的「全球治理」，使人類可以享受和平與幸福的生活。另外，經濟社會理事會在紐約及日內瓦輪替主辦為期四週的主要會議，也可以把亞太事務局列入其輪替主辦地點之內。

作為其設置的候補，可舉出現有「亞太經濟社會委員會」本部的泰國曼谷。或是日本的沖繩、韓國的濟州島等飽嘗過二十世紀戰爭與暴力苦杯的地方。因為這些可被稱為「和平島」上的人民，都強烈地渴望暴力不再重演，真正的和平早日來臨。

在我創辦的戶田紀念國際和平研究所，長年進行着「人類安全」與「全球化治理」研究，準備在明年 2 月份，為了紀念研究所創立十週年而舉行以「強化聯合國與全球化治理」為主題的國際會議。也會與其他機構共同協力，研究包括「聯合國亞太事務局」的可行性等問題。

❊ 在東亞建立和平的共同體

第二點是為在東亞推行諸如歐盟（EU）、北美自由貿易協定（NAFTA）形式的地區合作建好基礎。

自 1997 年東亞各國遭受「貨幣危機」衝擊後，強烈要求加強以東盟（ASEAN）為中心的地區性合作呼聲不斷高漲，形成了東盟成員國加上日本、中國及韓國三國的被稱為「東

盟 +3」的地區性對話框架。

於去年 11 月舉行的東盟首腦會議上，決定將於今年秋天在馬來西亞召開首次「東亞高峰首腦會議」，期待藉此打好將來創設「東亞共同體」的基礎。

作為熱烈贊成亞洲國家進一步團結合作的一人，我對這次的會議表示由衷的歡迎，並熱切期望通過高峰首腦會議等場合的討論，能建設一個開放的亞洲地區，對世界和平安定與繁榮作出貢獻。

希望各國能在「環境問題」、「人類發展」及「災害對策」三個領域中加強合作，創出成績，產生信賴，為將來的合作踏出着實的一步。

在環境領域中，「東亞酸沉降監測網」(Acid Deposition Monitoring Network in East Asia) 及「亞洲森林夥伴關係」(Asia Forest Partnership) 已被設立和開始運作，希望能進一步在環境問題的各個領域裏努力加強這種合作體制。

有關人類發展，保健衛生是至為重要的領域。當考慮到從今年到 2015 年為「生命之水」國際行動十年，我們應該進一步建立確保安全用水資源的體制。而且隨着愛滋病毒(HIV) 感染者在東亞地區急劇增加，也要儘早採取防止蔓延和搶救患者的對策。

災害對策也是一個區域合作的重要領域。2003 年 12 月伊朗南部發生的大地震，2004 年 10 月的日本新潟地震，接下來的就是12月印尼蘇門答臘的大地震和海嘯，造成二十餘萬人遇難的大悲劇。因此，當務之急是早日建成國際性的復興體制。

今年1月剛好是日本阪神淡路大地震發生的十週年，在神戶召開了聯合國「減少災害問題世界會議」(World Conference on Disaster Reduction)。會議上，通過了成為今後十年國際性防災戰略方針的「兵庫行動框架」(Hyogo Framework for Action)，並且提出關於健全防災的法律制度等五個項目。另外，作為大會的成果，還同意創建「國際復興支持機構」，以對遭受自然災害的國家提供中長期的復興支持。

消滅自然災害本身是困難的，但是通過整頓早期警報體制，加強防止災害的對策，可以將災害降低到最小限度。正如這次神戶會議上所強調的那樣，這種重要的減輕災害對策，是一個緊迫的課題。我希望新設立的「國際復興支持機構」早日正式開展活動。也希望以在蘇門答臘地震後設立的「海嘯早期警戒系統」為開端，從各個角度推進亞洲確立防災與復興支持的合作體制。

❊ 軟能是歐盟統合的源泉

去年（2004 年），歐盟實現了擴大至二十五個國家的新體制，同時通過了歐盟憲法[5]，向着超越主權國家結構政治共同體邁出了一大步。

對此動向，前哈佛大學甘迺迪政府學院（John F. Kennedy School of Government）的約瑟·奈（Joseph Nye）院長作出分析說：「新加盟的十個國家中有八個是曾被封鎖於鐵幕裏長達半個多世紀的共產圈國家。這些國家熱衷加入歐盟，正好說明把歐洲聯合這一理念向它們呼籲的軟能的結果。」

也就是說，一直在支配人類歷史的、以軍事力量為代表的硬能（hard power），逐漸被完全相反的軟能所替代。日積月累的對話及促進地區性合作——如此的軟能確實地成了歐盟統合的推進力。

在歐盟，兩次世界大戰中的死對頭法國與德國相互構築信賴關係，成為推動聯合的主要力量。因此，對開拓東亞不戰共同體來說，重要的關鍵在於日本與中國及韓國的友好關係。

5　提倡加強經濟，以致外交、安全保障、防衛、司法政策的各國合作與協調，並於去年 6 月的首腦會議上給予通過。加有常任歐洲理事會議長、歐盟外相等新設條款。為使其生效，需要全體成員國給予批准，目前只有立陶宛及匈牙利批准。

✻ 日中韓三國的青年友好交流

去年 11 月舉行的日中韓首腦會議席上，就關於「中日韓三國合作行動戰略」達成一致的意見，提出加強環境保護，災害的預防及管理，以及推動文化與人際交流。

在這裏，我想提出是否可以借鏡於歐盟的伊拉斯謨 (Erasmus) 計劃，在亞洲也推進同樣的制度，並首先在日中韓三國間開創一個先例。

歐盟在伊拉斯謨計劃下，制定成員國全體大學生的 10% 要在其他成員國的高等學府中學習，充實大學間的交流協定等共通教育項目。

其中當然會出現各種有待克服的課題，如需要充分的財政資源，如何解決對在外學習生活的不安，以及對認定學分及取得資格的不安等等。但是希望在推進日中韓三國教育交流的同時，也考慮解決這些問題的方案與進行環境整理。

通過「亞洲太平洋大學交流機構」(University Mobility in Asia and the Pacific) 的設立，自 1993 年起已推行了高等教育機構間的學生、教職員的交流。以此為基礎，最終希望能發展成一個包括亞洲所有國家的青年教育交流計劃，以推進亞洲的和平共處。

實際上，與日本締結大學交流協議的國家中，佔首位的是美國，中國第二位，韓國第三位。從外國來日本的大學、專門學校留學的是中國佔第一位、韓國第二位。這些事實，已經為建立日中韓大學間交流網絡奠定了一定的基礎。

我認為，肩負下一代重任的青年之間的交流才是不會崩潰的和平基礎，我亦為此而一直努力推進教育交流。

在我創辦的創價大學，除了於 1975 年接受了日中邦交正常化後的首批國費留學生以外，還與亞洲各國及世界四十一個國家、九十所大學締結有交流協定，其中中國有二十二所，韓國有五所。而且為了更加發展教育方面的交流，預定在今年年內開設創價大學北京事務所。

創價學會及其青年部，與中國有三億餘青年成員的中華全國青年聯合會（全國青聯）有着深遠的交流。二十年前，以胡錦濤國家主席（當時全國青聯主席）為團長的訪日團來創價學會本部訪問的時候，簽署了交流協議書，決定定期相互派遣代表團。去年還簽訂了新的十年交流計劃協議。

另外，今年還是紀念日韓邦交恢復四十週年的「日韓友好年」，文化交流及相互往來不斷增加，可說是進一步加深發展兩國友好關係的大好機會。

第二次世界大戰過去了六十年的今天，希望能相互正視過去的歷史教訓，面向未來，加強推進青年的友好交流，使今年成為向新的日中韓友好關係啟程的一年。

⁂ 支持六國協議

我更認為，通過上述的交流，加深這三國間的信賴關係，一定能夠幫助解決北韓開發核武器的問題。

東南亞有《東南亞無核區條約》(曼谷條約)，於 1997 年生效。同樣，也應該在東北亞設置無核地帶。為此，應促使美、俄、日、中、韓及北韓的「六國協議」取得成功。這是試圖解決北韓核武器問題的第一步。從 2003 年 8 月的第一次協議以來，去年也舉行了兩次，但是仍然沒有取得實質性的成果。假如不知下次的協議會將於何時舉行的狀況繼續下去，將會加劇國際社會的憂慮。

作為打破這種僵局的辦法，我提議把討論北韓放棄核武器具體程序的實務部門常駐在中國北京，或聯合國總部的紐約。

這實務部門是在去年 2 月的協議中決定設置的。在 6 月份的協議中規定了其作用，但是還未召開過一次會議。

另外，應該設置非正式交流的場所，招集曾經放棄核武器開發國家的代表參加，以廣泛地交換建立地區安全保障方式的意見。

不管如何，應該早日恢復中斷的六國協議，繼續努力使朝鮮半島成為無核地區。今後的六國協議，應成為以建設東北亞和平為目標的對話場所。

❊ 核裁軍的時機

接下來第三點，我要對核裁軍和防止糾紛作出建議。

首先，我強調有核國應迅速進行裁軍，並且加強防止核武器擴散的制度。

今年是廣島、長崎被原子彈轟炸的六十週年，也是爭取廢除核武器的《羅素—愛因斯坦宣言》發表五十週年的佳節。

諾貝爾和平獎得獎人羅特布拉特博士（Sir Joseph Rotblat，帕格沃什科學與世界事務會議名譽會長），是在宣言上簽字的十一位代表中唯一仍然在世的。我現在正準備與他進行對話連載。在對話中，羅特布拉特博士談到他深刻的憂慮，就是雖然於《不擴散核武器條約》（NPT）締約國2000年審議大會的最後文件中明確記載到「有核國明確表示將全面廢除核武器」，但是不僅沒有看出絲毫動靜，甚至還有有核國在開發新式核武器的動態。

去年於第四十五屆帕格沃什會議（Pugwash Conferences on Science and World Affairs）上，博士警告説，假如有核國拒絕進行廢除核武器討論，繼續持有核武器，那麼絕對沒有辦法阻止核武器的擴散。

我對此也深有同感。最後文件的承諾並沒有法律上的約束力，而是以加入國的合意為基礎。不遵守承諾就會從根本上動搖《不擴散核武器條約》體制，造成核武器擴散不斷升級的危險。

今年5月將再次舉行《不擴散核武器條約》的研討會。考慮到十年前《不擴散核武器條約》被無期限地延長的經過，我強烈要求同時是聯合國常任理事國的五個有核國立即着手檢討裁軍的綱要。

近年於高峰首腦會議上，不斷提到核不擴散這重要問題。去年為防止核物質及技術的非法轉移而通過了「防擴散行動計劃」。

為了使這計劃，以及美國主導的「防擴散安全倡議」對國際社會有真正的説服力和被接受，從而擴充合作的範圍、提高效果，不可或缺的是有核國對裁軍的誠懇及有效的行動。

長期以來，核裁軍主要是在美國與蘇聯（現在的俄國）這兩國之間進行。但由於近年這雙邊會談處於停滯狀態，故此有必要進一步檢討過去的方法，應轉為在多國間進行協商。

核裁軍及廢絕核武器問題假如長期沒有進展，會促使不僅是核武器，還有其他大量破壞性武器的擴散，以及引起新的軍事緊張形勢。「不擴散」與「核裁軍」如同兩個車輪，只有相輔相成才能使世界邁向和平與安定。

⁂ 為裁軍而創建專門機構

正如國際原子能機構（International Atomic Energy Agency, IAEA）一直在監察核武器的擴散，我提議設置一個如「國際核裁軍機構」來與它配合，認真研究探討如何具體地推動有核國早日達成廢除所有核武器的明確約束。

在日內瓦裁軍談判會議（Conference on Disarmament）上長年處於冬眠狀態的「禁止生產核武器用裂變材料條約」（FMCT）[6]，我們要促使它早日通過，並號召不屬於《不擴散核武器條約》組織但最近成了有核國的印度及巴基斯坦，還有以色列，共同加盟該條約，藉以成立一個管理核武器原料的國際性管理體制。

⁜ 限制武器交易

第二點是早日締結「限制武器交易條約」。

我在六年前的倡言裏，曾提到作為「不戰制度化」的一個環節，為了防止武器流入糾紛地區，加劇對立的緊張局勢，要儘早成立限制武器交易的國際條約。

近年來，這種呼聲在國際社會中也不斷高漲。2003 年 10 月，開始了要求規限世界武器交易的國際運動，三個非政府組織：國際特赦組織（Amnesty International）、樂施會（Oxfam）和國際禁止小武器行動網（International Action Network on Small Arms）共同展開運動，呼籲各國政府於明年為止締結阻

6　以凍結有核國及 XIPT 非締約國的原子能力為目標，禁止生產用於核武器爆炸裝置的研究、製造、使用高濃縮鈾及鈈等為義務的條約。1995 年由日內瓦裁軍會議設置特別委員會決定，但因為爭議及各國間的對立，到現在仍然沒有開始進行實質性的交涉。

止輕武器買賣條約。

現在，世界存有六億件以上的輕武器，被這些常規武器奪走生命的人，在全世界平均每年超過五十萬人。聯合國於2001年召開了第一次「小武器和輕武器非法貿易各方面問題大會」(Conference on the Illicit Traffic in Small Arms and Light Weapons in All Its Aspects)，通過了「防止、清除及消滅」非法交易的行動計劃。

除了這種非法武器買賣以外，每年被認為合法的武器交易平均達到一百二十億美元的巨大規模，對此更應早日採取某種必要的措施。

不論是合法還是非法，向局勢緊張的地區出售武器，是與防止糾紛背道而馳的做法。而且，增強軍備必然會招致減輕其他如衛生、教育等更急待處理範疇的預算。

據上述運動的報告，聯合國安理會五個常任理事國的常規武器交易佔全球88%，特別在近四年，美、英、法三國從亞洲、非洲、中東及中南美國家獲得的武器出口利潤，遠遠高於付出的援助金額。

二十一世紀人類的目標是確立不戰的制度，第一步應是放棄利用他國的戰爭、內戰來作為吸取利潤、加強本國影響的機會。

❊ 中國與印度日漸舉足輕重

在上述文章中，我曾提到中國和印度也應該參加在今年八國集團（G8）首腦高峰會議上預定舉行的防止溫室效應會議。在此，我繼續指出應該以此十國集團（G10）體制來談論制定關於輕武器交易的規限。

我在去年有機會與印度納拉亞南（K. R. Narayanan）前總統會談。當時也談到，在二十一世紀，中國及印度對世界的影響力將愈來愈大，忽視這種存在而進行全球性問題討論是不可能的。

在四年前的倡言中我也曾強調這兩國的重要性。我深信中印兩國由長遠歷史所孕育的精神文化傳統，將作為軟能的規範而於現代開花結果，定必對亞洲及世界和平作出巨大的貢獻。

故此，我於 1998 年曾提倡，應將現在的八國集團加上中國、印度，來舉辦「責任國首腦會議」。

儘管擴大為十國集團並非馬上可行，但希望首先能以此形式於本年度的高峰首腦會議上討論輕型武器問題，以此作為明年第二屆聯合國小武器和輕武器大會打開一條新的道路，儘早讓所有有影響力的國家參與行動。

❊ 裁軍教育

第三是推進裁軍、不擴散的教育。

為了改變近年來大量核武器擴散動向，以及核裁軍運動的膠着狀態，必須努力推進對世界人民意識啟蒙的運動，特別是在年輕人的教育上。

為此，聯合國秘書長安南於 2001 年成立了由十國專家組成的小組，並在 2002 年的聯合國大會上通過了根據小組研究成果彙集的「聯合國在裁軍和不擴散教育問題方面的研究」(United Nations Study on Disarmament and Non-Proliferation Education)。

在 1978 年舉行的「專門討論裁軍問題第一屆特別會議」(First Special Session on Disarmament) 上，首次強調了裁軍教育的重要。我對大會提出了十點建議，呼籲「應更廣泛地向民眾宣傳戰爭的殘酷與核武器的恐怖，和推行民眾階層的裁軍教育」。

聯合國在 1982 年開展了為期十年的「世界裁軍運動」(World Disarmament Campaign)。SGI 首先起來響應，在當年 6 月於紐約聯合國總部，得到聯合國宣傳局、廣島、長崎的協助，召開了「核武器——對現代世界的威脅展」。之後在有核國和許多不同政治社會體制的國家進行巡迴展出，觀展人數多達一百二十萬人次。

冷戰結束後，又舉辦了「戰爭與和平展」(War and Peace :

From a Century of War to a Century of Hope）及內容一新的「核武器——對人類的威脅展」的巡迴展覽，將追求和平的民眾之心結為一體，提高全世界不戰的呼聲。

從 1998 年起，又舉辦了「萊納斯・鮑林與二十世紀展」（Linus Pauling and the Twentieth Century: Quest for Humanity），介紹對和平、人道作出極大貢獻的鮑林博士的思想與生涯，共超過一百萬人參觀了在美國、日本及歐洲舉辦的展覽。

該展覽大獲好評，當時負責聯合國裁軍事務的達納帕拉（Jayantha Dhanapala）副秘書長讚揚說，是與聯合國大會在 2000 年作出的裁軍教育決議的理念一致。去年聯合國秘書長提交給聯合國大會關於裁軍、核不擴散教育的報告中也提及到這個展覽。

⁂ 通過教育團結善良的民眾

進入二十一世紀，以恐怖活動為首的新威脅不斷擴大，不安因素與日俱增，國際社會應更團結一致推進裁軍和核武器不擴散教育，令時代潮流向和平方向邁進。

安南秘書長在上述報告書的序文裏警告：「想到新世代的成人對核武器可造成的毀滅性狀況一無所知，完全沒有恐怖感覺這一點，對於我們這一代的人來說是一個非常震驚的問題。」

如果年輕的一代對裁軍問題無知、不關心的狀態繼續下去，世界就絕對不會走向和平。為此，我認為有必要在學校教育中積極加入裁軍、不擴散等內容。

具體來説，正如安南秘書長的報告中所鼓勵那樣，在中學和高中就實際的國際情況進行討論，實施「參與學習」，提高學生的批判力和考察力；又在大學積極引進和平學講座等教育項目。

除此以外，配合學校教育，在社會各個層面進行意識啟蒙也非常重要。我們 SGI 一直牢記戶田城聖第二代創價學會會長的廢除核武器遺訓《禁止原子彈氫彈宣言》，長年努力推進和平運動。

本年是創價學會創立七十五週年的佳節，創價學會起源於「創價教育學會」，牧口第一代會長與戶田二代會長都是教育家，自創辦以來，一直非常重視教育，要通過教育來建設和平的社會。

正是這種精神，促使我們呼籲設立聯合國「人權教育」及「可持續發展教育」這兩個國際框架。

⁂ SGI 憲章

今年也是 SGI 成立三十週年。在此，我想重申和確認 SGI 的基本精神。

自 1975 年 1 月，由五十一個國家和地區參與發起的 SGI，這個人本主義連帶已擴展到一百九十個國家和地區。

每位成員以信仰為根本，在各個國家作為良好市民努力貢獻，踏實地在社會中取得信賴，為社會帶來希望。

十年前制訂的「SGI 憲章」的十個項目，特別是如下三個項目，正好反映了我們的基本精神：

- SGI 以重視生命尊嚴的佛法為基本，願為全人類的和平、文化、教育而貢獻。
- SGI 為探究真理與發展學問，促使人人得以陶冶人格，享受富裕且幸福的人生，對教育興隆作出貢獻。
- SGI 尊重各種文化的多樣性，推進文化交流，以期構築互相理解與協調的國際社會。

今後，每位成員都會繼續實踐這「SGI 憲章」，在各自的家庭、社區、工作崗位上勇於對話，為建設和平與共生的地球社會努力。

樹立明確的目標，通過教育去團結人類善的力量，這就是牧口、戶田兩代會長的信念，也是人類可以取得永遠勝利的唯一方法。

我們將牢記先師的深遠精神，團結覺醒的民眾，一同把「和平」與「人本主義」活動推廣到世界的每一角落。

通向新民眾時代的和平大道

2006 年 SGI 日紀念倡言

⁂ 跨越全球化的威脅 創建人本主義地球文明

為了紀念「國際創價學會（簡稱 SGI）日」的到來，我想在這裏論述一下對今後地球的和平與共生的展望。

⁂ 威脅人類的各種危機

去年是第二次世界大戰終結六十週年的歷史性年度，也是全世界遇到各種大型災禍，使我們的日常生活於瞬間陷入危機的一年。

首先是使國際社會受到強烈衝擊的各種自然災害。

2004 年 12 月發生的蘇門答臘地震、海嘯所留下的傷痕還沒開始痊癒，去年 7 月份印度又受到洪水衝擊，而 8 月份颶風「卡特里娜」襲擊了美國南部，造成巨大的損害。

另外，非洲西部地區發生的大量蝗蟲災害和乾旱，使得糧食短又面臨新的危機。10 月在巴基斯坦北部發生的地震，造成七萬三千人死亡，約有三百萬人無家可歸。

特別在美國，海水使城市機能癱瘓，許多市民在惡劣的環境下孤立無援，暴露出先進國家遇到自然災害也同樣脆弱無力的一面。

除了自然災害，使世界愈加不安的，是不斷於各地發生的恐怖活動，令一般市民也淪為受害者。

去年 7 月，同時在倫敦的地鐵及公共汽車發生爆炸事件，令眾多乘客犧牲及受傷。而當時正在召開八國集團（G8）

首腦會議的戒嚴狀態下，強烈震撼了國際社會。

在這之後，埃及、印尼的峇里島、伊拉克等地不斷發生造成一般市民死傷的恐怖活動。這種無差別的暴力事件愈益劇烈。

除此之外，由對種族及民族歧視的不寬容而引起的糾紛、犯罪，以及由於移民增加而帶來的社會摩擦也日益深刻。

2003 年以來，在非洲蘇丹西部的達富爾（Darfur）地方發生阿拉伯派系民兵組織對非洲派系居民襲擊事件，造成數萬規模的平民被殺害，約一百九十萬人成為國內難民。十分遺憾的是，至今為止，這個被聯合國調查團稱為「最壞的人道危機」仍然沒有得到解決。

九十年代以來，在美國被視為重大問題的「出自憎惡的犯罪」（hate crime），在 2001 年 9 月的連串襲擊恐怖事件之後，特別是對伊斯蘭教徒的暴力及歧視，有着明顯的增加。

一方面，涉及移民問題的，就是去年 10 月到 11 月間在法國發生的大規模暴動，甚至發展到夜間戒嚴的社會性問題。

另外，隨着全球化的急速進行，傳染病等疾病的危機也在不斷增加。

其中，愛滋病在非洲等地區日趨嚴重。到目前為止，已有超過二千五百萬人死亡，因愛滋病而失去父母的孤兒人數高達一千五百萬人。據估計，全世界目前有四千萬人感染了愛滋病毒（HIV）。

還有警告表明，「禽流感病毒」的廣泛傳播也有可能發生。如果病毒蔓延的話，可能會造成與當年西班牙流感同樣嚴重的禍害(發生於 1918 － 1919 年，約有一至四千萬人死亡)。

上面列舉的幾個主要例子，都是現今最具代表性的全球性問題，每一個也不能以隔岸觀火的態度來對待。

像溫室效應問題以及成為恐怖活動溫床的貧困問題一樣，上述的問題在全球化的過程中是必定會遇到的「負面」。與被認同的全球化「正面」的各種現象，如經濟金融面的全球化、IT (信息技術) 革命所帶來的網絡社會的全球化等，作為整個構造上的正負兩面，息息相關，使我們陷入進退兩難的境地。

從地球文明這一悠長的道路來看，急於求成只會令人失敗而喪膽。在新世紀伊始所瀰漫着的、與新希望背道而馳的失落與不安，正是由於人類急於解決各種問題而感到束手無策所致。正如有名的環境運動標語所指，重要的是我們要「以全球性去思考、以地區性去行動」。

對於這種閉塞狀況，我們也應該如上述標語所示，先把覆蓋整個地球的「大問題」轉成日常的「小問題」，從另外一個角度來看看。不管是多大的問題，假如我們把它當作日常生活的身邊實際狀況來看，變換着眼點，就可以更明確事情的本質，也可以得到有效的對應方法。

⁂「自由的個人」與「慾望的傀儡」

我注意到去年秋天《聖教新聞》書評專欄中所介紹的《在機械化時代保持人性》(*Enough: Staying Human in an Engineered Age*, Bill McKibben)這本書。

書中指出諸如基因工程的基因改造[1]的最新技術，是對人本身的最大威脅，如果置之不理的話，甚至會導致人類存亡的危機。

其中，作者回顧了自產業革命以來的近代文明，說這些變化全部是走向同一方向，就是把所有作為人的因素用來交換個人的自由。

他警告說，現在我們該注意的，是如何面對甚至連個人也將被消滅的危機。

近代文明是以使人獲得更大的「自由」為目標，致力於把人從各種各樣的束縛中解脫過來。其結果是使人獲得大量的物質、財富與方便，和失去更多寶貴的東西，例如與家庭和鄰居的關係、對社區與職業或國家等框框的關心、對宗教等組織的參與，還有與自然的關係。失去了所有作為人的因素，失去了與周遭所有環境事物的關心，如此的「自由的個

1 對人類遺傳因子改造大致上有兩種：在遺傳病患者身體的特定部位注入治療用的、經修正的遺傳因子病毒「體細胞遺傳因子」，以及對生殖細胞（卵子、精子）及初期受精卵子實施改變，在誕生前對遺傳因子進行改造的「基因工程」。特別後者從倫理的觀點來看，不為世界所接受。

人」，又究竟有怎樣的實體呢？如此下去，人只會變成一個「被慾望支配的傀儡」罷了。

眾所周知，德國社會學家烏爾里希．貝克（Ulrich Beck）把充斥着難以預測的危機的現代稱為風險社會（risk society）。除非我們把這個學說從個人的觀點與立場來考慮，否則也是很難理解他所指出的問題所在。

問題在於「個人」。如果不是認真地從這點開始分析的話，就不能找出解決「大問題」的方法。

近年來，日本發生了一連串由兒童或少年所犯的兇殘事件，或前所未有的兇殘犯罪案件。我們經常可以聽到周遭發出「真難以令人置信」、「完全難以理解」等驚呼。人每當遇到過去的經驗不能解釋的問題時，總會感到周章狼狽，不知所以。

1997年，日本神戶一個十四歲少年殘忍地殺害了數個兒童，這件駭人聽聞的事件震撼了整個日本。但這只不過是一連串的青少年犯罪的開端。

著名的作家和評論家柳田邦男對少年少女的犯罪分析說：「在現時要找出真正的原因還是困難。最接近原因核心的是，犯上這些兇殘案件的少年（少女），幾乎都絕不顧慮他人的傷痛情感，是完全自我主義的精神構造。」（《出故障的日本人》）

同樣地，許多圍繞着「小問題」的不安和恐懼，其背後的原因不正是可以歸結為這一點嗎？這些不正也是今天犯罪的特徵嗎？

為了更明確理解這一特徵，我要引用陀思妥耶夫斯基（Dostoyevsky）的優秀報告文學《死屋手記》（*The House of the Dead*），來作為對比的例子。書中描寫了他自己被流放到西伯利亞監獄四年間的體驗。

他特別強調了流放區的居民對犯罪及犯人的同情與共感。的確，犯罪是壞事，但作為一個人，要是處於同樣的立場，可能也會在迫不得已的情況下犯下同樣大罪。居民對罪犯的反應，不是「完全難以理解」，而是感同身受的「可以理解」。所以居民稱犯罪為「不幸」，稱犯人為「不幸的人」。陀思妥耶夫斯基生動地描寫了居民與罪犯雖然被高牆、鐵絲網隔離，但心是相通的。

作為現代社會病毒的冰山一角的少年犯罪，正缺少這種相互的溝通。

對於最近在電視屏幕中出現的做了壞事之後，一味地為自己辯護，而在無路可逃的狀況下，才低頭認罪的成年人的醜態，又能產生如此的共感嗎？

毫無疑問，難以感受他人的痛苦，又因表達不清自己的情感而感到焦躁困擾的人愈來愈多。

「慾望的傀儡」終日感到空虛不安，其精神狀態有異於一般健全的人。假如是一個人，是絕對不可能一直忍受這種狀態的。

有識之士敏銳地感受着時代的動向。比如作家堺屋太一，他注視到血緣、地緣、職業緣等紐帶，指出這些紐帶可以幫助形成一個富有人情味與共感的社會（《東京大學講義錄》）。劇作家兼評論家山崎正和，指出全球化世界像一個「無論怎樣呼喚也得不到回應的無限空間」，促使要與他人建立信賴關係，並應共同處理社會的種種問題（《社交的人》）。這些主張都指出了，人只能生活於某種或多種的「人際關係」之中，除此之外，別無他途。

❊ 創價學會的「確信」與「核心」

即使如此，上述所指的富有人情味與共感的社會，也是靠人的參與，才能生效。

人如果沒有積極地參與這些人際關係，成為其中一員的意志和意欲的話，就不可能構成一個社會。不要墮落為「慾望的傀儡」，要鍛鍊成為有意志的、能動的「堅毅的個人」，就需要能支撐自己的立足點。

發展至今，文明差不多連個人也可以「消滅」。人只有變得積極，對外間事物能感同身受，才可以打破覆蓋現今社會的陰霾。只有引發民眾的活力，才可以開拓新的文明。

三十多年前，當我眺望「新民眾時代」，也是以此信念為基礎。

我們所推進的佛教運動，以佛教為基調的人性主義運動，正好提供了如此一個讓人能鍛鍊的立足點。

比利時出身、長年生活在日本的宗教學家讓．斯萬熱杜夫 (Jan Swyngedouw，南山大學名譽教授) 曾發表他對創價學會的感想 (《聖教新聞》，1984 年 3 月 11 日)。

他通過二十多年對日本社會、日本宗教的觀察，指出創價學會與日本傳統信仰的不同之處。他說第一點是創價學會會員擁有對信仰的「確信」；第二點是創價學會擁有宗教的核心，能促使人注意到自己內面的價值。正因為有此兩個特徵，所以學會能不斷輩出大量為世界和平作貢獻的人才。

「常常講到日本是『和』的國家，但這個『和』不能僅僅停留在日本。池田國際會長、學會的成員所盡力的『和』，是以世界為對象的和平的『和』，這運動對日本宗教界來説是一個巨大的革命。」

他非常明確地講出了我們運動的本質。過去，特別是江戶時代的佛教，大都是隸從於權力。福澤諭吉曾對如此的日本宗教傳統發出哀嘆，說：「可以講在日本已經沒有宗教的存在」(《文明論概略》)。斯萬熱杜夫可能感受到，以日蓮佛法為基礎，而明確地伸張主旨的我們的做法，是可以突破日本的傳統。

時代在飛速前進，全球化社會不斷滲透着每一角落。假如宗教的主旨是在培養能對應時代突變的堅強的個人，那現在正是宗教發揮其力量的時候。

⁂ 蒙田——人性主義的楷模

這數年來，我從不同的角度來思考以佛教為基調的人性主義。

這次我嘗試分析十六世紀法國作家蒙田（Michel de Montaigne）的一生與思想。他雖然與佛教的傳統思想無緣，但是讓人驚訝的是，他的思想行動，與佛教，特別是從《法華經》到日蓮佛法的大乘佛教的人性主義很相近。

在其代表作《隨筆集》（*Essays*）的開場白中，他說：「人是難以想像的空虛、易變、不定的存在。對人做出等齊劃一、一成不變的判斷是很困難的。」

正如他所說，他的作品中充滿着相對性、可變性觀點，富有東方色彩，非常吻合佛教的無常觀。但是，他並沒有選擇其後歐美國家對佛教定位的厭世、出家、隱居的生活方式。雖然他曾經表示在閒靜的城堡裏執筆的生活最適合他的性格，他不但成為高等法院的法官、波爾多市長、法國國王顧問等等，更經常投入庶民的交談之環當中。正像一個傳統的道德主義家，他完全沒有流露出對於塵俗世界的厭惡。

如果考慮到在他五十九年的生涯中，歐洲正處於歷史上最為淒慘的宗教戰爭[2]的漩渦之中的話，《隨筆集》的每一句

2　從十六世紀後期到十七世紀中期，由於基督教的宗教改革，引起新教與舊教發生對立，而在歐洲各地發生的戰亂，包括法國的新教徒胡格諾（Huguenot）戰爭、荷蘭的獨立戰爭、德國的三十年戰爭。

話，正好像「如蓮華在水」般，閃耀着光芒和深遠的意義。

剛才所提到的從「小問題」去接近「大問題」，這正是蒙田的所為。可以說，他正是一個全球化時代的人性主義、世界公民的楷模。

❊ 以身邊的日常為思想的出發點

《隨筆集》也有這樣的描述：「人們想擺脱自己，想擺脱自己的人性。真是荒唐。想變成天使卻淪為動物。想高高地飛舞卻摔了下來。那種所謂超越的思想，就高高在上地令人害怕。」(〈論經驗〉，On experience)

人是不能躲避「自己」，或日常身邊的「小問題」。否則，後果會不堪設想。

佛典中說：「此一人為範，一切眾生平等者如是。」(《日蓮大聖人御書全集》，590 頁）蒙田的普遍精神也是以「自己」、以「人」為主角，徹底地注視着「一個人」而得以發揚光大。

以這種普遍精神，蒙田超越了當時舊教與新教的嚴重對立，也出自「人」的觀點，超越了以「宗教」名義下的差別與歧視。

「只要把我們的品行與伊斯蘭教徒和異教徒相比較就可以知道，我們一直比他們差。」(〈雷蒙 · 塞邦贊〉，An apology for Raymond Sebond)

「沒有比基督教徒更具有旺盛的敵意……我們的宗教是為了根絕惡德而有，現在卻培育並煽動惡德。」(同前)

他自稱是天主教徒，但是與宗派主義無緣。雖然他為人慎重溫厚，但遇到以宗教名義歧視貶低他人之輩，則毫不留情地加以抨擊。

早於法國革命與「法國人權宣言」二百年前，當「信仰自由」一詞還令人陌生的時代，蒙田就在《隨筆集》中插入關於信仰自由的〈論良心的自由〉(On Freedom of Conscience) 一章，他的勇氣是可想而知的。

蒙田的普遍主義跨越了種族、民族的隔閡。對他來說，當時許多歐洲人深信無疑的殖民地主義、文明與野蠻的區別，都是一些無聊的子虛烏有。

他描寫巴西土著的印象大膽而公平，也充滿溫馨：「從理性的法則上看，我們可以認為他們是野蠻。但其實在野蠻此點，他們完全不能與我們相提並論，我們在各個方面遠遠超過了他們。」(〈話說食人部落〉，On the Cannibals)

蒙田完全無視種族、民族之間的歧視與偏見，雖然這些因素直至現代仍在束縛着許多人。因此，也萌生出他對另一位「世界公民」蘇格拉底的敬意。「當向蘇格拉底問及你是甚麼地方的人時，他不會回答說是雅典人，而會說自己是『世界人』。他具有比普通人更充實寬廣的思想。因此，他把全世界當作自己的家鄉，並把自己的人際關係、交友、愛情擴

大至全人類。」(〈論對孩子的教育〉，On educating children)

蒙田的世界觀也令他擺脫了當時重視階級身分的看法。以下的兩段引用可以清楚地表現出他的觀點：「老百姓與王侯，貴族與平民，官僚與一般市民，富人與窮人相比較的話，可以看出有許多的不同之處。但是，實際上說，只是他們穿的褲子不同而已。」(〈論人與人的差別〉，On the inequality there is between us)

「我見過上百比大學校長更聰明和幸福的工匠與農夫，而我想當的還是後者。」(〈雷蒙．塞邦贊〉)

就這樣，蒙田對封建制度下的階級制度毫不在意，但也不是說他贊成無政府主義那樣激進。他從不否定自己是貴族社會的一員。可以說，他既是具有自由主義與寬容精神的人，又是徹頭徹尾的保守主義者，而又不會令人感到一點矛盾，這正是蒙田思想的獨特之處。

日蓮大聖人曾說：「生於王地，身隨心不隨。」(《日蓮大聖人御書全集》，307 頁)

蒙田也有異曲同工的發言。他認為這種處事的方法可以防止暴力與流血事件的發生，是最好的漸進方法。

他的另外一個特徵，就是他那透徹的目光不僅僅向着人類，還指向動物、植物等自然界。

在〈論殘忍〉(On cruelty) 一章裏，他指出：「我要對我們人的驕傲打個大折扣，我要放棄人是優越於其他動物的架空支配權……在這裏，不僅僅是對擁有生命與感情的動物，甚至對於樹木、植物，人也應該表示出敬意和作為人類的義務。」

他的想法與當時傳統的把人類與自然清楚地劃分界限的想法有着明顯的不同。倒不如說與「一切眾生悉有佛性」、「草木成佛」[3] 的佛教法理相通。我相信這樣的思維能幫助我們解決面臨的各種環境問題。

另一段文章介紹了蒙田對日常生活的瑣事產生懷疑的有趣觀點：「當我與貓一起玩耍的時候，突然會想到，貓也許是在陪我玩耍，而並非我在陪牠。」(〈雷蒙 · 塞邦贊〉)

這句充滿幽默的話，包含了人與動物或自然的相對感覺、生命感覺，也含蓄地啟發了人與寵物之間的關係。

以上的引用可以讓我們理解到為何我指出蒙田具有「世界公民」的質素，亦即普世的人性主義。這種人性主義同時具備了優秀的實踐楷模側面。我不禁驚嘆四百多年前的蒙田竟然能為我們提供研究事例的最佳材料。

1993 年 1 月，在美國克萊蒙特 · 麥肯納學院 (Claremont McKenna College) 的演講中，我講述了三點有關佛法人性主義的行動方針和實踐規範：(1) 漸進主義的研究與探討；(2) 以對話為武器；(3) 以人格為軸心。

3　佛法認為宇宙的森羅萬象都能成佛的法理。其中《彌陀經》〈一切眾生悉有佛性〉一文是有情（有意識感情的人、動物）的成佛説；一念三千的「草木成佛」是非情（沒有意識感情的山川草木）的成佛法理。

解決加深分裂與混亂的關鍵在於重拾「人性」！——國際創價學會會長池田大作在美國克萊蒙特．麥肯納學院以「探索新的統合原理」為題作特別演講。（攝於 1993 年 1 月克萊蒙特．麥肯納學院，聖教新聞社提供）

細想一下，蒙田的哲學主張與這三點有着驚人的相似之處。

✻ 漸進主義的研究與探討

第一點最值得強調的是對漸進主義的研究及探討。

不管是誰，閱讀了《隨筆集》之後，都會注意到蒙田非常注重「習慣」的力量和作用。

他說：「總的來說，我認為沒有任何事情是『習慣』所不會做、或不能做到的。聽說平達爾（Pindar）稱『習慣』為世界的女王、世界的皇后，我相信他沒錯。」（〈論習慣〉，On habit）

又說：「『習慣』能自由自在地對我們的生活賦予它所喜歡的形態。它像一隻盛滿瑟茜酒的杯子，能隨意改造我們的性質（註：根據希臘神話，瑟茜女神的酒是種會令人喝後變成豬的魔酒）。」（〈論經驗〉）

蒙田哲學的特徵，就是不斷注視着個人身邊的「小問題」。

為甚麼是這樣呢？因為這些「小問題」因人而異，千差萬別。沒有兩個人有同樣的「小問題」，有時問題的內容甚至會是完全相反，反映着當地特有的傳統習慣。人們誕生下來的時候並不是白紙一張，「由於我們是在出生的時候，與喝下的奶水一起將習慣也喝了……我們的出生從一開始就是以追隨着習慣而前進為條件的。」（〈論習慣〉）

也就是說，這世上不存在完全跟周圍沒有關係的所謂「自由的個人」，人是不易變為零，或變回一張白紙。「我們雖然可以用任何的方法把人重新改造，但是，要想消滅他過往的習慣，則除非把一切完全毀滅後重新再造，否則是絕對不行的。」（〈論浮誇〉，On vanity）

而且，當我們要處理如國家或民族等「大問題」時，我們要明白到這是由許多個人、許多小問題複雜錯綜地彙集而成的，經常需要根據過往的經驗，漸進地慢慢處理，而絕不可能完全按照「人的想像中所產生的政治形態」來進行破壞和建設。這只是人的自大狂妄的表現。

「要重新鑄造如此巨大的事物，要重新移動如此巨大建築物的基礎，就如同為了清除污點而把整幅繪畫也擦掉，為了糾正個別的缺點而帶來全體的混亂，為了治病而殺死病人那樣，而這正是那些與其改革不如破壞和推翻的人們的希望。」(〈論浮誇〉)

親身經歷了以宗教改革為口號的地獄般的抗爭，蒙田對於急進的改革充滿懷疑與不信任，雖然同樣也是他於《隨筆集》裏預見了二百年後的「法國人權宣言」的理念。這正是之前我講到蒙田是自由主義及寬容的同時，又是徹頭徹尾的保守主義者的原因。

雖然蒙田曾表明他「對帶着任何面具的改革都感到可憎」，但考慮到他當時的經歷，也是可以讓人理解的。我們可以贊成或反對他這種想法，也可以說他是太過杞人憂天，或把之後的法國革命及俄國革命的評價交給歷史學家來進行。但是，有一點可以明確指出的，就是急進主義的近代革命家，對於改造人及社會的可能性過於樂觀。正是這種驕傲，促使他們對任何改革都採取急進的態度，使恐怖、拷打、虐殺等暴力行為變成正當化，從而留下鮮血淋漓的傷痕。

每當看到這些「屍骨累累」的歷史，總讓我覺得蒙田對急進改革的懷疑還是更容易讓人接受的。

下面我想引用《隨筆集》的另外一段，來介紹蒙田通過其公務活動而領悟到的政治道德。這裏也精彩地表達了他的漸進主義觀念。「……德行有着各種各樣的角度、摺痕和不同的形狀，以便適合我們人類的弱點。是複雜而且人工的，並非直線、清楚玲瓏、不變或單純的。……在擁擠的人羣中行走，往往需要讓步、碰肩、收臂、左閃右躲，放棄本想走的直路。生存往往也不能太靠自己的準則，而很多時要配合周遭的人羣。有時要放棄自己的意見來聽取他人的建議，或等待時機、聽從他人、服從判斷……」(〈論浮誇〉)

在這婉轉的話語中，蒙田指出了政治所需要的技倆，就是於日常中要時進時退，或要調整利害關係，或要調整不同意見、尋找妥協、折衷的方案等，而不應有過高的期望。

「正當的前進方法就是冷靜、沉着、有抑制」(同前)，而不是「野蠻放肆的方法」(〈論習慣〉)。由上述引用的文章，就可感受到蒙田於公務中所付出的勞苦與忍耐。相信對處理現今日本所面臨的堆積如山的問題時，是一個很好的參考。

⁎ 以對話為武器

能實現這種漸進主義的最有效的武器，就是「對話」。以下的一節可以表明蒙田如何重視對話。

「我考慮到鍛鍊精神的最有效的、自然的方法就是對話。

交談比人生其他任何活動都充滿樂趣。」(〈論交談藝術〉, On the art of conversation)

在這一章節中，蒙田詳細地論述了進行對話時的心得和應有的態度。這裏想提出其中兩點值得注意的地方：

第一，蒙田身為貴族，但是公開宣言貴族與平民只是「褲子」不同，與其做一位好的理論家不如作一位好的馬伕。他主張在與平民百姓的交流之中，有真實的對話、有人的品格。可見他是一位真正的人性主義者。

「令人羨慕的，是有多層不同精神構造的人：可以使精神集中，或變得鬆弛；不管命運如何都可以接受；能與鄰居歡談他的建築、狩獵或訴訟；又能愉快地與木匠或園丁交流。」(〈論三種交往〉, On three kinds of social intercourse)

毫無疑問，能貫徹悠悠自得的性格豁達的人，才有可能從日常的「小問題」開始實現漸進的研究與探討。

蒙田稱蘇格拉底為「師中之師」，無比尊敬，說蘇格拉底的心靈吻合着庶民的自然行動；說這位人類最初的老師，不選擇對象，不選擇地點，不使用一句哲學的專門用語，而在民眾之海、語言之海中自由自在暢游的同時，放射出智慧的光芒。這是沒有任何人可比擬的。

第二，蒙田說在對話時，假如要「先制定原因與結果，而自我陶醉地領導其中間過程」(〈論交談藝術〉)，則會失去對話的意義。囑咐人要以謙虛的心情，去面對超越自己理解能力的事物。

「當我對事物進行思考的時候，首先會刻畫出其輪廓，簡單地處理一下最初的過程，之後就聽天由命。」(同前)

於宗教的領域來説，這就是「祈禱」。如果忘記了這種謙虛的姿勢，太偏重於語言的遊戲，當遇到甚麼困難的時候，就容易對言語失去信用，從而轉向無視言語的暴力。在我們日常的「小問題」上會經常遇到這種情況，假如同樣情形發生在「大問題」上，結果只會帶來糾紛、暴力革命與戰爭。

蒙田所批評的這種自我陶醉傾向，於今天愈來愈嚴重。隨着無止境的慾望，人甚至要以遺傳因子技術來改造出生的小孩，這是驕傲人性的最醜惡的破局。

＊以人格為軸心

第三，就人格這一點，蒙田也提出了很重要的觀點。

開頭講到在《隨筆集》中到處可以看到非常接近東方的無常觀想法。但是，這又與日本的無常觀，即把人與「天」、「大自然」結合，以期得到這些超人力量庇佑的想法迴然不同。他的無常觀是實在的，充滿着日常的生活感覺。

三卷一百零七章的《隨筆集》，幾乎每一章都是關乎庶民的處世哲學。在這裏可以體會到蒙田對庶民日常生活的嚮往與自豪。

在《隨筆集》的開端，蒙田首先説：「讀者，我自身就是我的著作的題材」。他進而說：「每一個人都擁有所有作為人的特性」，「我從各個方面都想成為自己的主人」，「我是我所使用的材料（蒙田自身）的君主」，「我能清楚看見自己，研究自己甚至到五臟六腑，我知道甚麼是屬於自己的」。

如此，蒙田了解到世上所有的事物，包括他自己，都不是永恆而是不斷在變化，故此也不斷地專心致志地研究自己。

「我們最偉大的傑作，無如光明正大地活着。除此之外的一切，包括統治、房屋、積累財富等，也不過是小道具或小裝飾品而已。」（〈論習慣〉）

蒙田不斷去發掘甚麼是「人格」，徹底地追求甚麼是人生的真實，到頭來，他在《隨筆集》的最後章節中作出了如下的結論。

「能明白如何正確地享受自己的存在，就是一個完成，幾乎達到接近神的境界。由於我們不知道享受自己的處境，而追求他人的處境；不知道自己的內面，而魯莽地要顯示自己。正像踩高蹺，是沒有任何意義的，因為踩着高蹺也得用自己的腿走路。不管登上世界上多麼高的寶座，最後還得用自己的屁股去坐。」（同前）

本着他著名的宗旨「我知道甚麼？（Que sais-je?）」，蒙田繼承蘇格拉底衣缽，不斷以「汝自身」自問。他徹底地懷疑，杜絕獨斷狂信，撕破欺瞞的假面。這也成為了他信念的軸心。

由於他有一個穩固的信念軸心，所以他可以毫不留情地彈劾宗教戰爭、殖民地掠奪主義、階級制度等冒犯人的生命和尊嚴的罪惡。由於他這絕對的信念來自理性的深處，是通過不斷以相對性來對恃相對性，以懷疑重疊懷疑所得來的境界，所以不會像以後的許多馬克思主義者般，犯上把相對主義絕對化的錯誤。

✻ 以人為本的宗教

我想起文學家中野重治曾將日本作家夏目漱石與中國作家魯迅相比較，説對他們兩人的人性非常感動。

他接着説，魯迅的情況「不僅僅停留在人性的感動上，他更進一步地與醜惡鬥爭，達到憎恨醜惡的境地。雖然知道是難以戰勝對方，也要在政治上給對方一個烙印，不留下烙印誓不罷休。」(《中野重治評論集》)

雖然氣質不同，魯迅與蒙田同樣是卓越的道德主義者。中野重治認為漱石所感受的界限，可能就是日本的無常觀。另外，斯萬熱杜夫也感受到日本「和」的界限，而認為創價學會的和平運動、所推行的人性運動，是可以使日本的「和」發展成為世界和平的「和」。相信他感受到我們學會所推行的對話運動的意義、與邪惡鬥爭的氣概及推動學會會員的頑強的意志，才會有如上的發言。

我們認為宗教的目的是鍛鍊人的內心，賦予人頑強的生存意志。蒙田在《隨筆集》裏不斷力説的，也是宗教是為人而有，是以人為本。

釋尊在對弟子最後的說法中，教示他們要「以自己為洲，以自己為依靠，不要依靠他人。要以法為洲，以法為依靠，不要依靠其他」(增谷文雄，《佛教百話》)。在此，釋尊指出了要依靠自己、依靠法，以此來形成絕對人格（成佛），而這又是其他一切的軸心。我希望這種人格的覺醒能普遍成為世界民眾的確信和軸心，進而形成一個世界公民的廣大網絡。

❊ 以「人的尊嚴」作為強化聯合國的着眼點

接下來，我想論及以覺醒的民眾為主來建設和平共生社會的具體途徑。

我認為聯合國應該成為此核心。恐怖活動、糾紛、貧困、環境破壞、飢餓、疾病等超越國境的危機不斷威脅着人的生活與安全，我期望能改革與增強聯合國，使它能對應這一新的時代。

於聯合國迎來創立六十週年的去年（2005 年），各種改革的議論高漲。3 月，安南秘書長發表了《大自由：實現人人共享的安全、發展和人權》為題的報告書。其中他遠眺了聯合國今後更大的任務，舉出了改革的三大方針：就是要有「免於匱乏的自由，免於恐懼的自由，和尊嚴生活的自由」。

報告書中，他強而有力地訴說了三者的相關關係：「沒有發展，我們就無法享有安全。沒有安全，我們也無法享有發展；不尊重人權，我們既不能享有安全，也不能享有發展。」

我認為這個視點非常重要。至今為止，我也在展望聯合國改革時一直提出了以人為本的三個主題：「人的發展」、「人的安全」和「人權」。因為正如以「我們人民……」為起首的聯合國憲章所象徵的那樣，聯合國的根本使命，是為世界所有民眾盡力，從地球上消除「悲慘」這二字。

以這篇安南秘書長的報告等為基礎，通過數次討論，寫成的一份改革聯合國成果報告，在9月聯合國大會的2005年世界首腦會議上被採納。

但遺憾的是，在調整意見時觸礁，言及核裁軍與不擴散的部分全被刪掉，只留下了一些大致上合意的項目。

另外，對於世界矚目的改革安全理事會方案，也只說到會支持「早期改革」，而對於擴大理事國成員等的具體方案完全被擱置。

我是支持改革的，希望聯合國能立足於更廣闊的國際視點，使更多的國家能夠分擔其責任。至於以怎麼樣的形式推進改革，需要今後收集更多的意見來作參考。

與加強安全理事會實力有着密切關係的，就是如何確保安定的聯合國預算。除了從加盟國徵收以外，我過去曾提議設立「聯合國民眾基金」，也希望今後能積極探討此方案。

雖然留下這些課題，但是成果報告中的設置「人權理事會」代替人權委員會、創設「建設和平委員會」、改善「中央應急循環基金」(Central Emergency Revolving Fund) 來對應人道危機等改革方案能達到同意，可說有一定的進展。

聯合國作為一個跨國組織，雖然有意欲進行改革及新的挑戰，卻總是碰到各國的「國益」這一厚厚的牆壁，這是可悲的現實。

但僅是悲觀並不能解決問題。最重要的是將達成協議的內容付諸行動，早日去除受威脅的人們的苦難。

在此，我要對設置「人權理事會」及「建設和平委員會」發表一點想法。

※ 維護人權

首先是設置「人權理事會」。

到目前為止，人權委員會就各國的人權問題和世界共通的課題，不斷進行討論研究，還通過採擇決議提出改善方案，或公佈侵犯人權的事實來謀求改善。而另一方面，於某些人權問題上一直攻擊特定的國家，而使問題愈發變得僵硬，或基於本國外交政策而把人權問題處理得政治色彩太濃。恢復人權委員會的信賴是當務之急。

於此，我要對有關年內準備設置的「人權理事會」的任務與體制提出一點建議。

第一是設立「人權教育與宣傳」項目，作為理事會通常會議的議題之一，來商議如何預防侵犯人權的發生。

不容置疑，人權委員會所要繼續進行的首要任務就是討論各個侵犯人權的違法性，摸索對受害者的救濟措施。同時，為了預防和防止其再發生，要堅忍不懈地努力去改變容忍侵犯人權的社會風氣和政治文化。

從去年開始，聯合國開始了「人權教育世界計劃」，把啟發人權教育作為「人權理事會」的議題之一，令理事會不斷積極參與，進而使這項目能夠活躍生效與持續下去。

第二，確保以非政府組織為首的民間社會代表有機會參與「人權理事會」。

至今為止，許多非政府組織的積極參與實際上支持着聯合國的人權運動。由於非政府組織組織是經濟社會理事會的其中一個機能委員會，所以有資格參與人權委員會的各種協議。

我強烈希望人權理事會維持這種體制，讓非政府組織成員繼續能在全體會議上、在各種各樣的討論會上，與各國政府或聯合國有關人士進行活躍的討論及發表意見。

第三，提議在「人權理事會」下設置由人權問題專家組成的諮詢機關。

具體來說，就是讓人權理事會屬下的人權小委員會繼續開展活動，或者設立具有同樣功能的組織。但是，要有能作為支持「人權理事會」討議的智囊（調查研究機關）功能，同時肩負反映民間社會視點的作用。

另外也希望這個諮詢機構能把至今在「促進和保護人權小組委員會」下發展起來的，如關注土著居民、少數民族等特定人權問題的小委員會特別報告、工作部會等制度也繼承下去。

※ 建設和平

第二，設立「建設和平委員會」。

這是為了促進糾紛後的國家或地區早日和平復興，從綜合的觀點提出一貫性國際援助的機關。去年底於聯合國大會及安理會通過決議而正式成立。

這是與我 2004 年倡言中所提議的「和平復興理事會」異曲同工，我衷心歡迎其創設。

根據聯合國統計，在恢復和平的國家地區中，約有半數在五年之內又變回原狀。我認為，切斷這一惡性循環的正是「建設和平委員會」的使命。

在成立時，聯合國對「建設和平委員會」賦予了種種任務。但是，我希望委員會首先能全力以赴地實施以下三個項目：

(1) 決定活動內容時，不應只是聽對立的政府、集團負責人的意見，也應傾聽生活在這一區域的人民的意見，優先為他們消除不安與威脅。

(2) 和平建設過程需要漫長的歲月，在確保繼續得到國際支援的同時，設立與非政府組織協議的場所，加深相互間的合作。

(3) 努力起用克服了糾紛、達成和平建設的國家人民，讓他們有機會與深受糾紛後遺症之苦的其他國家的人們分享其經驗。

講到和平建設與國家復興，往往會首先關注到實施國民選舉、建立新政府、制訂新憲法這些外在的因素。

但是，如果不重視在這裏生活的民眾視點，是不可能阻止悲劇的重演。二十世紀的歷史證明了這一點。

基於這一教訓，以聯合國為中心，通過廣泛的國際合作，去重建每一個人民的生活與幸福，不正是和平建設委員會的任務嗎？

❊ 加強聯合國大會的作用

從民眾的觀點來看聯合國改革，我提議要加強聯合國大會的作用。

雖然安理會在有關世界和平與安全領域方面負有主要的作用，但能讓所有成員國積極參與並討論世界重要課題的會議，則只有聯合國大會。使這個「人類議會」充滿活力，是加強聯合國實力的重要關鍵。

在上述安南秘書長的報告中，就聯合國大會的改革，他提出「應集中討論當前的重大實質性問題，建立與民間社會進行全面系統合作的機制。」

遺憾的是，在 2005 年的世界首腦會議上，沒有對此建議達成一致意見。但是毫無疑問地，這提議將會是今後改革聯合國大會的關鍵所在。

我認為，為了確立與民間社會的合作，應該製造多種機會，讓聯合國大會主席、各委員會代表與非政府組織能夠進行協議。

2005 年 6 月，聯合國有史以來首次主辦了兩天聽取民間社會意見的非公式會議。從世界各地雲集的非政府組織代表、專家廣泛地發表了自己的意見。

在上述的會議成果報告中，也讚揚了會議的成果，並評價為劃時代的活動，表示歡迎民間社會的代表與成員國對話。

另一方面，非政府組織也設立了「『千年』後五年非政府組織網絡」(Millennium+5 NGO Network)，收集民間社會的意見提供聯合國，發揮作為溝通渠道的作用。

如此設立一個固定的民眾與聯合國意見交換的地方，使聯合國能夠立足於被「成員國」及「民間社會」兩方所支撐的鞏固基盤上。

自 SGI 成立以來，以佛法「人性主義」的理念為基礎，不斷積極地支持着聯合國的各種活動。其中一例就是於去年 6 月，SGI 的代表就任為「宗教非政府組織委員會」

(Committee of Religious NGOs) 的主席。

另外，我所創立的戶田紀念國際和平研究所，為紀念成立十週年，將在今年 2 月於美國洛杉磯召開以加強與改革聯合國為主題的國際大會。話題包括「人類安全與全球管理」、「跨文明對話」等，基於至今的研究成果，將廣泛地就如何建立一個為人民的、民有、民享的聯合國而進行討論。

⁕ 地球環境問題

接下來論述一下，當今世界所面臨的「地球環境問題」。

2005 年 2 月，我會見了在《京都議定書》生效時來日的諾貝爾和平獎得獎人旺加里 · 馬塔伊 (Wangari Maathai) 博士。

當今展望世界和平，就不能迴避世界環境問題。

馬塔伊博士說：「和我一起為環境問題活躍的人有數百萬。通過這次受獎，能對世界發出強烈信息，就是維護環境對於和平非常重要，為了保衛和平，也應該保衛環境。」

為了改善祖國肯尼亞的沙漠化，馬塔伊博士發起了「綠帶運動」。眾所周知，三十年間在非洲推進了超過三千萬株的植樹運動。

現在，以非洲及亞洲的乾旱地帶為中心，沙漠化問題非常深刻。據說受地球溫室效應的影響，今後問題將益發變得嚴重。

根據聯合國等所推進的「千年生態系統評估」(Millennium

Ecosystem Assessment)[4]的結果，如果溫室效應愈發嚴重，沙漠化問題也將愈加嚴重，估計以發展中國家為中心的近二十億人口的生活將受到威脅。

為此，聯合國把今年定為「沙漠和沙漠化國際年」，期望國際間能進一步合作來防止沙漠化。我在完全贊同此國際年主旨的同時，下面要談到沙漠化元兇的溫室效應問題。

隨着「酸雨對策」、「保護臭氧層」之後，溫室效應問題是第三個國際間合作的領域。

《京都議定書》終於在 2005 年生效，令發達國家有義務到 2010 年為止，把造成溫室效應的二氧化碳的平均排放量比 1990 年減少 5%。

但是，據説這對策還是不夠的，要想抑制溫室效應，就必須將排放量限制在現在水準的一半以下。

今後的焦點是如何使脱離《京都議定書》的美國，及使二氧化碳排放量不斷增加的中國、印度等發展中國家也來加盟《京都議定書》。這個問題也是去年 7 月八國集團首腦會議的議題。

2005 年 12 月在加拿大舉行的《氣候變化框架公約》第

4　由聯合國主導，於 2001 年 6 月開始，有九十五個國家一千三百名以上專家參加、實施的項目。去年 3 月發表的綜合評估中警告：人類在過去短短的五十年間，使生態系統發生有史以來的急劇變化。如果這樣持續下去，生態系統的活動將急速下降。

十一次締約方會議，基於《京都議定書》第一次締約方會議的結果，設置了工作部門，在今後兩年裏商討2012年以後的對應辦法。

在不對討論內容作出任何限制的條件底下，美國及發展中國家也參加了，使到會議達到一定的目的，從而迴避了條約可能破裂的危機。

在這裏我提議，為《京都議定書》成立而作出貢獻的日本，應該更積極地與熱心於環境問題的國家共同合作，於防止地球變暖的第二階段中發揮領頭人的作用。

《京都議定書》要求所有的締約國提高能源效率，和促進造林以擴大二氧化碳的吸收。也為了圓滿地達成消減造成溫室效應氣體的目的，決定採取被稱作京都機制（Kyoto Mechanism）[5]的方式，即把增加的森林吸收量用來相抵排放量的計算方式。

日本除了在本國全面開展這一活動外，還應該率先在各國支援保護森林、植樹造林活動，及協助引入可再生能源。

《京都議定書》的其中一個附帶提案是「清潔發展機制」（Clean Development Mechanism），促進發達國家在發展中國

5 記載入《京都議定書》，為圓滿達成消減溫室效應氣體的目標而採取的機制的總稱。發達國家除了展開對付溫室效應的事業以外，還要向發展中國家提供技術與資金，支援發展中國家溫室效應對策事業的「綠色開發機制」，和在發達國家之間進行溫室氣體排放分配額交易。

家通過投資來削減溫室效應氣體。在締約方會議上，發展中國家提出把推進保護森林事業作為「綠色開發機制」事業對象的方案也值得注目。

正因為現在的發展中國家，並不需要履行任何削減溫室效應氣體準則，我非常贊成設立如此的具體方案，來協助促進發展中國家也來積極參加此運動。

世界性溫室效應氣體排放增加量的 10% 到 20%，是由於森林面積減少而造成的。因此，組織一個全球性的保護森林的合作體制就成為當務之急。所以於 2002 年，我曾提出要締結「促進可再生能源條約」，以及設置「地球綠化基金」。

❊ 對可持續發展的教育

除了溫室效應範疇，我期望日本也能在環境教育領域裏發揮積極的作用。

從去年起，開始了聯合國制訂的「可持續發展教育十年（DESD）」。這是 2002 年在南非舉辦的「可持續發展世界首腦會議」上，響應我們 SGI 及其他非政府組織的共同呼籲，由日本政府提議，之後通過聯合國大會而實現的計劃。

SGI 作為教育十年的提倡團體，於世界各地舉辦環境展覽「變革的種子——地球憲章與人的潛能」，也推進上映 SGI 協助製作的環境電影「寧靜革命」等支援活動。

去年 10 月，聯合國教科文組織為「可持續發展教育十

SGI 在世界各地支持和推行「可持續發展教育十年」的展覽活動，2005 年 11 月在阿拉伯聯合酋長國舉辦「變革的種子——地球憲章與人的潛能」環境展，許多市民參觀。（攝於杜拜市，聖教新聞社提供）

年」設定了「國際執行計劃」，提議將「可持續發展的原則、價值觀和做法與教育和學習的各個方面結合起來」，促進人們從行動上開始改革，以期創造更可持續的未來；也呼籲各國制訂實施、推進計劃，來提高對可持續發展的意識。

日本作為可持續發展教育十年的提案國家，應以身作則地樹立一個環境問題的教育榜樣，並積極支持其他國家，例如支援非洲及亞洲國家去處理沙漠化及環境惡化等問題。

我曾經主張二十一世紀日本的發展道路，就是以環境立國、人道立國。在環境領域作出貢獻，其結果也就是從人道主義的立場上解救受地球環境之苦的人民。

※ 在亞洲奠定首腦對話

接下來，我要注視至今仍然殘留着冷戰與對立的緊張狀態的亞洲。

2005 年 12 月，於馬來西亞首次舉辦了由東盟十個成員國，還有日本、中國、韓國、印度、澳洲、新西蘭等十六國參加的東亞首腦會議。

其最大的成果，就是為創設「東亞共同體」而開創了首腦間對話的先河。

在之前舉行的東盟與日中韓（東盟 +3）首腦會議上，通過了「吉隆坡宣言」，提出了：

（1）為提供形成東亞共同體的政治條件，每年在東盟首腦會議後繼續舉行東盟 +3 首腦會議；

（2）為了實現東亞共同體的形成，於 2007 年制訂的第二次東亞合作聯合聲明等項目。而且，於東亞首腦會議上，參加國贊成為形成東亞共同體而努力，並決定今後定期召開首腦會議。

作為長年期望促進亞洲和平與友好，並付諸行動的人來說，我是非常歡迎這次的協議，並強烈期望今後有關國家能克服國家利益的相互對立，同心合力去實現這遠大的理想。

通向舉辦首腦會議的過程中，正着實地為實現目標打好基礎。

作為參加東亞首腦會議的條件，就是要加入「東南亞友好條約」，其結果是，中國、日本、韓國、印度、新西蘭、澳洲紛紛在條約上簽名，同意在地區內「和平解決分歧或爭端」、「反對訴諸武力或以武力相威脅」。

雖然這些項目都包含在聯合國憲章內，但這些原則在亞洲地區中得以再次重複闡明，促進各國間建立和平合作關係，則有可能開拓今後東亞「不戰制度化」的道路。

為了能具體地實現目的，重要的是定期召開首腦間對話，及設置地區間合作的辦事機構。

關於首腦間對話，各國已同意舉辦東盟 +3 首腦會議，及定期召開東亞首腦會議。

關於設置辦事機構，我提議設立如「東亞評議會」的機構來討論制定東亞合作的第二共同聲明。也可以改組東盟中擔任實際工作的常務委員會和秘書處來負起這個責任。

也可以通過「東亞評議會」，來解決當前的幾個重要威脅：

(1) 促進新型流感對策等保健衛生合作；

(2) 以蘇門答臘地震海嘯為教訓，推進防災、復興的合作；

(3) 防止破壞環境和擴大污染。

這樣的共同作業必然可以締造信賴，有助於強化共同體的基礎。地區的合作配合首腦的對話，民間與政治相結合，對實現東亞共同體有着決定性的作用。

⁂ 共生的精神氣質

現在，歐洲各國正努力通過批准歐洲聯盟憲法，進一步向實質的地區統合挑戰。明年是歐盟前身的歐洲經濟共同體（EEC）成立五十週年。經過半世紀的地區間對話及合作，構築了今天歐洲不戰共同體的堅固基礎。

在東亞也應如此，早日清算冷戰以來的對立與緊張的負面遺產，各國攜手為建立共同體邁出一步。

這樣放眼五十年、一百年來看時代，正如雨果所夢想的「歐洲合眾國」那樣，「東亞共同體」也可以成為一個保持每個國家的特質及個性，在更高層面的聯合中放出光輝的「亞洲合眾國」，共存共榮。

當然，在歐洲建設共同體時，基督教文明這一共同的精神基礎起了很大的作用，是眾所周知的事實。

那麼在東亞，又有甚麼精神思想可以負起這重任呢？

當然不是岡倉天心所提出的「亞洲一體」的幻想。

我曾經在中國社會科學院的演講中講到，東亞是多樣的民族，具有各自的傳統及文化，並不能簡單地歸結為一種性格，如果真要歸結的話，可以說是一種「共生的精神氣質」。

也就是說，東亞的風土比較穩重，人民好協調而嫌對立，好聯結而嫌分裂，取大我而捨小我，有好共存共榮的心態。這與西歐文明的重視「個人主義」有着顯著的不同，人民重視與他人親切交往，而於此中享受生活的樂趣。

過去的歷史告訴我們，東亞各國的關係不是一朝一夕能改變過來的。為了成立共同體，我們需要一個可以有助於溝通與交流的普遍價值觀和思想。為了早日實現亞洲和平，我至今一直努力推進個人及民眾間的對話與交流。

⁎ 日中友好是亞洲安定的基礎

建立東亞共同體的其中一個關鍵，就是日中韓三國關係。可惜的是，特別是日中的政治關係，近年來處於非常冷淡的狀態，是急待改善的至要問題。

我們經常說：「碰壁時就返回起點」，為使日中關係有所改善，應重新確認建立邦交正常化時的精神。

想當初我倡議日中邦交正常化的時候（1968 年），中國正受到「文化大革命」的衝擊，日本對與中國的交流有所顧忌，因而我的倡言受到各種各樣的非難。但是，我是本着不建立日中關係，就沒有亞洲乃至世界和平的堅定信念，故此一點也不退縮。

在此之後，在 1972 年實現了我所提倡的日中首腦會議，其共同聲明開拓了邦交正常化之路。

我受到中日友好協會的邀請，於 1974 年 5 月首次訪問中國。

半年後，當我再次訪問中國的時候，於醫院裏療養中的周恩來總理不顧醫生的反對，與我進行了會談。

我與周總理的談話涉及許多領域，基本上都是環繞着如何令二十一世紀的亞洲與世界繁榮與和平這一問題。

周總理對我説：「今後，我們要建起世世代代的友好……二十世紀最後的二十五年，對世界來説也是最重要的時期，所有國家都應該以平等的立場相互幫助。」

非常遺憾的是，一年後周總理去世了。在以後的歲月裏，我為了履行與總理的承諾，全力以赴地致力建立日中兩國世世代代的友好，努力推進民眾間的教育、文化交流。

如果把政治與經濟比喻為船的話，那麼，大海就是人民的交流。即使有時候船會遇險，但是只要有大海，船舶就會繼續往來。這一信念是我行動的根源。

在「日韓友誼年」的去年，出版了我與韓國國立濟州大學趙文富前校長的兩本對話集。

現在，我正與著名中國歷史學家、華中師範大學的章開沅教授進行對話。（2013 年出版成書，《歷史與傳承》）

2005 年 12 月，我在日本會見了來訪的章教授。在談話中，教授提到一百多年前日本人支持孫中山先生革命運動的歷史事實，他作了如下的敍述：「我們在尊重歷史的同時，必須超越歷史。縱覽兩千多年日中關係，都是以友好交流為主流的歷史。一衣帶水的兩個大國如果以和為貴的話就能共榮，如果相互對立的話則都會受損。因此構築正常安定的友好關係才是日中兩國的幸福，也是亞洲、世界的幸福。」

對此我完全贊成。日本至今的外交政策，是以與美國的合作關係為最優先。在堅持這一大前提的同時，是否也應該考慮在亞洲構築另一個外交的軸心？

最近，日本與中國達成了今後每年互相招待總數二千名高中生的交流協議。這有很大的意義。我曾經呼籲大力推進兩國間的青年交流，讓這些未來的主人翁相互正視過去的歷史教訓，並共同面向未來，所以非常歡迎達成這一協議。

日本與中國及韓國應該攜手共同解決面臨的問題，成為建設「東亞共同體」的牽引力。所以，我強烈呼籲，構築恆久的世代友好正是二十一世紀日本的使命。

⁂ 面向未來

現在日中韓共同探討的課題之一，是北韓的核武器問題。

自 2003 年 8 月起，已召開過五輪「六方會談」，而在第四輪會談中，通過了為解決北韓核武器問題的第一個共同聲明。

在此，北韓承諾「放棄一切核武器及現有核計劃」，及「早日重返《不擴散核武器條約》，並回到國際原子能機構保障監督」。同時，美國表明「在朝鮮半島沒有核武器」，和「無意以核武器或常規武器攻擊或入侵北韓」。

發表的共同聲明終於使六個國家站到同一起點上。可是，要實際使它生效還有待更大的努力。

首先，聲明沒有具體地表明放棄核武器的具體程序和日程，也沒有言及進行檢查的體制。另外，從去年 11 月以來，會談一直處於休止狀態。在伊朗的核武開發問題受到國際社會注目的今時，這種狀態放置下去的話，絕對沒有好的影響。

在此我提議，為了使會談進入第二階段，應該招集聯合國及國際原子能機構代表，與六國首腦共聚一堂，通過直接對話與商討來排除各種現存的障礙。

如果首腦間能夠達成共識，將會使問題不再倒退。然後，對於各個主題設立工作組，對完成解決核武問題為止設定具體程序、檢查體制和期限，如此始可窺見解決問題的曙光。

這種通過會談來解決地區間問題的方法，即不依賴軍事力量等硬能，而是以對話的軟能來打造信賴基礎，藉以解決問題，假如成功的話，不僅帶來東亞的安定，也會起了以軟能來解決糾紛的先河，幫助解決其他地區的防止大規模殺傷性武器擴散問題。

就這一點，我很高興看到在上述的共同聲明中，有「六方同意探討加強東北亞安全合作的途徑」的一文。我經常希望「六方會談」能為東北亞的和平帶來建設性的對話。如此，假如東北亞地區的緊張局勢有所緩和，日本與北韓間懸而未決的綁架問題、國交正常化的交涉等也會有所進展。

⁂ 以和平文化為時代精神

最後，我想強調為了從對立、衝突的「戰爭文化」轉向以協調共存為基礎的「和平文化」，裁軍教育對於改變社會風氣的重要性。

去年是廣島、長崎原子彈轟炸六十週年。遺憾的是，去年兩次失去了使核裁軍向前發展的機會。

在 5 月的《不擴散核武器條約》審議大會（NPT Review Conference）上沒有取得任何成果就閉幕，而 9 月的聯合國大會特別首腦會議的成果報告中也沒有提到核武器的事。

在審議大會上，就應把「核裁軍」還是「核不擴散」當作優先課題這一點上，產生了激烈對立，使到實質性的審議不但毫無進展，甚至連議長聲明也未能達成。遺憾的是，在此之後對立並沒有消除，在特別首腦會議的報告中，也削除了有關核裁軍及不擴散的記述。

國際原子能機構的穆罕默德．埃爾巴拉迪（Mohamed ElBaradei）總幹事曾指出圍繞核武器的三個動向：

（1）出現販賣核武器的黑市；

（2）想取得核分裂物質的生產技術，從而使用於生產核武器的國家增加；

（3）恐怖分子競相奪取大量殺傷性武器。

隨着兩次商討核裁軍的失敗，令國際社會益發充斥着不安。

正如上述的核武器狀況所象徵的那樣，世界上的裁軍問題也面對着嚴重的局面。除了各國的政治家缺乏了意識以外，國際輿論也不夠高漲。

應儘早重新建立核不擴散條約體制等，制定健全的國際法律制度。同時，不可或缺的是，從民眾發出要求裁軍的呼聲。為此，要通過推展和平與裁軍教育，來改革每一個人的意識。

近年，在聯合國這種意識也不斷高漲。聯合國大會通過了 2002 年由專家小組總結的、「聯合國在裁軍和不擴散教育問題方面的研究」報告。

我認為，為了推行裁軍教育，當務之急是要改革民間的意識，和尋找新的實施方法。

為提高對裁軍的國際輿論，不僅要靠專家及和平運動人士，還必須有各種人參加。裁軍教育不是僅以教育技術上和物理上的各種裁軍知識為目的，重要的是去改變人民對和平的概念，令他們覺得和平是切身相關的問題。

不處於戰爭狀態，並不就是和平。人民的尊嚴不受到威脅，各自能發揮最大潛力來建設幸福生活——如此的社會，才能稱得上是真正和平的社會。

故此我提議，應具體地在「世界兒童和平非暴力文化國際十年」[6]的活動中加進裁軍教育，和在民間社會展開各種草根活動，努力推廣思想的變革，培養更多比「國際主權」更重視「人的主權」、以「人類公益」、「地球公益」為立足點的世界公民。我們不應以推廣對裁軍的情報和知識為中心，而應着重於在人的意識行動中根植「和平文化」。

我們 SGI 去年舉辦了各種展覽來作啟蒙，例如「為世界的兒童建設和平的文化」展等；也在美國的紐約、洛杉磯開設「和平文化資源中心」(Culture of Peace Resource Center) 來協助此舉。

明年，又是戶田創價學會第二代會長發表《禁止原子彈氫彈宣言》的五十週年。我們要努力推進民眾階層的裁軍教育，從而把現今的戰爭文化扭轉過來，成為和平文化的時代。

✲ 努力建設沒有戰爭的世界

每個人「心的變革」會感染周圍，促使他人進行同樣的變革。這會擴展到整個社會，從而領導國際輿論。民眾的力量可以促進裁軍活動，將使「和平文化」開花結果。

於去年不幸去世的帕格沃什會議名譽會長羅特布拉特

6　繼聯合國教科文組織提倡、聯合國決定「和平文化國際年」(2000 年)後，從 2001 年到 2010 年，制定「世界兒童和平非暴力文化國際十年」，在世界提高追求「和平文化」動向的同時，促進兒童的和平教育與行動。

博士，他曾說過令人難以忘懷的說話。那是博士與我在談論「沒有戰爭的世界」及「沒有核武器的世界」時反覆說的話：

「向池塘裏扔塊石頭，波紋就會擴展。波紋雖然會變得愈來愈弱，但不會完全消失。不管甚麼人都有產生波紋的力量，我們每一個人都有改變社會的力量。如果像非政府組織那樣的形式聯結起來的話，毫無疑問必將增加對外部的影響力。團結可以使我們改變世界。這也許要花費很長的時間，但是從長遠的角度來看，最後的勝利是屬於民眾的。」

我們 SGI，本着佛法的慈悲哲學，在全世界一百九十個國家和地區開展「和平、文化、教育」運動。我們的目標，正是羅特布拉特博士所殷切期望的民眾的覺醒和團結。

到 2010 年為止的五年間，是非常關鍵的時期。今後，我們將與志同道合的世界人士攜手並肩，充滿勇氣和希望，為建立「和平與共生的地球社會」努力奮戰。

生命的變革——地球和平的路標

2007 年 SGI 日紀念倡言

迎接 2007 年「SGI 日」，我想就人類面對的各種問題，表達一下自己的感想。

✻ 對啟示錄式的武器表示強烈憤怒

今年正值是我的恩師戶田城聖創價學會第二代會長將核武器批評為「絕對惡」，具歷史性意義的《禁止原子彈氫彈宣言》問世的五十週年。

回想起半世紀前（1957 年）的 9 月上旬，在暑氣仍然濃罩的橫濱三澤運動場，恩師向着來自日本各地的五萬名青年，在萬里晴空下，把這個「最重要的遺訓」交託給後世。

儘管戶田先生的身體日益虛弱，可是他卻像巨人「亞特拉斯」一樣，發出了充滿堅強魄力的聲音，就像是昨天發生一樣，言猶在耳。

我相信隨着時間的增加，今後宣言會日益大放光彩。我想在這裏介紹稱得上具紀念性的宣言，其中的主要部分：

「現在世界掀起了禁止核試或原子彈氫彈實驗的運動。但我更想把隱藏在核武背後的魔爪摘除。我認為無論是哪一個國家，即使在原子彈氫彈上取得勝利也好，如果有人使用它，這些人應判處死刑。

原因是我們全世界的民眾都有生存的權利，侵害這權利的就是魔鬼、是撒旦、是怪物。」

本來，恩師常常認為「死刑絕不可取」。主張廢除死刑的恩師，之所以批評「死刑」，那是因為身為佛教徒對於徹底破壞生命尊嚴這終極價值、威脅生存權利的之徒，從心底表示憤怒。由於要將隱藏在「魔鬼」、「撒旦」、「怪物」背後的「魔爪」剝掉的堅強決意和鬥爭，才在宣言中吐出「死刑」這樣激烈的言詞。

由於對擁有強大破壞力、殺傷力，甚至連人類的生存、地球文明的命運也給與致命打擊的啟示錄式的武器本質，超越了意識形態和社會制度，從人的生命層次上作出深刻的洞察，這跟在兩年前（1955 年）公布的《羅素—愛恩斯坦宣言》的其中一節，可以說是相通的。

「我們身為人類，要向人類呼籲——你們要把人性留在心中，把其他事情忘記！」（《核傘下的世界》，久野收編著）

身為佛教徒的戶田會長，為甚麼要禁止原子彈氫彈試爆，以及為甚麼要向擔負未來的青年留下「最重要的遺訓」？坦白來說，當時全心全意努力弘教的年青人曾對此感到陌生的驚奇，同時又感到突然。

「宗教使命」並非單獨存在的，而是憑藉與「社會和人的使命」多方面互補才能達成。對於「立正安國」這日蓮佛法的深邃意義，往往不容易明白。

相反來說，若從今日核武器仍然威脅着人類生存的現狀來看，這裏有着「宣言」的意義和先見性；更可以切實地感到恩師為甚麼在這個時期作出這樣部署的重要性。

✻ 有核國致力裁軍是當務之急

自此以後，我們（創價學會、SGI）遵循《禁止原子彈氫彈宣言》的精神，展開踏實的活動。在1974年，繼承恩師遺訓的青年人收集了禁止原子彈氫彈試爆的一千萬個簽名。該簽名簿於1975年，由我親手遞交聯合國。

而且，在1982年開始跟聯合國總部舉辦「核武器——對現代世界的威脅」展覽（SGI與聯合國宣傳局、廣島、長崎市合辦），1996年更新了內容而舉辦「核武器——對人類的威脅」展覽，在全世界二十四個國家三十九個城市，包括前蘇聯、中國等社會主義國家舉行。參觀人數總共超過一百七十萬人次。展覽傳遞了核武器的可怕、殘忍情形，藉舉辦各種各樣的活動，致力營造對和平，尤其是要求縮減、廢除核武器的國際輿論。

其次，創價學會獲高度評價的反戰出版，由青年部策劃的《給不知道戰爭的一代》系列（全部80卷）、婦人部出版的《渴求和平》（全部20卷，去年更製成DVD）等，將隨着時間而日漸風化的寶貴戰爭體驗，用自傳和口述的形式來留存後世。

我自己每年亦在「SGI日」發表紀念倡言，更跟世界各界有識之士會面之際，又或者是發行對談集（例如與鮑林博士的《生生不息為和平》、與戈爾巴喬夫前蘇聯總統的《二十世紀的精神教訓》、與羅特布拉特博士的《探索地球的和平》等來摸索、探求邁向廢除核武器、反戰和建設和平文化的道路。

跟人類史上前所未有的大殺戮時代的二十世紀徹底告別，我深信這正是世界市民共通的由衷願望。這份確信，可以說是自古至今，世界有心人士共同擁有的精神脈搏。

⁂ 北韓與伊朗的核武器開發問題

話雖如此，有關核武器的問題，不容我們樂觀。相反，可以說我們正處於愁眉深鎖、值得憂慮的危機狀況。

去年北韓強行進行核試，由於地理上太過接近，再加上長程導彈問題，令日本以至周邊國家面對嚴重威脅。而且，在聯合國的譴責下，北韓未有放棄核試計劃，而幾經挫折的六方會談，在年頭雖然有些微的曙光，但絕對不容樂觀。

有關伊朗開發核技術的猜測，多年來由於伊朗位於持續紛爭的地區，很難預測核擴散將會引發怎樣的連鎖反應。

正如大部分人所憂慮一樣，如果核武器通過地下交易而落入恐怖份子手中，將會造成難以想像的可怕後果，這是極之明顯的。最令人遺憾的是，二十一世紀之初，全世界面對的是全球仍然擁有二萬七千枚核子彈頭，這樣危險的現實。

要求北韓和伊朗停止發展核武器誠然是理所當然的，可是單方面的責難卻有欠公允。造成現今核子危機的一半責任在於有核國，容許自己擁有核武的現狀，卻大談核不擴散，這不就是有核國的利己主義嗎？對於這個論據，相信難以反駁吧！

因此，對於《不擴散核武器條約》(NPT) 和《全面禁止核試驗條約》(CTBT)，有核國應率先、積極地執行。儘管《不擴散核武器條約》主張有核國要誠實地執行裁軍，可是一直未有進展，甚至令人有形同虛設的憂慮。

眾所周知，《不擴散核武器條約》每五年一次舉行檢討會議。2005 年在紐約舉行的會議席上，有核國和無核武國家之間的對立，令會議機能陷於癱瘓的情況下，曾與我出版對談集的羅特布拉特博士等人慨嘆：「現在的危機是《不擴散核武器條約》三十五年歷史上最惡劣的。」(《探求地球的和平》)，敦促有核國要拿出誠意來處理。

羅特布拉特是在《羅素—愛恩斯坦宣言》簽名的唯一生存者 (當時)，我們應該傾聽這位一生致力裁減核武器的科學家發出的警告。否則，就會讓不顧國際社會輿論，強行進行核武器開發，以既成事實來顯示其存在的國家得逞。唯有得到有核國的真誠態度和努力保證，才能形成朝向核裁軍潮流這件事，是不容疏忽的。

如何讓動不動就走向核擴散的趨勢轉往裁軍的方向——歸根究底，此「路軌轉換器」(安全在路軌分差點控制列車走不同方向的裝置) 是審視人類未來的意念的轉變吧！

過去，愛恩斯坦曾警告：「釋放出來的原子能，除了我們的思考方式之外，它能改變一切事物。」(《愛恩斯坦和平信札》，Atomic Education) 我認為這句話是精神巨人才能說得出的預言，無論是過去或今日，也是符合現實的言論。

基於這個意義，在 1 月 4 日《美國華爾街日報》(*The Wall Street Journal*) 以「邁向無核武世界」(A World Free of Nuclear Weapons) 為標題，由喬治．舒爾茨 (George Shultz)、威廉．佩里 (WilliamPerry)、亨利．基辛格 (Henry Kissinger) 及薩姆．納恩 (Sam Nunn) 各位人士共同執筆的評論文章中，有以下的一段文章，非常值得留意。

「現存的核武器，會帶來莫大威脅，同時也提供歷史性的機遇。世界正步入另一個階段，大家都期待着美國作為推動角色的指導能力。亦即是說，應致力達成克服依賴核武器的全球共識，防止核武器向潛在危險勢力擴散，最終為消除核威脅踏出重要一步。」

愛恩斯坦的構想連那些所謂「現實主義者」的人也不能漠視，否則就很難擺脱只立足於對人的不信任、猜疑和恐怖感的「以核制核的抑制論」的泥沼。

⁂ 重構我們的世界觀

的而且確，核裁軍就好像馬克斯．韋伯 (Max Weber) 所說：「一邊運用熱情與判斷力，一邊用力地在堅硬的木板上鑽穿的作業」(《作為職業與天職的政治》，*Profession and Vocation of Politics*) 一樣，我認為能作為堅忍不拔地持續努力的，正是意念的轉變。

從這個意思上來説，日本作為唯一被原子彈轟炸的國家，對反核的信念，不應輕易放棄。以北韓核試為契機，日本國內也有人勸論要再次就禁核進行議論，但我深怕有可能墮進「抑制論」陷阱的危險。

北韓的核問題（亦包括綁架問題）是非常棘手的問題。縱使採取所謂「對話與壓力」，單靠對話，無論是個人或國家難免要面對一籌莫展的困局。

如何面對和克服這種困惑、困難，關係到人的真正價值，以及對和平的信念怎樣堅強。正如以愛恩斯坦為首的有良心的科學家，沒有在這個過程中徹底苦惱過、掙扎過，才作出最底線的抉擇的辛勞作業，肯定找不到廢除核武的途徑。

我在前年（2005 年）的和平倡言中對作為「人本主義的行動準則」，曾有以下的提及。

「萬事俱在相互依存（緣起）中不斷變化。調和、一體性固不用説，甚至矛盾與對立，也可説是聯結的一種表現形式。因此，征服矛盾，向惡挑戰，是為了邁向大聯結而不可避免的考驗。」

文中的「聯結」這句話不斷重複。就是説人作為人類的一份子，跨越人種、民族、國界這一點上聯結起來，是絕對不應忘記的前提。可是，矛盾和對立經常發生也是事實，置諸不理則會令惡增長，招致難以預料的悲慘結局。故此「向惡挑戰，正是為了達至大聯結而不可避免的試煉。」

竭力阻止核武器進一步擴散的課題，對世界和平來說也是「不可避免、避免不了」的課題，若果袖手旁觀的話，就阻止不了核擴散。

在這個時候，最重要的一點就是基於「從內心戰勝矛盾、對立」的人類意識來跟惡挑戰。這就是相當於我所說的「路軌轉換器」。當這個「路軌轉換器」正確地發揮功能才能夠不失時機，有效地發揮作用。我認為當人類意識的「聯結」愈堅強，愈能開拓出將「對話」這軟能最大限地活用，把「壓力」這硬能減至最低的途徑。遺憾的是伊拉克戰爭等等，卻把這個比重完全顛倒過來。

有「美國良心」之稱，與我出版對談集的諾曼．卡曾斯（Norman Cousins）曾慨嘆：「不單只美國，世界大部分教育的嚴重失敗是讓人失去人類意識，只擁有部族意識。」（《人的選擇》，*Human Options*）

去年 11 月，我在東京會晤國際原子能機構的巴拉迪總幹事強調：「我們人類共同擁有很多不同的東西（中略）若能超越人種、民族、宗教，以至膚色，理解到『人的一體感覺』則和平就能實現。」

而且，羅特布拉特博士亦與我在對談中一邊回想起《羅素—愛恩斯坦宣言》，一邊追問着：「我們能否掌握達至『地球規模的安全保障』的可靠方法和『對人類的忠誠心』呢？」（《探求地球的和平》）憑着本身的確信與徹底的樂觀主義，他留下了「未完結的答案」才離開這個世界。

若「人類意識」、「人的整體觀」、「對人類的忠誠心」——這樣的「路軌轉換器」能正常地發揮功能的話，無論「考驗」是如何棘手、如何令人深感無能為力的情況下，也沒有理由會採取放棄、或是聯手對抗的手段，成為短路思維的俘虜。正如韋伯所講的理想政治家，肯定會運用一切可能的手段，努力以對話來説服和達成協議。

⁂ 生命深處的修羅

將「人類意識」、「人的整體觀」撕裂，令人們的心中產生不信感和猜疑心，造成互相反目成仇的就是「魔鬼」、「撒旦」、「怪物」，就是隱藏在背後的「魔爪」。

在一瞬之間，造成幾百萬，甚至幾千萬人犧牲的核武器使用者，是被魔性所纏，可以説在他們眼中完全沒有生命尊嚴這回事。

那「魔爪」亦是產生生命魔性的根源之惡，在佛法來説，這就是「貪、瞋、癡」的三毒[1]，當這種魔性面向他人時，其中一個例子就是修羅界的生命。

1　佛法中説到的三種煩惱。貪是指「過度激烈的慾望」，嗔是指「極度的憤怒或是憎惡」，癡是指「不了解生命的法理」。佛法解説到這種生命的混濁不僅是給人帶來不幸，還會成為經濟混亂、戰爭頻發、疫病流行等災害的原因。

眾所周知，佛法將人的生命境界，由低往高來劃分，分成地獄、餓鬼、畜生、修羅、人、天、聲聞、緣覺、菩薩、佛界這十種境界。

其中低層的第四個境界是修羅界，正如佛經所謂：「念念常欲勝彼，不耐人下，輕他珍己」(天台大師，《摩訶止觀》)一樣，自己經常與別人比較，心中只有勝過別人的「勝他」念頭，由於心歪曲了，不能正確看待事物。這是指動輒爭吵、衝突的生命狀態。由於這種生命勢力增加而造成流血慘劇。這就是「修羅鬥諍之巷」的呈現了。

而且，佛典將修羅界的醜怪樣相形容為「身長八萬四千由旬，四海之水也不及其膝下」(日寬上人，《三重秘傳抄》)「八萬四千」、「由旬」都是古代印度的量詞和計算距離的單位，雖然有不同的解釋，但都是表示難以形容的龐大、巨大。從譬喻來說，是指人被修羅界的生命佔據，驕傲自滿起來，自大得連四大海水也不到膝部。

從驕傲自滿不斷增大來看，「他者」(無論是人、物件及自然)的存在，就會相對地變得無限矮化，愈來愈不明顯。

由於心歪曲了而不能正確地判斷事物的真正面貌和價值，一切都會變成只是滿足個人利己的手段、道具，甚至有時候會將對方殺害、毀滅，也不會感到有絲毫的痛癢。不僅是核武器，這跟越戰時使用的凝固汽油彈、最近使用的貧化鈾彈、集束炸彈這樣殘忍武器的人，以及命令使用的人的心情，不是很相似嗎？對於因此造成的地獄畫面等悲慘情形卻完全不放在眼內，人命對於露出撒旦「魔爪」的他們來說，只不過是塵埃一樣的存在。

對於這樣猖獗的「修羅界」，一定要以人的尊嚴來加以拒絕。眾所周知，當知道在廣島投下原子彈的消息時，愛恩斯坦發出了「呀！是甚麼一回事！」的悲鳴，連羅特布拉特博士也說：「當時我的心被『絕望』佔據了。」（《探求地球的和平》）不單只是軍人，有不少科學家也為新型武器的「成功」而興高采烈之際，真正偉大的科學家的良心，卻從心底發出這樣的悲鳴。這跟恩師戶田先生由生命層面發出的控訴，肯定有強烈的共鳴。

本來，修羅界的生命是在任何人生命中都具備着的。在上述所說的十界，包括修羅界的十界，處於本來原原本本的位置時稱為「十界本有」[2]。正常的憤怒是「本有的修羅」，在跟惡對戰時是不能欠缺的。這樣的修羅是好的，但是應該警惕，當修羅界離開了十界本有的位置，旁若無人地大顯威勢之時。這樣的話，修羅就會變成破壞協調與秩序的暴徒，露出魔性的爪。

---

2 佛法教導，佛界這悟達的境界，與凡夫的九種迷惘的境界，本來都一起具備在人的生命之中。《法華經》指出，十界不是可以分離的個別世界，本來是具備在同一個生命之中。故此，地獄的苦惱的生命、修羅的勝他的生命等，也都是自己能統制、能改變的。

因此，我們要剝掉撒旦「魔爪」的奮鬥，簡單來說，就是要把企圖擾亂十界，連自己本份也不明白的狂亂暴徒，重新拉回協調的世界，正確地定位，重構秩序的樸實勞動之中有着剝掉「魔爪」的本來意義——下面雖然會有所論述，可是，我認為如不加以説明，則在某個意義上來説，不把現代科學技術文明、資本主義社會結構——即必然蘊藏着產生核武器這怪嬰的獨特構造公開，要剝掉「魔爪」的工作，是極之困難的。

因此，和平、文化活動看似迂迴曲折，可是，我認為片刻也不要忘記，我們日常孜孜不倦地積累着生命變革的人性革命運動，在剝掉「魔爪」這個層面上，跟核裁軍、廢除核武這個人類歷史課題是一脈相連的。

※ 近代文明的特徵

我想在這裏就有關今日近代文明的特徵，作若干的探討。

修羅界這胡作非為的性格，本來就具備在人的體內，任何時代，一有空隙它就尋找猖獗橫行的機會。事實上，人類社會從未停止過大小的爭鬥。可是，科學技術文明及資本主義社會高度發展的現代社會，有其特別的「時代樣貌」，十界生命也看似好像帶有獨特的色調。

例如上述指出隨着修羅界的增大，反而令「他者」變得矮化。對此來説，我認為現代社會（尤其是發達國家）「他者」

會呈現出淡化或是不存在的情況。

近代經濟學始創者，亦是擁有優秀文明評論家凱因斯（John Maynard Keynes），曾經發表一份名為〈我們子孫的經濟可能性〉（The Economic Possibilities of our Grandchildren）的文章。

這是在 1930 年發表的講稿。當時世界正處於經濟不景之中，為了駁斥兩種悲觀論，提出第一種是，為了要防止事態繼續惡化下去，唯有用暴力進行改革的悲觀論。另一種是，事態已經超乎我們的想像，不應人為地勉強對付，一種無能為力的悲觀論。

凱因斯主張由政府作適當介入與調控，有可能解決失業和令經濟振興。他預測：「假設沒有重大戰爭發生和人口顯著增加，經濟問題有望於一百年內得到解決，或是找到解決的辦法。」（《凱因斯全集》九）

戰爭和人口增加儘管跟凱因斯的預測不一樣，但最低限度對於發達國家的情形，我認為他的預測大致上是恰當的。根據他的觀點，人類有兩大需求，一種就是在人的生存上不能欠缺的「絕對的需求」（absolute needs）；另一種是要超越朋輩，獲得勝人一籌感覺的「相對的需求」（relative needs）。前者是有限制的，但後者在本質上是無限制的。這種經常拿他人與自己比較，令慾望不斷膨脹，「不知厭足」地追求的心理，正是在上述所提及的修羅界特徵。

確保絕對的需要是必須的，特別是對於發展中國家面對的貧窮問題，這是個最大和緊急的課題。可是，對發達國家來說，不會滿足於絕對需求。人並不一定因「衣食足」而「知禮義」。長時間為追求「衣食」而拼命努力的人們，習慣了這種習性和道德之後，當達到「衣食足」之後便不知道如何面對。韋伯批評他們並非「衣食足而知禮義」，只不過變成了一批「飽暖思淫慾」、不再珍惜勞動之徒。（《新教徒倫理與資本主義精神》，*The Protestant Ethics and the Spirit of Capitalism*）

當人對未來失去方向，感到不安時，特別在資本主義社會裏，人會靠儲藏物質、尤其是「貨幣」，來尋求心靈的安

SGI 在世界各地舉辦「為世界兒童建設和平文化展」，在社會廣泛宣揚寬容與共生的訊息。（攝於 2006 年 4 月印度新德里展場，聖教新聞社提供）

慰。貨幣，作為滿足生活上各種需要的交換手段，當然是絕對必須的。但當把貨幣作為「財產」或「資本」來看待，則這種「相對需要」會從「手段」變成「目的」，而不斷自我進行增值，不斷自我膨脹。

凱因斯對被捲入這漩渦裏的人如此描述：「作為財產的『貨幣慾』——而並非作為享受生活手段的『貨幣慾』——可以說是一種可惡的病態，一種半犯罪、半病態的，令人不寒而慄的癖好……」(〈我們子孫的經濟可能性〉)。

另一方面，對於人被金錢迷惑的狀態，馬克思(Karl Marx)稱之為對商品的「物神崇拜」[3]而進行了精闢的分析，是眾所皆知的。時移勢易，凱因斯所講的「子孫」時代的今天，貨幣慾這個金錢價值橫行無忌的情況又是怎樣呢？相信任何人也清楚看見所有社會價值、生活價值都以它為依歸，旁若無人地為所欲為。

近日日本有名大企業不斷發生的作弊事件、欺騙保險金、官商勾結、連青少年也受不良壞影響的全球投機風氣，雖然不能一概而論，但大部分都是與金錢有關的。

佛法所說的修羅界，又或者是鄰近的餓鬼界(被強烈慾

3　對商品、貨幣、資本這種「物」，就恰似其本身具有神秘力量般來崇拜。這是出自馬克思《資本論》的詞句。指「物」開始變得有性格，反而開始去支配「人」的顛倒現象。這是在商品經濟之中不可避免的現象。

望操控的生命狀態）的生命，增大至「身長八萬四千由旬」。這種極度猖獗的樣相，凱因斯稱之為「一種半犯罪、半病態的，令人不寒而慄的癖好」，看來也並不為過。

「總是期望勝過他人，不甘心居人之下，輕視他人而自以為是」的修羅界居民，是跟知足常樂無緣的眾生。他們沒有心靈的滿足與安心感，只有沒完沒了地去追求金錢，來代替心靈的安慰。雖說現今是個價值多樣化的社會，實際上是進行着金錢價值的一元化，在不斷侵蝕着各種社會價值、生活價值，並且在腐蝕着人所有的秩序感覺。說這就是現在的時代特徵，也絕非言過其實。

儘管如此，雖然對「貨幣慾」的存在要有所警戒，但歷史證明，是不可能將作為交換媒體的貨幣予以驅逐。如果強行施加壓抑，反而後果更不堪設想。二十世紀的社會主義實驗全盤失敗的慘痛經歷，正是記憶猶新。

另外，金錢價值已非如過去日本江戶時代，處於「士農工商」位元階的最底層。一旦嘗過現代的自由，就再也不能回歸過去這種社會共同體。

所以，我們現在唯一能夠做到的，就是與資本主義體制打好關係，適應它、馴服它。個人與社會，都不要把「貨幣」、「資本」當作神聖物來崇拜，要開始懂得如何對它進行控制。正如將修羅界、餓鬼界回歸到十界中的應有本位，我們也要將世間的金錢、經濟價值，回歸到它應處的位置，以重修價值的秩序。

我在去年的倡言中，曾談到蒙田的「當我與貓一起玩要的時候，突然會想到，貓也許是在陪我玩要。」(〈雷蒙．塞邦贊〉) 同樣地，當我們在活用「貨幣」和「資本」時，也要不時反省自問，我們是否在活用它們，還是在被它們逗着玩，受着它們的支配。

面對着核武器飽和狀態的美國甘迺迪總統提出的：「既然我們的問題是人所造成的，人就一定能找出解決的方法。」(《和平戰略》1963 年 6 月 10 日於美國大學畢業典禮上演講) 內容發人深省，我們不應把他這句話歸納為政治家的修辭伎倆。

❊ 人生的四種秩序

在此，我要提到法國哲學家安德列．孔特－斯蓬維爾 (André Comte-Sponville) 的著作《資本主義有道德嗎？》(*Is Capitalism Moral*？)。

標題帶有諷刺性，因為一般人不會覺得資本主義與德行有任何關係，要從資本主義找出道德，無疑是緣木求魚。

孔特－斯蓬維爾把人類社會區分為四至五種秩序。

第一種秩序為「經濟－技術－科學的秩序」，以「可能」與「不可能」為相對軸。

第二是「法律－政治的秩序」，是以「合法」與「非法」為相對軸。

第三是「道德的秩序」，是「善與惡、義務與禁令」為相對軸。

第四是「愛的秩序」，以「喜與悲」為相對軸。

對懷有信仰的人來說，對上還有一種「神聖的秩序」。作者因為是無神論者，與這話題無緣而沒有加以論述。

孔特－斯蓬維爾強調這只是一種區分而不是分離，我們是生活在這四種秩序的交錯之中。重要的是，我們要分清它們的順序，絕對不可混亂。每種秩序應受對上一種秩序所支配，例如「經濟－技術－科學」應受「法律－政治」所支配，而「法律－政治」又應受「道德」所支配等。如果四種秩序的順序有誤，就會給社會帶來混亂。

比如他說，馬克思明顯地把第一和第四種秩序混同，要將經濟道德化。其結果是，使「十九世紀馬克思主義的烏托邦，變成了眾人皆知的二十一世紀極權主義的恐怖」。

同樣地，要將資本主義道德化也是錯誤的想法。資本主義有着自己的軸心，只會無限大地追求可行的和有利潤的。在追求利潤的大目的之前，保證就業、福利事業等生活價值僅有着次要的價值。

不但如此，假如核武專家受到「經濟－技術－科學秩序」思想的支配的話，只會從相對軸上選擇「可能」，永無止境地開發更大破壞力、殺傷力的武器，而不會考慮到所帶來的悲慘後果。

又或者他們是生物專家，只要有可能，那怕推翻人倫，踐踏人的尊嚴，也要進行繁殖「克隆人」，或進行基因工程，重組人的生殖系列遺傳因數。

雖然不是所有經濟學家和科學家都是這樣，事實上，在經濟界、科學界，也有很多有良心的專家學者。但是，只要相對軸單是放在「可能」與「不可能」之上，總會有把「人」這因素置之不理的危機。

這並不是杞人憂天，只要看看現實，誰也會意識到這些危機。在增長到「八萬四千由旬」的修羅生命境界裏，對「他者」的意識日趨稀薄，近乎不存在。人的生活是要靠社會來維持，也就是說，離開了人羣，人也不能獨存。沒有「他者」，也就沒有「自己」。缺乏人性的社會，尤其會使年輕人感到窒息，以致很多欲逃離現實，成為了新興宗教、邪教等的獵物。

現代文明正是面對這樣的危機。

「經濟－技術－科學的秩序」，是沒有能力從「內部」去抑制「具有專門知識、專業技術的無賴」的橫行。只有靠從外部，就是第二的「法律－政治秩序」來抑制。

但是，「法律－政治秩序」也無法從內部抑制那些善於利用法律的、狡猾的「合法無賴」，而需要依賴第三的「道德的秩序」。

然而，在第三的「道德的秩序」中，也存在着會說漂亮話的偽君子，也就是「滿口道德的無賴」。而且道德是很難從外部來強制，故此需要第四的「愛的秩序」來發揮其作用。

雖然道德與愛心同樣是發自人心的德目，「道德的秩序」比較傾於外發的責任與義務，而「愛的秩序」則源自個人內發的歡喜與充實感。

以上是融和我的論點的《資本主義有道德嗎？》的要旨。確實地，以金融為主導的全球性資本主義，完全是本着「可行與不可行」、「賺錢與不賺錢」這缺乏人性的基準來判斷所有事物。

如此看來，就會更加明白聖雄甘地所說的話的意義。他說：「認為宗教與政治毫無關係的人，根本就不懂甚麼是宗教。」(《甘地自傳》)

⁂ 回歸人道社會

孔特－斯蓬維爾的分析，對我們考慮何謂理想的人本主義時，提供極其有用的參考。

舉例來講，我提到「人本主義的行動準則」時所強調的「聯結」，不正是與他所講的第三、第四秩序有着密切的關聯嗎？

雖然如此，事實上在對惡的挑戰中，是很難把它依書直說地使用。例如要抑制「具有專門知識、專業技術的無賴」，與其通過對話來說服，倒不如以「法律－政治的秩序」來抑制會更有效（至少從短期來看的話）。

1983 年於日本曾舉行題為「核時代之下人的生活方式」

的討論會。席上很多評論家發表了意見。其中，加藤周一說：「人所面對的各種問題，不是單從倫理上可以完全解決，而是需要決定政策的人合理地去解決。」豐田利幸說：「個人的良心和自覺當然是重要。而於現代，重要的無疑是如何把倫理聯結到國家的政策改革方面。」人類意識這一普遍的德目，與其說是對第一種秩序的直接介入，不如說是在第二種秩序的支持下，才可以更有效地發揮其本領。

第二點我所注目的，是作者在考慮如何形成一個更有人性的社會時，將重點放在「個人」的身上。

作者將從第一種秩序往第四種秩序上升的過程稱為「優越的上升序列」，並說只有人才能有力量去實行這上升過程，期待「個人」去挑戰這任務。沒有個人的覺醒，就沒有「優越的上升的序列」。通過上升的過程，人逐漸增加其重要性。這一過程，使人在「經濟－技術－科學的秩序」中的淡薄影子變濃，而於上升過程中逐漸使其人性複權。

人的資質沒有提升，人類社會就無法變革，良好的社會秩序也無法實現。

雖然這是很明顯，但歷史證明，人往往喜愛依存於組織，埋沒於集團之中，容易掉進極權主義的陷阱。榮格（Carl Gustav Jung）曾警告說，如此，只會「喚出了極權主義的惡魔」（《與影子的搏鬥》，*The Fight with the Shadow*）。他進而指出，個人德性跨出微小的一步，正是完成所有事物的關鍵。

正如極權主義的歷史所示，人性愈薄弱的時代，人愈容易陷入這魔爪之中。高科技的資訊社會、大眾化社會，不正是此類惡魔最容易煽動人掉進陷阱的場所嗎？

「微小的一步」絕不微小。如榮格所言，這微小的一步正是所有運動的原點。沒有它，所有變革都如海市蜃樓般不切實際。這與我們 SGI 所追求的「人間革命運動」不謀而合。我們認為，「一個人偉大的人間革命，不但能改變一個國家的命運，甚至可以轉換全人類的宿命」。

日本哲學界重鎮田中美知太郎曾指出，以個人信仰為中心所形成的高等宗教，當其變得巨大化的同時，有可能變質成為集體主義般的社會宗教形態。雖然如此，他通過閱讀我的著作《人間革命》，對創價學會的運動給予極高評價，期待我們在推進個人的信仰層面上得到成功。

徹底地關注與凸顯「個人」，就是我們 SGI 運動的出發點。正因我們一直堅持着這點，才使創價學會和 SGI 有今天的發展。而且，今後無論甚麼時代，我們也絕對不會脱離這一根本軌道。因為宗祖日蓮大聖人曾明言要以「個人」為本，而我們絕對不會違背宗祖的教導。

正因如此，當「經濟－技術－科學秩序」以前所未有的勢力企圖支配人類的時候，我們的 SGI 運動，對人類在攀登「優越上升序列」的過程上，即復興人本主義、使人性複權的運動上，是可以作出很大的貢獻。

我深信，恩師要斬斷魔爪的反核宣言精神，同樣地也可以用於解決現今的各種課題。

今後，懷着自豪與確信，我們會繼續在邁向和平的大路上奮勇前進。

⁂ 脱離依存核武器

接下來，我想進一步就如何克服修羅生命中勝他慾望所引起的現代諸問題提出具體的方案。

販賣核武器技術黑市的實際狀況被暴露後，人類對圍繞核武器的恐怖活動深感擔憂。除此之外，北韓及伊朗的核武器開發問題也成為國際社會關心的焦點。

國際原子能機構的巴拉迪總幹事於去年 10 月，在維也納召開的討論核問題會議上警告說，如果不採取新的對策，大約有二十至三十個國家將有可能在極短的時間內擁有製造核武器的能力。他指出，如果不能制止這種現象的話，就將加快削弱《不擴散核武器條約》(NPT) 的力量，而核武器的擴散會使地球陷入更深刻和混亂的狀態。

在這裏我的建議是：明確國際社會共同指向的目標，設立一個共同分擔責任的體制。

我並不是提議設立一個全新的機制，而是建議以現存的《不擴散核武器條約》為基礎，從新認定和賦予各成員明確的任務。因為這是世界上現存最大的軍備管理條約，擁有

邁向和平的二十一世紀，構築保衛人類的安全保障！——國際創會學會會長池田大作與國際原子能機構總幹事巴拉迪（右）暢談展望「無核武器世界」之道。（攝於 2006 年 11 月日本東京，聖教新聞社提供）

一百八十九個國家成員。

《不擴散核武器條約》的序文中指出，「鑒於核戰爭足使全人類淪於浩劫，是以務須竭力防避此種戰爭之危機，以保障各國人民的安全」。以此精神為基礎，我要強調，不管是有核國或是無核國，所有國家都應該共同確保人的安全，實現一個「不依存核武器」的社會。就像禁止化學武器、生化武器條約一樣，最終要達成確立禁止核武器條約。

這裏清楚地說出了我們的共同目標，就是有核國要推進核裁軍，而無核國則要協助落實不擴散核武器。

去年 6 月，以國際原子能機構前總幹事漢斯．布利克斯（Hans Blix）為主席的「大規模殺傷性武器委員會」（一般稱為布利克斯委員會[4]），發表了題為《恐怖的武器》的報告書，提供了幾個為保障人民安全的具體提議。部分內容如下：

「只要任何國家擁有這種武器，尤其是核武器，其他國家就希望得到它們。只要任何這種武器仍留存在任何國家的武器庫中，就存在着蓄意或意外使用它們的嚴重危險。任何這種使用都是災難性的……委員會不接受『核武器在某一方手上不構成威脅、在另一方手上就會對世界造成致命的危害』的提議。」

委員會那拒絕植根於不信與恐怖的核武器抑制論的想法，和斷定使用核武器是絕對惡的戶田會長的《禁止原子彈氫彈宣言》的思維是一脈相通的。

毫無疑問，我們應該分別儘早應對北韓及伊朗的核開發計劃問題。同樣地，為了使今後不發生同樣的問題，有必要改變國際社會全體的意識。為了於全球推進保障「不依存核武器的安全」，我提議儘早舉辦一個國際大會，例如召開「世界首腦會」，或「聯合國特別大會」等。

首先在國際社會中加強對「核裁軍」、「不擴散核武器」及「和平利用核能源」這《不擴散核武器條約》三個主旨的意

4　接受達納帕拉（Jayantha Dhanapala）聯合國副秘書長（當時）的提議，在瑞典政府支持下，於 2003 年 12 月，以布利克斯主席為中心所結成的獨立委員會。是以美國前國防部長貝里為首，由世界裁軍、核武器不擴散問題的專家十四人所構成。至 2006 年 3 月為止開了十次會議，於同年 6 月發表其成果總結的報告書《恐怖的武器》。

識，和通過各國誓約要實現這共同責任與義務的宣言。

這宣言會成為一個新起點，使各國努力落實《不擴散核武器條約》的最終目標，就是「停止製造核武器、廢除儲存的所有核武器，並從各國的軍備中取消核武器及其搬運手段」。也就是說，向着廢除核武器及使其非法化重新出發。

⁂ 領導核裁軍

接下來，想具體地談及如何保障「不依存核武器的安全」。

第一點是要指出邁向核裁軍的明確路線。

雖然美俄兩國之間在 2002 年 5 月 29 日簽署了《俄美削減進攻性戰略武器條約》，承諾到 2012 年底，將雙方的戰略性核彈頭削減到一千七百至二千二百個左右。但這條約沒有包括要廢除所有核武器的義務。

我強烈提議，作為下一個步驟，兩國應締結另一新條約，將戰略性核彈頭削減至數百個，並承諾會完全銷毀所有的核武器，使兩國成為核裁軍的先驅。

在此基礎上，兩國再次發起一個新核裁軍條約，根據《不擴散核武器條約》第六條所規定，呼籲所有有核國參加，不管他們是《不擴散核武器條約》參與國與否。

《戰略武器削減條約》(Strategic Arms Reduction Treaty 1, START 1) 將於 2009 年底失效，而美俄間已於去年 9 月起，開始討論其後的核武器檢查驗證問題。

英國的核武器系統也將在2020年面臨壽終問題，而從去年起已開始討論應否更新此系統。我認為這正是重新檢討核裁軍的好時機。所有有核國應該認真地考慮如何推進核裁軍，而不是去考慮如何把它更新或繼續開發。

為了能順利調整和推進《核裁軍條約》的成立，並確保生效後各國履行諾言、條約正常運作，我提議在聯合國設立一個具有檢查功能的「國際核裁軍機構」。

建設這種基礎的前兆已於兩年前開始了。由要求核裁軍國家與非政府組織所構成的「第六條論壇」(Article VI Forum)[5]不斷舉行研討會，認真商討如何推行使有核國履行《不擴散核武器條約》第六條核裁軍義務的交涉，和沒有核武器的世界所需的法律、政治及技術要素。

作為推動此項運動的一環，我要重申於去年聯合國倡言中所呼籲的「制定面向廢除核武器的世界民眾行動的十年」。

特別是希望唯一遭受原子彈轟炸的日本，努力推進上述的十年制訂，率先領導國際輿論來改變時代潮流。

關於這一點，上述的布利克斯委員會的報告書中也強調說：「大規模殺傷性武器並不只是政府和國際機關的課題，

5　在《不擴散核武器條約》審議會決裂後，國際非政府組織「中堅國家行動」(Middle Powers Initiative)的道格拉斯．羅奇(Douglas Roche)議長作為嘗試廢除核的方法，在2005年8月提倡的構想。第一屆會議於同年10月在聯合國本部召開，有二十八國政府代表參加。2006年9月在加拿大召開第三次會議。

也是研究團體、非政府組織、民間社會、企業、媒體及一般大眾應考慮的共同課題。所有上述的都應有權參與、和被鼓勵參與解決這課題。」

我認為，「青年」在此可以扮演一個領導的角色。

我們 SGI，會繼續與聯合國各機關及其他非政府組織合作，在推進裁軍教育的同時，以青年的熱情與力量，去擴大爭取「廢除核武器」的民眾網絡。

今年 9 月，我創立的戶田紀念國際和平研究所，為紀念戶田會長的《禁止原子彈氫彈宣言》發表五十週年，預定在美國洛杉磯召開以「廢除核武器的挑戰」為題的國際會議。而會議的成果將以報告書形式，分別向聯合國及各國政府提出，希望能喚起對保障「不依存核武器的安全」議論。

⁜ 加強阻止核武器的擴散

第二點要談及的是加強不擴散核武器的方法。

為此，我們首先要使《全面禁止核試驗條約》(CTBT) 早日生效。

遺憾的是，1996 年通過的《全面禁止核試驗條約》，因為沒有得到美國等可以使它生效的國家的批准，經過了十年，至今還沒有生效。

儘管一般對實現《全面禁止核試驗條約》存有悲觀的看法，但無可否認，《全面禁止核試驗條約》的存在產生了某種精神上的抑止力量。自條約通過以來，一直都沒有接到核實驗的報告。事實上，有核國的聯合國安理會五個常任理事國全部宣稱一時停止核實驗，甚至印度及巴基斯坦也發表了同樣的宣言。結果，從1998年到去年10月北韓實施核子試驗為止的八年間，一次也沒有進行核子試驗。

雖然要使《全面禁止核試驗條約》馬上生效是極其困難，但我們應繼續探索如何能使它正式發揮作用，譬如採取批准國家達到一定數量就可以暫定生效的形式等等，絕對不要放棄。

我們也需要一個更強的法律框架，去阻止把原子能的和平利用，轉向核武器開發。

去年9月，在召開國際原子能機構年度大會的同時，也召開了維也納特別會議，討論各國如何共同合作確保核能發電站的核燃料供給。國際原子能機構今後將着手制訂草案，呈遞理事會來通過。我強烈希望各國能超越自己狹窄的利害關係，去制訂最有效的防止核開發擴散制度。

與此同時，我強烈提議通過主要國家首腦會議等場合，討論有關有核國「不首先使用核武器」，和「不對無核國使用核武器或進行威嚇」的「消極安全制度」。

為了不再出現更多新的有核國，重要的是要改變現有的希望擁有核武器的想法及國際環境。要是消極安全制度能成立，對確保無核地帶有非常大的幫助。

去年9月，哈薩克斯坦、塔吉克斯坦、吉爾吉斯斯坦、烏茲別克斯坦、土庫曼斯坦五個國家簽署了《中亞無核武器區條約》，禁止在該地帶開發、生產和擁有核武器。這是自南極條約以來，繼中南美、南太平洋、東南亞及非洲之後，世界第六個無核武器區條約。

值得注目的是，條約是在聯合國支持下成立的。今後將以此實績為借鏡，在當事國獨自的談判遇到困難時，由聯合國起來支持。重要的是，明示國際社會不允許以核武器來欺壓他國的風潮，共同繼續努力摸索保障「不依存核武器的安全」的方法。

歷史證明，雖然曾經開發核武器，成為有核國，但這種立場也是可以改變的。

例如加拿大，雖然曾經參加「曼哈頓計劃」(Manhattan Project)，但勇敢地放棄生產核武器。巴西與阿根廷則取消其開發核武器計劃。南非則廢除其擁有的核武器而加入無核國之行列。還有烏克蘭，在前蘇聯崩潰之後接收了部分核武器，但情願放棄所有核武器來換取美俄等國的安全保證及經濟援助。這可以作為解決北韓開發核武器問題的一個借鏡。

不管如何，我認為從根本上解決北韓及伊朗核開發計劃的問題，是需要通過對話來解決。重要的是要最終實現「東北亞的無核化」與「中東的無核化」。若非如此，雖然放棄開發核武器，但一旦國際環境或政策有所變化，說不定又會重張旗鼓，捲土重來。

⁎ 外空條約與武器市場

為了實現恆久的世界和平，接下來我要談及如何徹底防止外空的軍事利用。

關於外空的非軍事利用，原則上已制訂有《外層空間條約》(Outer Space Treaty)。

該條約禁止在月球和其他天體上進行軍事利用，但對以外的宇宙空間則沒有明確的限制。隨着軍事技術發展，擴大禁止範圍的呼聲也年年增高。

今年是《外層空間條約》生效四十週年，是真正開始重新商討條約內容的絕好機會。

上述布利克斯委員會的報告書也提出，要全面禁止在外空部署武器，於全球普及《外層空間條約》，擴大該條約的覆蓋範圍，和禁止外空武器的試驗。

在這裏我提議，以聯合國秘書長為主導，成立一個「關於外空非軍事化賢人會議」，在研究具體對策的同時，努力喚起國際輿論對該問題的關注。

最後，想談及有關常規武器的裁軍問題。

各地的糾紛與內戰所使用的、奪取最多人命的「實質上的大規模殺傷武器」，其實就是一般的常規武器。我提議要對常規武器的國際間轉讓做出規制。

現在，世界上存有大約六億四千萬小武器及輕武器。據說每天還在生產約八百萬件武器。這些武器的擴散，於各地助長侵犯人權，激化糾紛，使平均每天一千餘人失去生命。

2003 年 10 月，由一羣非政府組織發起了一場「控制武器」(Control Arms) 運動[6]，得到各國政府的支持，在 2006 年 12 月的聯合國大會上，通過了開始磋商《武器貿易條約》的決議。《武器貿易條約》主旨是制定於國際間轉讓的武器數量，這不僅是對小武器而言，而是包括重武器在內所有的一般武器。

就此，聯合國秘書長首先向成員國徵求對《武器貿易條約》的意見，在年內向聯合國提出報告。之後，設置政府間專家小組，進一步深入討論，於 2008 年向聯合國大會提出詳細報告。

早在十三年前，我就曾經反覆強調要創建國際機制，來加強限制武器出口，藉此推進世界不戰的制度。故此，我強烈期望能早期締結這《武器貿易條約》。

如果該條約成立，就成為繼《禁止殺傷人員地雷公約》(Convention on the Prohibition of Anti-Personnel Mines) 後，以非政府組織為主導而實現的第二項裁軍條約。毫無疑問，亦將對其他裁軍談判的進展產生很大的影響。

---

6 國際牛津饑荒救濟委員會(Oxfam)、國際特赦組織(Amnesty International)，以國際禁止小武器行動網(International Action Network on Small Arms)為中心，推廣要求設定常規武器國際轉讓規制的運動。得到世界一百五十個國家以上超過一百萬人的贊同，和包含日本在內的一百一十六個國家裁決的共同提案。上月在聯合國以壓倒多數而被採納了。

❊ SGI的和平運動傳統

接下來，我要談論長期以來持續對立與緊張狀態的亞洲，展望如何進行該地區於二十一世紀的友好合作。

在進入主題之前，我想借此機會追溯創價學會及SGI的淵源，以及回顧我們至今為亞太地區的和平與發展所作出的行動。

SGI的和平行動是以日蓮佛法的「人本主義」理念為基礎。而創價學會和平運動的思想淵源，就是戶田第二代會長的《禁止原子彈氫彈宣言》，和一百年前牧口初代會長所著的《人生地理學》。

此書的核心是，以亞洲為首的世界各國，應該擺脱犧牲他國來達到自國繁榮這種「弱肉強食的生存競爭」，積極地轉向推進國際合作、共存共榮的「人道競爭」。

此書發行的1903年，正是帝國主義、殖民主義飛揚跋扈的時代。牧口會長強調相互合作而非相互攻擊，説：「要知道我們的生命依靠着世界，世界是我們的家，萬國是我們的活動區域。」(《牧口常三郎全集》一)

牧口先生把日本比喻為「太平洋大道」上的一戶人家，並對日本要武力佔據韓、朝鮮半島及中國的蠻行敲響警鐘。

之後，牧口會長與其弟子戶田一起嘔心瀝血完成了巨著《創價教育學體系》，發表了他對教育的一套哲學，指出教育的重點在於追求「自他幸福」，提倡要創造一個「人道競爭」的時代。

創價學會把《創價教育學體系》這集結兩師徒心血的書的發刊日（1930 年 11 月 18 日）定為學會的「創立紀念日」。

將重點置於「人」和「人類」的想法，在當時與猖獗的軍國主義是勢不兩立的。由於這樣，當局對創價學會的鎮壓日益嚴重，終於在 1943 年 7 月，以違反治安維持法及不敬罪的嫌疑將二人逮捕並收監。但是二人始終堅持自己的信條，寧死不屈。

年事已高的牧口會長於翌年 1944 年 11 月 18 日在獄中去世。戶田會長則到 1945 年 7 月 3 日出獄為止，被收監兩年餘，嚴重損害了他的健康。

戰後，我決心以戶田會長為師，加入創價學會，也是因為欽佩他的堅強意志，不惜坐牢也不投降於日本的軍國主義。

我在戰爭中也曾兩次因空襲而燒毀了家園。四位兄長被徵兵，大哥戰死在緬甸。他在一次回國時對我說：「不要美化戰爭，日軍太傲慢了，中國人實在太可憐了。」這些話至今一直在我耳邊迴蕩。

正是這些戰爭中的體驗，及從師於戶田會長，成為了我和平行動的寶貴原點。

二戰後，戶田會長繼承恩師牧口會長遺志，全力重建創價學會。另一方面，他強烈祈望亞洲和平與人民的幸福，並指出開拓這一道路是日本青年的使命。

戶田會長向青年訴說：「不管是世界上的列強還是弱小國家，誰都渴望和平，但又都不停地受到戰爭的威脅。」他的和平思想，正如實地反映在他的《禁止原子彈氫彈宣言》，和他劃時代的「地球民族主義」理念。

遺憾的是，戶田會長一生沒有訪問外國的機會。但是，他曾經給我留下遺訓，說：「在海那邊的大陸是廣闊的，世界是廣闊的。有掙扎在苦惱中的民眾，有受戰火威脅的兒童。所以，你要代我走向世界。」

在恩師去世兩年後的 1960 年，我就任了創價學會第三代會長。為了實現世界和平，馬上踏出了訪問世界的第一步。同年 10 月 2 日，我在上衣口袋裏收藏着恩師的遺照，出發訪問南北美洲。

作為第一站，我選擇了夏威夷。那是發生日本偷襲珍珠港慘劇的地方。我要把這歷史教訓銘刻胸中，作為今後推動世界不戰潮流的原點。

之後，我訪問了聯合國誕生之地洛杉磯等各城市。在參觀聯合國總部時，腦中醞釀了今後以聯合國為軸心來推進世界和平的構思。

⁂ 為亞洲和平而建橋

翌年 1961 年，我訪問了香港、斯里蘭卡、印度、緬甸、泰國、柬埔寨。在各地，我誠心為戰爭的犧牲者祈求冥福，並思索如何能達成亞洲恆久的和平。

在印度視察被傳為釋尊得道之地的佛陀伽耶時，我心中誕生了一個構想，就是為構築沒有戰爭的世界，就有必要設置研究各種東西方思想和哲學的機構。

1962 年，為推進「跨文明對話」和「跨宗教對話」，我本着訪印時的構想而設立了東洋哲學研究所。

另外，在 1963 年成立的民主音樂協會，也是我在訪問泰國時誕生的構想。民眾間的相互理解正是和平的重要基礎。為此，我深信藝術與文化的交流具有重大意義。

這次訪問亞洲各國，令我切身體會到當時東西冷戰為亞洲蒙上的陰影。不久，於 1965 年 2 月，美軍大規模轟炸越南北方，把整個國家捲入戰爭的漩渦中。

剛好於兩個月前，我在回歸日本前的沖繩開始撰寫小說《人間革命》，而這小說成了我畢生的代表作之一。

在小說的開頭，我寫道：「沒有比戰爭更殘酷的，沒有比戰爭更悲慘的……」

當我聽到戰爭悲劇再次席捲亞洲各地時，難以壓制心中的憤慨。

隨着戰爭激化，中美關係愈來愈險惡，幾乎處於一觸即發的緊張狀態。為了要儘早結束戰爭，在 1966 年 11 月，我提出了要求即時停戰及有關國家召開和平會議的倡議。又在 1967 年 8 月，強烈要求停止對北越的轟炸。

另外，我堅信消除中國於國際社會的孤立狀態不僅有利於亞洲的安定，對世界和平也是不可或缺的。本着這信念，於 1968 年 9 月 8 日，向日本社會發表了《日中邦交正常化倡言》。

當時的日本，敵視中國的風潮仍然根深蒂固，為此我的倡言遭受到暴風雨般的非難和攻擊。

但我片刻也沒有忘記恩師戶田先生的訓示，說中國將在世界史上發揮重要的作用，日本與中國的友好最為重要。因此我堅信，不承認佔世界人口 20% 的中國為聯合國正當代表、日本與一衣帶水的中國斷絕外交關係——這些明顯地是不合理的。

❊ 國際間對話

進入七十年代，為於日趨分裂的世界架起友好橋樑，我開始與各國領導人及有識之士對話。

1970 年，我與歐洲聯合運動先驅庫德諾夫．卡萊吉（Coudenhove Kalergi）展望太平洋文明，進行了長達十餘小時的會談。之後，又與二十世紀最傑出的歷史學家湯恩比（Arnold Toynbee）博士就世界大同等話題進行了二年多的對話（1972-1973 年）。會談中，湯恩比博士鼓勵我說，因為我還年輕，希望我能繼續進行這種國際性的對話，以謀求人類大同的途徑。

從此往後，我與關注人類未來的世界有識之士進行了超越宗教、民族、文化的對話，發表了四十三冊對談集。

1973 年 1 月，通過基辛格博士（當時國家安全事務助理），我向尼克遜總統遞交了呼籲終結越南戰爭的書簡。同年，又再次給尼克遜總統送去倡言，指出美國應充分發揚其建國時的美好精神，來領導世界走向和平、尊重人權和人類共存之道。

之後，本着同樣的信念，於 1993 年 9 月，我在美國設立了波士頓二十一世紀中心，通過研究和交流，來推進和平、教育和對話；又於 2001 年 5 月創辦了美國創價大學。

1974 至 1975 年，我接連訪問了中國、蘇聯和美國，直接與各國首腦進行對話，以民間人士的立場摸索緩和緊張局勢的途徑。當時除美蘇對立以外，中蘇間也處於緊張狀態，使世界面臨三極分化的危機。

1974 年 5 月第一次訪華時，參觀了北京市民構築的、被稱為「地下萬里長城」的大型防空壕，切身感受到蘇聯給中國人民的威脅。

同年 9 月，我第一次訪問蘇聯。在會見柯西金總理時，坦率地問他蘇聯有無攻擊中國的意圖。柯西金總理斷言蘇聯沒有攻擊和孤立中國的意思。

同年 12 月，我帶着這一資訊再次訪華。於這次的訪華期間，我有幸會見了周恩來總理。會談中，我們共同確認了日中應攜手為世界和平與繁榮行動的重要性。

當時，我聽到周恩來總理說中國絕對不做超級大國的話。結合先前我與柯西金總理對話的內容，我確信實現中蘇和解的日子不會太遠。事實上，歷史也證明了我的預測是對的。

1975 年 1 月，我訪問美國，在小雪紛飛的華盛頓拜會了基辛格國務卿。會談中我告訴他周總理熱切希望早日締結日中友好條約的事，基辛格博士表示非常贊成。

同一天，在華盛頓遇到了大平正芳元首相（當時是大藏大臣），我向他轉達了基辛格博士的話，並伸張了締結條約的重要。大平首相表示完全贊同，也定會努力去實現。三年後的 1978 年 8 月，終於正式締結了《日中和平友好條約》。

1975 年 4 月第三次訪華時，我在北京與鄧小平副總理會見，同時還拜會了正在中國的西哈努克親王，圍繞着如何實現柬埔寨的和平交換了意見。

在進行這些國際對話當中，於 1975 年 1 月 26 日，我在第二次世界大戰激戰地關島成立了 SGI，當時有五十一個國家、地區的代表參加。到今天為止，SGI 已擴展至世界一百九十多個國家和地區，成為一大民眾和平勢力。

在成立 SGI 的前後，我又開始注意到教育交流的重要性，開始傾注力量於大學間的交流，藉此培養下一代的人才。在訪問各國時，只要有時間，就會到大學等教育機構視察，與學生談話，開拓教育交流的道路。

繼承牧口、戶田兩會長的構想，我在 1968 年創建創價學園，1971 年創建創價大學，與世界的教育家攜手一起建設為了和平的學府。這也是我作為創辦人的摯誠期求。

在準備訪華前的 1974 年 4 月，我在美國的加利福尼亞大學洛杉磯分校（UCLA）首次進行大學演講。之後在 1975 年 5 月以「東西文化交流的新道路」為題在莫斯科大學作了演講。

「現今最需要的，是超越民族、體制、思想體系的障礙，一種全球性的精神絲路，從基礎上聯結起世界的人民。」

在莫斯科大學所講的話，成為了我的和平行動信念，直到今天也沒有改變。

當時，莫斯科大學授予我名譽博士稱號。而到今天為止，世界上的大學、研究機構共授予我二百零二個名譽學術稱號（2007 年 1 月 26 日為止）。

這不僅是對我個人，也是對 SGI 全體的榮譽，是各國睿智殿堂的大學渴望和平與人本主義之心聯結一起的證明。我衷心希望，我開拓的這條對話之路，將會成為我在莫斯科大學所呼籲的、聯結人心的「精神絲路」。

從八十年代起，我全力以赴與各國領導及有識之士進行對話。特別是為了建設亞洲的永久和平，與曾於第二次世界大戰遭受日本軍國主義蹂躪、現在仍然對日本抱有複雜感情的各國首腦，真誠地進行以史為鑒、面對未來的對話。其中包括中國的江澤民主席、胡錦濤主席；南韓的李壽成首相、申鉉碻首相；菲律賓的阿基諾總統、拉莫斯總統；印尼的瓦希德總統；馬來西亞的阿茲蘭·沙阿蘇丹、馬哈蒂爾總理等。

通過對話，我與泰國的普密蓬國王、阿南首相，蒙古的巴嘎班迪總統、恩赫巴亞爾總統，尼泊爾的比蘭德拉國王，印度的納拉亞南總統、文卡塔拉曼總統、拉吉夫·甘地總理、古傑拉爾總理等等其他亞洲各國領袖也加深了信賴及友誼。

另外，從 1983 年開始每年於 SGI 日發表倡言，目的在於加強聯合國的勢力及解決地球的眾多問題，特別將重點放在亞太地區的和平上。

在這之中，期望朝鮮半島的和平與安定，我提議早日召開南北首腦會談，早日簽訂雙方互不侵犯，不發動戰爭的誓約，和舉行解決北韓核問題的多方會談等。

而在近年，我在倡言中呼籲推進對亞洲歷史的共同研究，來建構一個共通的認識基礎。我呼籲日中間要回歸邦交正常化時的精神，來改善日中關係。與亞洲各國首腦及有識之士的對話，目的就是要創造實現這些目標的環境。

在去年 10 月，繼日中首腦會談以後，又舉行了日韓首腦會談，出現了改善數年來持續緊張狀態的日中及日韓關係的動向，令我感到非常欣慰。

加上韓國的潘基文前外交通商部長就任為亞洲第二位的聯合國秘書長。我衷心祝願潘秘書長取得成功，同時希望在他的領導下，以聯合國為中心的世界和平建設有所發展。

❊ 加強地區友好

另外，今年是對日韓有着深遠意義的朝鮮通信使訪日四百週年。兩國準備派遣青少年互訪各城市，以擴大交流。與現在日中間實施的青少年交流同樣，我期望日中韓的年輕一代不斷通過交流加深友情。

去年 10 月，日中首腦會談後發表的《日中聯合新聞公報》，實際上是相隔八年之久的共同檔。其中包括了今後兩國關係的原則，是一份重要條文。我特別注意到其中的一段：

「雙方一致認為……共同為亞洲以及世界的和平、穩定與發展作出建設性貢獻，是新時代賦予兩國和兩國關係的嚴肅責任。」

我特別注意到這一點，是因為這正是三十年前（1974 年 12 月）周恩來總理與我見面時，一致描繪的未來日中友好的藍圖。

今年也是「日中邦交正常化三十五週年」的佳節。潮流不可以逆轉，要在各個領域裏切實地開展交流與合作，來構築東亞和平共存的堅如磐石的信賴關係。

在上述的聯合新聞公報裏，提出把 2007 年定為「日中文化、體育交流年」，開展兩國人民、特別是青少年的交流，來增進兩國人民的友好感情。同時，也提議兩國間增加「以能源、環保、金融、資訊通信技術、知識產權保護等領域為重點，深化互利合作」。

在這裏我想提出，把從明年 2008 年北京奧運會開始的十年定為「二十一世紀建設日中友好的十年」，每年確定一個重點主題，來增進兩國的關係。

譬如繼「日中文化、體育交流年」之後，舉辦一個「日中能源合作年」，之後「日中環保合作年」等，每年在各個領域中擴大合作的範圍。

另外，在這十年當中，我認為也應考慮實施日中外交官的交流。

第二次世界大戰後的歐洲，法國與德國超越兩次世界大戰的恩仇，成為推動成立歐洲聯盟的原動力。

兩國制定雙向的外交官交流制度，可以免除不必要的疑神疑鬼，加強外交關係的緊密合作。

日本目前與美國、法國及德國有實施外交官交流制度。今後，希望能把這制度擴大到中國、韓國等亞洲各國，為將來建設東亞共同體鋪路。

接下來，我想談談印度，一個與中國同樣將於二十一世紀飛躍發展的國家。

2006 年 7 月，在俄國聖彼得堡舉行八國集團首腦會議的最後一天，舉行了擴大首腦會議，五個發展中國家（中國、印度、巴西、墨西哥、南非）被邀參加。

在此，再次將八國集團首腦會議所談及的能源安全等三個主要議題的內容向五國首腦加以說明，並聽取他們的意見。由此可見，首腦會議也需要聆聽發展中國家的意見，才可以決定方向性。

2006 年 12 月，印度辛格總理來日參加首腦會談，發表了「日印戰略性全球夥伴關係」的共同聲明。

我衷心歡迎這聲明，同時祝願 2007 年這紀念日印文化協議締結五十週年的「日印交流年」取得圓滿成功。

為了協助進一步的交流，我提議美國創價大學組織一個國際會議，招待日、美、中、印四個國家的專家與學者參加，討論如何能更深更廣地推進二十一世紀全球夥伴關係。

美國創價大學的「環太平洋和平文化研究中心」，目的在於探討如何發展亞太地區的和平，將積極參與籌備此項活動。

最後，我要就建設東亞共同體提出兩個方案。

第一就是創設「東亞環境開發機構」。

繼 2005 年 12 月在馬來西亞首次召開東亞首腦會議以來，今年 1 月又第二次在菲律賓召開。該首腦會議，與先前召開的東盟與日中韓領導人會議（10 + 3），通過對話增強了國家間相互信賴及友好關係。

但是，需要解決的問題還是堆積如山。事實上，實現建設東亞共同體還有很長的路要走。

我認為，首先在特定的領域構築導向模式的合作體制，例如於環境、能源等至待解決的領域，以實在的模式顯示將來地區共同體的藍圖。

2002 年以來，雖然每年召開東盟與日中韓環境部長會議，但要求更廣泛地區性合作的呼聲愈來愈高。我認為，應該把例如解決酸性雨等各個地區的環保機關，組織於「東亞環境開發機構」之下，以便更綜合和有效地處理各個課題。

第二個提議就是摹仿「歐洲學院」(College of Europe)，設置一所「東亞和平學院」。

歐洲學院設於第二次世界大戰結束後不久，成為培養各領域優秀人才的中心。半個世紀以上，它培養了一批超越國家狹隘框架、肩負歐盟發展的「歐洲人」。東亞也應該預見將來建設共同體，從現在起着眼培養如此的人才，而設置同樣的教育機構。

在設置的階段，我認為其學習範圍不應只局限於地區性的內容，而應該讓位於日本的聯合國大學積極參與，探討如何能實現以聯合國為軸心的地球社會運作。

⁂ 發展對話文化

展望二十一世紀地球和平時，最重要的是如何去培育一批覺醒的人民，去形成不戰的潮流。

去年 8 月，我會見了聯合國副秘書長喬杜里 (Anwarul K. Chowdhury)。會談中，副秘書長說，只有在人民站起來的時候，這個世界才有可能變得更好和更有人性。這與我多年來的信念不謀而合。

SGI 在世界一百九十餘個國家、地區擴展的「人本主義」運動的關鍵，就是以人民自身的力量，從地球上消除「悲慘」二字，讓所有的人們都勝利地得到和平與幸福。

今後，我們也胸懷自豪與確信，與世界上志同道合的人民攜手並肩，擴大二十一世紀的和平文化，通過對話達到相互理解，守護人的尊嚴，為建設光輝的「對話文明」而繼續努力奮鬥。

以人性的宗教創建和平

2008 年 SGI 日紀念倡言

迎接 2008 年「國際創價學會（SGI）日」，我懷着冀求世界永久和平的心情，在這裏談一下自己的感想。

約半個世紀束縛着國際社會的冷戰構造終結後，新世紀的到來也經過了近二十年的歲月，但是依然看不到有效的新世界構造出現。

萊納斯．鮑林（Linus Pauling，諾貝爾和平獎、諾貝爾化學獎獲獎人）博士在生前與我見過四次面，並一起出版了對話集（1990 年 10 月）。為繼承他的遺志，我在世界各地舉辦了《萊納斯．鮑林與二十世紀展》。

博士在對話集的開場白中展望未來，説：「一想到今後世界形勢的動向，我就心潮澎湃，並增添了勇氣。蘇聯已經開始行動。在戈爾巴喬夫（Gorbachev）總統的領導下，着實地掀起了世界裁軍的潮流。（中略）人類將首次如願以償地沿着『理性』與『道理』的大道上前進。世界由此而開始轉變。」(《生生不息為和平》) 一想到這裏，我眼前不禁浮現出這位年近九十歲的和平戰士的祥和面容。

遺憾的是，往後的發展與博士的期待大為背道而馳。在全球一體化的不可避免的潮流之中，以美國為中心率先形成的「新世界秩序」，雖一時大佔風頭，但由於不斷出現新的衝突而變得日漸失控，現在則近乎於無秩序狀態。

但是，歷史的車輪是無法倒轉的。如果不排除萬難，摸索構築新的世界秩序，全球化社會只有不斷增加混沌。

儘管如此，各方面也是不斷地嘗試以各種方法來建構新的世界秩序。

1 月 15 日至 16 日，在西班牙馬德里召開的「文明聯盟論壇」(Alliance of Civilizations Forum)[1] 就是其中一個例子。維持國際和平與安全所不可或缺的，就是努力克服文化上的敵對意識。論壇由超過 75 個聯合國成員國及國際機構參加。會議上，聯合國秘書長潘基文在演講中說到：「也許你們有着不同的文化背景及展望。但是，大家都分享着同一信念，就是文明聯盟，正是與極端主義相對抗、排除威脅我們世界的分裂活動的重要方法。」

另外，法國總統薩爾科齊 (Nicolas Sarkozy) 在今年年初的新聞發布會中，提出以重視人性及團結等為核心的文明政策，說：「治理二十世紀的方法，是不可能用來治理二十一世紀的世界」，作為改革的一環，提出新的方案，把現有的八國集團首腦會議擴大，加入中國、印度、巴西、墨西哥、南非五國，發展為十三國集團。

我一直也主張加上中國、印度等國家，讓高峰會議發展為「責任國家首腦會議」，變得更具全球化形式來分擔責任。

1　在西班牙與土耳其兩國總理的共同提案下，聯合國安南秘書長在 2005 年 9 月成立了文明聯盟，並另設「文明聯盟高級別小組」。根據該小組的 2006 年 11 月最終報告，文明聯盟於翌年 1 月召開第一屆論壇，圍繞「青年如何參與異文化間對話」等進行討論。

因此我對這提案深表贊同。

❊ 原教旨主義的復甦

冷戰結束後，被高高舉起的「新世界秩序」大旗，就是眾所周知的「自由」與「民主主義」。兩者從本身的意思上是無可厚非的。但是一旦要在不同的政治文化中落實時，就出現了意想不到的困難。豈止如此，即使在某種程度上實現自由、民主主義，如果放鬆繼續向上的努力，就會墮落為似是而非的結局。

這點在柏林圍牆崩潰（1989 年 11 月）之後的 SGI 倡言中，我根據柏拉圖的洞察進行了表述。

也就是說，「自由」也好，「民主主義」也好，最終會產生出大羣的「慾望」之人。當「青年的心靈城堡」崩潰的話，就會招來無可救藥的混沌和無秩序。為了收拾殘局，如同期待着「一隻帶刺的雄蜂」那樣，「民主制」就倒退為「暴君制」[2]，歷史就會變得倒行逆施。

這一警鐘絕不是杞人憂天。金融主義的全球化，就像缺堤的洪水，招致世界規模的貧富差距，拜金主義與不公平感

2　柏拉圖在《理想國》（*Republic*）中，把政治制度分為君主制、榮譽制、寡頭制、民主制和暴君制。他指出，民主制具有最高度的自由，但由於存有致命的內在矛盾，而可能衰退到野蠻的暴君制。柏拉圖稱之為「背理自由」的問題。

蔓延，成為恐怖活動不斷擴大的原因之一（甚至可以說是最大的原因）。歷史教訓表明，分析恐怖活動和犯罪的構造原因時，不細致地處理，只靠力量來壓制，會使事態變得更惡劣。只靠力量帶來的秩序，與無秩序及混沌只是一紙之隔。

作為信仰佛法之人，我最擔憂的，就是隨着這種風潮，令原教旨主義復甦。

不單只備受爭議的宗教原教旨主義，還有種族中心主義、沙文主義、種族主義、市場原教旨主義，和牽涉到各種原理的教條，都趁着這混沌時代，旁若無人地開始橫行霸道。

結局是，萬事皆將「原理」、「原則」優先於「人」，「人」成為其僕人。在此不一一細說其詳，我認為愛因斯坦所講的話最能表達此意：「原則是為了人而制訂的，而不是為了原則而有人的」。

原理、原則是為人而有的，此事絕不能顛倒。但要貫徹這一鐵則並非易事。人慣於依賴原理、原則，因為它能提供快速的「答案」。西蒙娜·魏爾（Simone Weil）曾說，人和社會不斷被內在的某種「重力」所牽引，從而逐漸失去自尊，喪失「自我」。

創價學會所標榜的人性主義，能對抗及扼制原教旨主義的復甦，是一種通過不息的精神鍛鍊，使人能奪回其主角地位的人性復權運動。

✻ 紀德的人道主義

在這裏想介紹一段描述原教旨主義與人道主義相對峙的令人難忘的軼事。這裏講的是法國著名人性主義大家紀德（André Gide）所發表的關於他訪問蘇聯的體驗。

1936 年 6 月，接到他所崇敬的高爾基（Maxim Gorky）病危的消息後，紀德馬上飛往莫斯科，而第二天高爾基就去世了。參加完葬禮等後事以後，他花了一個多月的時間在蘇聯各地旅行，這是他過去就一直希望的。在同年的 11 月上旬，他將旅行的感想《訪蘇歸來》公諸於世。

感想出版以後，不單在法國，在歐美各國及日本，也掀起了堪稱歷史性的大論戰。

在書中，紀德在充分認同俄國革命及以後的蘇聯發展歷程之上，對於蘇維埃社會主義逐漸冒出的弊病進行了剖析。他許多尖銳的分析，在蘇聯崩潰後的現今完全兑現了。但他那些在今天雖然會被認為是非常保守的指責，在當時還是很難讓所有人去接受。當時被稱做「紅色的三十年代」，而且受到與法西斯主義作戰的西班牙內戰[3]的影響，許多知識分子、

3　1936 年到 1939 年在西班牙發生的內戰，是由蘇聯支持、西班牙共和國政府領導的人民陣線，與由德國、意大利支持、弗朗西斯科・佛朗哥（Francisco Franco）叛軍組成的法西斯陣營兩方的鬥爭。來自五十四個國家的四萬多名反法西斯人士還組成國際縱隊，前往西班牙與當地人民並肩共戰，海明威（Ernest Hemingway）、安德烈・馬爾羅（André Malraux）等知識分子都在這支部隊中當過義兵。

青年人一窩蜂似的傾向左翼，把蘇聯看成希望之星。

正因如此，被視為左翼成員的紀德的警告，於學界、新聞界、政界掀起了巨大的反響。與其說是正反兩面，不如說大多數持「反對」意見，更多人將紀德當成叛徒，令他處於近乎孤立無援的狀態。

但是，在四面楚歌的環境中，紀德沒有後退半步，他堅持自己的信念並斷言：「就我個人來講，與我自己、與蘇維埃相比，還有更重要的，那就是人類，他們的命運，他們的文化。」

我認為他的話清楚明快而一針見血，甚至可以說是人道主義的歷史性宣言。對於紀德來說，人道主義並非今天那些陳腔濫調再而不能引起共鳴的語感，而是幾經磨練，除此之外再沒有正義可言的、一種普遍性的立場。

「與我自己……相比，還有更重要的……」紀德所指的文化，是一種有着普遍價值，能尊重自他、尊重差異與多樣性、自由、公正、寬容的精神。為此，他甚至可以不惜犧牲自己的性命。正是這一信念支持着紀德，讓他不被當時的潮流所吞沒。

這種人道主義的普遍精神，令人聯想到佛典中說的「法性的淵底，玄宗的極地」（諸法依據的根本真理）。這種普世的佛性，有時以坐在蓮花座上的佛為象徵，是一種萬人具備、清淨不朽的心性。佛法人性主義的基本主張重視人的尊嚴，指出各種宗派主義、主張的不同，民族、種族的不同，都是相對而不是絕對的，是流動而不是僵硬的，時而需要整理其階級順序，來構成一個最適合人生存的社會。這裏重視的不是「原理」，而是「人」這個主角。

因此，佛典中有說到：「此云八萬四千法藏，皆悉一人身中之法門也。然則，八萬四千法藏，是我身一人之日記文書。此八萬法藏孕懷於我心中，以我身中之心，思於我身之外，求佛、法、淨土，是云迷也。此心，值善惡之緣，而造出善惡之法。」(《日蓮大聖人御書全集》，589 頁)

「八萬四千法藏」雖指釋尊一生的說法，但從廣義來說，也就是指包含着所有「差異」的世界。這世界其實就存在於我們心中。了解到這一點，就要努力超越一切「差異」，達到萬人平等的境界。這境界應該是一切的起點，也是一切的歸結。所有原教旨主義都將這一點顛倒，只重視「原理」而不重視「人」。

⁂ 還沒有結果的挑戰

半個世紀以前，將一生都奉獻給研究、介紹法國人道主義的東京大學渡邊一夫教授，在回顧第二次世界大戰大肆吹捧「原教旨至上主義」時，提出了「宗教的人性化」。

「第二次宗教改革，就應該是由新的路德 (Martin Luther)、新的卡爾文 (John Calvin) 來進行。用新鮮的字眼來表現，就是應該推行『宗教的人性化』。宗教的人性化就是指要拋棄一切『鴉片』性質的東西，甚至認識到神也是為人而存在的。人很容易成為自己的創造物的機器或奴隸，要對這弱點進行反省。不但自己如此，還要教他人如此。對自文藝復興以來人類所有的收穫，要闡明其責任。」(《渡邊一夫評論選》)

回顧之後的六十年，乃至最近的宗教狀況，不得不說對於這個提問還沒有找到答案。最大的證明是，一直與宗教問題經常連在一起的，就是原教旨主義這一詞語。

儘管如此，也絕不能將其放置不管。如果這樣的話，本該是構築和平的原動力的宗教，反而變成了戰爭和糾紛的原因。

因此，我在題為「二十一世紀文明與大乘佛教」的哈佛大學第二次演講中(1993年9月)，強調首先要觀察宗教對人所帶來的影響，究竟是使人「變強」還是「變弱」、「變善」還是「變惡」、「變聰明」還是「變愚蠢」。為要真正使宗教變得人性化，我們要把這問題向包括佛教的所有宗教提出。

諾貝爾和平獎得獎人埃利·威塞爾(Elie Wiesel)為了究明伴隨教條主義和原教旨主義的盲信與仇恨，以他設立的「埃利·威塞爾人類基金會」(Elie Wiesel Foundation for Humanity)支持召開了數次以「剖析仇恨」(Anatomy of Hatred)為題的國際會議。

他解釋其動機為：「如何說明為何至今有許多知識人士敗於盲信的誘惑？又如何能使宗教擺脫盲信的誘惑？……有史以來，只有人在忍受着盲信與憎惡之苦，而且也只有人才可以剷除它。在所有的創造物之中，只有人能夠做到和可能犯下這一罪行。」這是他發自良心的吶喊，是對宗教人性化的懇切冀望。

少年時代，威塞爾在奧斯威辛與母親、妹妹失散，後來又在布痕瓦爾德目睹了父親的死。這是一個曾親眼目睹納粹這最恐怖的原教旨主義的人的話語，多麼有分量，多麼有說服力。而且，這也是一個我們絕對不能避而不視的課題。

如果不努力去認識和進化，只執着於袒護一己之派系的話，那麼這種宗教就會把人的精神性削「弱」，使其轉向「惡」，變得「愚昧」，而增加其「鴉片」的部分。結果只會助長戰爭與糾紛的發生。這就是威塞爾所指的原教旨主義的傾斜，是人類歷史上一直存在着的宗教的負面，其數不勝數的例子就不用一一枚舉了。

「宗教的人性化」就是二十一世紀擺在人類眼前的最大挑戰。探究人類史上宗教與信仰的正負兩面是一個非常複雜的難題，在此我不想深入講述。但至少在考慮二十一世紀文明與宗教的應有狀態時，要緊記宗教是為了人性的向上，為和平與幸福而有的這一點。

❊ 歷史學家米什萊提出的宗教觀

就此，我一直關注着十九世紀歷史學家朱爾．米什萊（Jules Michelet）的宗教觀。

米什萊出生的時代是被稱為東方文藝復興的時代。正如於數世紀前歐洲文化的復興受到古希臘、羅馬文明較大的影響，十九世紀中葉的歐洲則熱衷於印度、波斯等東方文明。這正是從時間與空間的次元，要擺脱以歐洲為中心的基督教世界觀的時代。也許當時的時代精神與今天全球化的環境有相類似的地方。在其著作《人類的聖經》（*The Bible of Humanity*）中，米什萊這樣論述：

「這是多麼幸福的時代啊！地球的靈魂，因電報通訊線，而得享和諧，變得融合圓滿。人們透過歷史的連貫線，看到過去不同的年代，感受到那曾經存在的互愛精神。他們都感到高興，因他們知曉地球的靈魂以往也有過相同的精神。」

「電報通訊線……」這種表現令人聯想到今天的網絡社會。十九世紀前期，是現代科學技術文明的黎明期。加上米什萊個人的樂觀性格，幾乎是無止境地，於無限大的時空次元對未來的文明世界充滿着正面的期待。但，正如三十數年前羅馬俱樂部報告書《增長的極限》（The Limits to Growth）的警告那樣，米什萊的當時，與我們這被稱為近代文明「斜陽」的時代，正好成了顯著的對照。急速發展的網絡社會，資訊科學的氾濫，反而逐漸削弱了人類的交流，讓「地球的

羅馬俱樂部是展望人類未來，研討國際政治問題並提出種種的警告的全球智囊組織。國際創價學會會長池田大作與該俱樂部創辦人奧里利歐·裴徹博士著有對談集，在 2005 年與霍夫萊特爾會長（右）亦出版對談集，就全球化和世界公民教育等課題展開對話。（攝於 1996 年 2 月日本東京，聖教新聞社提供）

靈魂」得享和諧的樂觀狀況已經不可復得。

這意味着米什萊的時代，通過把自己的文明相對化，歐洲人覺得人的力量及可能性是無限的，可說是一個非常幸福的時代。這個時代的精神在米什萊的宗教觀也如實地反映出來，就是他倡導的「宗教人性化」。

對米什萊而言，「人類的聖經」不只局限於新舊約《聖經》，還包括了漢字文化圈和幾乎所有文明圈的聖典，如印度的《吠陀》(*Vedas*)、《羅摩衍那》(*Ramayana*)、古希臘的英雄敘事史詩及古典戲劇、波斯的《列王紀》(*Shahnameh*)，還有埃及和亞述(Assyria)等地的著作。他認為，「人類的聖經」的真正的作者就是人類本身。在對這些著作進行全面比較和驗證後，米什萊作出了大膽明快的結論：「宗教是精神活動的一部分，精神活動並不只局限於宗教」。也就是說，他拒絕接受宗教裏一切超越人、優越於人的因素，明確了宗教的人性化。

他還宣言：「我們已經看到，亞洲與歐洲是完全一致的，過去與現在也是一致的。我們知道，在任何時代的人，他們的想法、感受與愛心完全是一樣的。因此，人類只有一個，只有一心而不是二心。貫穿空間與時間的大調和，已被永遠復原了。」

從充滿對人不信、閉塞感的現代來看，米什萊的這番話令人感到全不現實。雖然當時可說是近代文明的黎明期，但也會令人覺得他太樂觀和天真。他所追尋的人性系譜，從古印度和希臘起，經過中世的黑暗時代，到達文藝復興和法國大革命所謳歌的自由、平等和博愛。但如眾所周知，這系譜受到歷史的背叛。二十世紀發生了兩次世界大戰，也經歷了奧斯威辛、廣島的悲慘經驗，令人深深感受到科學技術是不能輕視的「雙刃劍」，歸根到底是不能對這種安易的樂觀論表示全面贊成。同時，我們記憶猶新的是上個世紀末蘇聯的崩潰，為始於法國大革命到俄國革命的進步主義歷史觀的進程打上終止符號。

儘管如此，我們也不能作出「將洗澡水與嬰兒一起倒掉」(德國諺語) 這樣的愚蠢行為。正如像米什萊訴說的：「我冀求，讓我們更有點人性。讓我們以一種人類從沒有聽說過的美德來自強自己。」我同意米什萊這觀點。我們不能忘記人才是形成歷史以及所有事物，包括宗教的主角。我們伸張的人性主義運動的成敗，也取決於我們能否將這思想肯定、深化與薪傳。

應該特別強調的是，米什萊對人的讚歌，與今天的「人道主義」這一字眼的含義雖相似但完全不一樣。現今的人道主義，意味曖昧，沒有骨格，感情用事而流於脆弱，而米什萊的卻是有魄力和幹勁。換句話説，前者並非進行真正的解放人類，對人不斷增長的利己主義也完全缺乏節制，相反地，後者卻具備着強烈的自律精神。

在《人類的聖經》的結尾，米什萊寫出他繼承了人類史的正統，説：「一種光的奔流、一條『法』與『理性』的大河，從古代印度開始流到 1789 年。……各個時代都一樣，不朽的正義從自然與歷史的堅固基礎發出光芒。」他以「法」、「理性」、「正義」為骨格，自律、自我改革，並自豪地宣言要成為歷史的倡導人。如果把他對人性的讚歌比喻為「離心力」的話，那麼上述這種自律改革的能力也可説就是「向心力」。只有這兩者的均衡，才可以使人的心靈保持健康與平衡。

雖然米什萊所說的「法」在意義上有一些不同，但我認為這與佛教所倡導的「自歸依、法歸依」的構圖有重疊的地方。在《大般涅槃經》中，佛陀對阿難說：「阿難！汝等當自為洲，汝等當自歸依，勿他歸依。當以法為洲，以法為歸依，勿他歸依。」可以看到，過去也是如此，現今也是如此，人要想成為生活的主角，要想活得更有人性，則必須以某種「法」為依據。

⁂ 超越「部分正義」的誘惑

儘管如此，歷史並不是向着米什萊所設想的方向前進。正如前邊已經講述過的那樣，渡邊一夫說到，「人的弱點就是很容易成為自己的創造物的機器、奴隸」。這種弱點，正如馬塞爾（Gabriel Marcel）所說的「人會自己違背自己」，使人喪失了成為創造歷史主角的地位。二十世紀，思想體系變得絕對化，也颳起了瘋狂的戰爭與暴力的風暴。這不是米什萊所講的普世的「正義」，而是各種個別、部分的「正義」，衝着人的弱點，強詞奪理地為了證明自己的正確性，而相互衝突爭鬥起來。這正是走向原教旨主義的絕好機會。人看不清這些「部分的正義」會把他們導向多麼悲慘的下場，只因是抵不過眼前的引誘。

為了阻止人類走向原教旨主義，我主張人性主義不應該逃避和放棄與惡的正面對抗。人道主義包含着和平、寬容、溫和的正面，同時也有易於妥協、不夠熱衷的負面。就是說，如果不進一步提升就不夠力量與原教旨主義對抗。

畢生與納粹對抗的托馬斯．曼（Thomas Mann），宣言需要一種「戰鬥性人道主義」，他說：「今天所需要的是一種戰鬥性人道主義。一種清楚自身的價值，明白到絕不允許自由、寬容及懷疑的原理被毫無廉恥並不擇手段的盲信所濫用和踐踏。」（《告歐洲書》，*Achtung, Europa!*）

渡邊一夫説曼的這本書是他於動盪時期首先放在床頭，接下來就經常放在背包裏的座右銘。

紀德非常崇揚曼的「戰鬥性人道主義」，把它稱為「最正當的人道主義」。可以説，這與紀德把其作為「比我本身、比蘇維埃更加重要的」普遍的人道主義出自同一想法。

我認為這與佛法的人性主義精神鬥爭也是異曲同工的。我們 SGI 的佛法運動在全世界得以推廣，並得到廣泛的支持，我認為最大的原因是由於我們所推行的是普世的人性主義，超越宗派和宗教原理。可以説，我們從正面在向「宗教人性化」這文明史課題挑戰。

另外，説到人道主義的最大武器，就不能不歸結到「對話」這交流手段，一個人類史上萬古常新的課題。對話本來就是人的一種本質，放棄對話也等於放棄做人的資格。沒有對話的社會，只會變成墓地一樣靜寂。

人要成為具有聰明才智的理性人類（homo sapiens），就必須同時是能掌握言語與對話的言語人類（homo loquens）。綜觀過去的歷史，言論與對話經常是人之所以為人的主要條件。蘇格拉底曾說：「厭惡言論——這是人可以犯的最大罪惡。厭惡理論（misology）與厭惡人類（misanthropy）同出一轍。」(《裴多篇》，*Phaedo*)

德國物理學家、哲學家卡爾．弗里德里希．馮．魏茨澤克（Carl Friedrich von Weizsäcker），指出人就是「我們共同生存與對話的真正夥伴」(《人是甚麼》)，認為人生活的中心要素就是對話。

對話才是宗教的生命線——基於這個信念，我曾與近七千餘名有識之士、各界領袖進行了會談，出版了以湯恩比博士為首多達五十多冊對談集。其中包括基督教文明圈、儒教文明圈，還有日本比較少接觸的伊斯蘭文明圈、印度教文明圈的代表；也有舊共產圈代表。另外，不局限於人文系，還有物理、天文學等理工科系的專家。

正如佛教所講的「無量義者，從一法生」那樣，我本着佛法的人性主義，超越國境、宗派、思想體系、種族、民族、學問之間的障礙，與不同領域架起對話的橋樑。我祈望把普世的人性主義昇華成這時代的精神，以對二十一世紀文明作出貢獻。

SGI 也經常參加及推進宗教間對話。七年前，在 911 恐怖事件發生後，SGI 代表佛教界參加歐洲科學藝術學院

(European Academy of Sciences and Arts) 召開的討論會，與基督教、猶太教、伊斯蘭教代表進行四大宗教對話，共同探索為和平作貢獻的道路。

基於這點，我創立的東洋哲學研究所、波士頓二十一世紀中心、戶田紀念國際和平研究所也一直積極推進「跨文明對話」、「跨宗教對話」活動。

特別於宗教史上，經常會出現盲信與不寬容的一面，完全游離對話精神。這時，拋開教義信條、滿溢自律和理性的對話，才是宗教的生命線。

背離對話，就可以說是宗教的自殺行為。因此我們SGI，在推廣以佛法為基礎的人性主義時，無論遇到多少瘋狂、自以為是、不信等的障礙，也絕不降下「對話」這一人性主義的黃金旗幟。

中途停止的就不稱為對話。真正的對話是沒有間斷、是持續的對話。要如此發揮言語人類的真正價值，就需要進行持續不斷的精神鬥爭，需要將人的美德，如「堅強」、「善良」、「智慧」等顯現出來。

真正的宗教，即是「人性革命宗教」，應能促進這些美德的顯現。因此，在哈佛大學的演講中，我根據這一論點，闡述了大乘佛教於二十一世紀文明能作出的貢獻。

❊ 人權架構

接下來，本着上述的人性主義，我要就當今人類面臨的諸多課題提出解決的方案。

為使第二次世界大戰悲劇不再重演而制定的《世界人權宣言》，今年已迎來其六十週年。

「鑒於對人類家庭所有成員的固有尊嚴及其平等的和不移的權利的承認，乃是世界自由、正義與和平的基礎……」宣言以這崇高的一節為開頭，由總共三十條構成。涉及自由權、社會權的宣言，給後來各國的政策帶來極大影響。這是形成關於人權的諸條約、制度的基礎，是參與人權運動的人的勇氣和希望源泉。

第二次世界大戰後，當世界開始重新起步時，高舉「人權普遍性」理想，和「進入沒有恐怖、沒有貧困的世界」為目標的人權宣言，與《聯合國憲章》並列，發揮着領導人類邁向共存共榮的作用。

進入二十一世紀，除了《世界人權宣言》所伸張的「超越國境的普遍性」的橫軸以外，我認為還需要一個「超越世代的責任感」的縱軸，來展望人類未來的幸福，構築可持續發展的和平地球社會。

本着這意識，這次將就「保存地球生態系統」、「人的尊嚴」、「持續的和平制度」這三個主題發表一點意見。

✻ 保存地球生態系統

第一個主題是關於「保存地球生態系統」的提案。

去年，根據最新的研究成果而相繼發表了引人注目的報告。

一份是聯合國環境規劃署（United Nations Environmental Programme）的《全球環境展望：環境與發展》(Global Environment Outlook: environment for development) 第四版評估報告（GEO-4）。根據這份報告所指出的，儘管有的地區大氣污染得到改善，但是，從地球整體來看，每年有二百萬人以上過早死亡的原因是大氣污染。除此之外，保護人類不受有害紫外線照射的臭氧層，也在南極出現歷史上最大的空洞。另外，全球規模的人均用水量也減少了。在生物多樣化方面，有一萬六千多種以上的生物面臨滅絕危機。

也就是說，比較簡單的問題在各地都開始着手解決，而複雜、深刻的問題則依然保留着。因此應該儘早想出解決的辦法。

另一份是由政府間氣候變化專門委員會（Intergovernmental Panel on Climate Change）[4] 總結的《第四次評估報告》(The Fourth Assessment Report)。近年二氧化碳的排放量急劇增

---

4 由聯合國環境規劃署與世界氣象組織於 1988 年設立。該委員會基於科學見解，定期發表關於全球變暖的報告書，其中於 2007 年 11 月發表的《第四次評估報告》，是由一百三十多國家的大約四千名專家參與編寫。2007 年，因對提高人類對全球變暖認識有功，而與美國前副總統戈爾共同獲得諾貝爾和平獎。

加，近五十年全球變暖的速度大約是過去一百年的兩倍。預計二十一世紀末氣溫最高可能上升 6.4 度。

這樣下去的話，在北極地區冰層不斷縮小的同時，酷暑、熱浪、大雨等極端性氣候現象發生的頻率可能大大增多。這是對今後人類生存基礎受到顯著威脅的警告。

在國際政治方面，在首腦會議上，氣候變動繼續被列入議題，2007 年 9 月在聯合國召開的「氣候變化方面的高層會議」(High- Level Event on Climate Change) 等，對環境問題迫切性的認識也逐年加深。但是，從國際社會共同採取行動的觀點上，現在還不得不承認是個大課題。

地球生態系統的保存是超越國境的全人類共通課題，如果每個人沒有「共同生活在一個地球上」的強烈自覺與責任感，要尋找解決的方法是很困難的。

過去，牧口常三郎創價學會初代會長曾講述人要認識到自己有三種身分，那就是扎根在社區的「鄉土居民」，形成國家的「國民」，以世界為人生舞台的「世界公民」這三種。同時敦促到，基於此認識，人不應被國家利益所束縛，而應作為「共同生活在地球上的人」，擁有為人類服務的意識與涵養。

這正是 SGI 提倡的「可持續發展教育十年」(Decade of Education for Sustainable Education) 的基本理念，並正在和有關機構、其他非政府組織一起為實現這一理念而努力。

而今天，聯合國正是可以推廣這種「地球利益」、「人類利益」的中心存在。

到目前為止，聯合國通過聯合國環境規劃署，為促進、調整環境問題而努力。而且該規劃署除了兼負與環境相關的公約秘書處的作用以外，於全球還擁有六個區域辦事處，繼續為推進可持續發展及環境保全專案而不斷努力。

根據過去取得的成績，為了要更好地處理日趨嚴重的地球環境問題，加強環境規劃署構造的呼聲不斷高漲。去年2月，在內羅畢召開的聯合國環境規劃署理事會會議／全球部長級環境論壇(UNEP Governing Council / Global Ministerial Environment Forum)上也取得了共識。在指出加強科學知識的積累和分析，及調整環境條約的機能的重要性的同時，還提出讓該規劃署升格為聯合國的專門機構的意見。

我也是從以前就考慮到二十一世紀的聯合國所應該肩負的重要課題就是地球環境問題。作為其構想的一部分，在六年前就呼籲設立「聯合國環境高級專員」。其着眼點就是以聯合國為中心，建立起能為解決問題而發揮主導權的體制。

除了需要加強環境規劃署的功能以外，我也希望它能改組，發展成配稱為「世界環境機構」的專門機構。

我提議進行改組的主要理由之一，就是由於現在只有環境規劃署的理事國才可以直接參與該規劃署的審議和決議過程，假如升級為專門機構時，只要成為其成員國，任何一個國家都可以參與議論。這與我三十年前提倡的「環境聯合國」

的內容相近。近年來，確立「全球環境治理」的呼聲高漲，因此具備使所有國家都可以參與的體制益加重要。

接下來，想講一下成為焦點的防止全球變暖對策。

2007 年 6 月，在德國海利根達姆（Heiligendamm）舉行的八國集團首腦會議上，經過認真研討，同意到 2050 年將全球溫室氣體排放量減少一半。但是，實際上消減溫室效應的方法，也只是以《京都議定書》為基準確定到 2012 年的框架。而且要達到消減 50%，是需要沒有加入《京都議定書》的國家也參與，才可以達到的目標。

上月在印尼召開了聯合國氣候變化會議（United Nations Climate Change Conference），採納了 2012 年《京都議定書》結束後制訂框架的談判日程表「峇里島路線圖」[5]。遺憾的是沒有寫入消減的目標數值，但得到了沒有參加《京都議定書》的中國、印度等主要排放國參加，作為建立防止全球變暖的新框架，不能不說是有一定的進步。

我呼籲根據「峇里島路線圖」進行談判，各國放棄想方設法減少減輕本國義務與負擔的負面思維方式，轉換思路，

---

5 2007 年 12 月在印尼峇里島上召開的聯合國氣候變化會議，經過困難重重的談判和討論，在 12 月 15 日通過了「峇里島路線圖」，制訂在 2009 年底之前針對《京都議定書》2012 年結束後的氣候變化措施而進行的談判，應着重討論的具體議題，其中包括協助發展中國家適應氣候變化、為它們進行技術轉移和提供資金、減少森林砍伐所造成的溫室氣體排放等。

積極考慮並參與達成全體所定下的目標。

主要國家率先設定目標，推進有建設性政策，積極支援其他國家。與此同時，全球性地開展友好的貢獻競賽。只有構築起全球性的合作與團結，才可以設立防止全球變暖的有效體制。

1903 年，牧口會長在其著作中呼籲國家間的「人道競爭」。他希望各國能終止為本國爭取利益的糾紛狀態，攜手協力建設共存共榮的世界。在解決地球環境問題時，這一「人道競爭」不正是我們應追求的嗎？我強烈希望日本作為 7 月北海道洞爺湖八國集團首腦會議的議長國，站在時代變革的前列，呼籲推進這種正面的思維方式。

具體來講，甚麼是消減溫室氣體排放量的最好方法？

我認為，最有效的對策，就是實現「低碳、循環型社會」。第一步就是促進引入可再生能源及節約能源對策。自發地設立目標與努力把它實現，會帶來新思維，甚至會產生新技術。

關於可再生能源，歐盟已經採取引人注目的行動。去年 3 月的歐盟首腦會議上，作為防止全球變暖對策，督促成員國擴大使用太陽能等可再生能源，到 2020 年為止，把現在歐盟全體利用率的 6.5% 增至 20%。

與此同時，轉換為「低碳、循環型社會」的關鍵就是節約能源對策。我提議，在這方面積累了豐富經驗及取得成果的日本應該加深與周邊國家的合作，努力使東亞成為節能模範地區。

在 2007 年倡言中，為了指向構築東亞共同體，我提議首先創設「東亞環境發展機構」，來作為地區合作的模範。首先日本應在節約能源領域中發揮榜樣作用，率先行動起來。

為使制度能完善推行，不可或缺的就是民眾階層的理解和擁護。

在呼籲制訂「可持續發展教育十年」時，我曾強調要解決環境問題和改革制度，是不能「從上而下」地命令，而是要擴大草根行動，聚集覺醒的民眾力量，進行「自下而上」的改革。

我確信教育就是這草根活動的中心。教育可以啟發每個人內在的無限可能性，並且不是局限在某個地區，而是最終可以產生出全球規模的推動時代變革的力量。

2001 年，SGI 與地球理事會（Earth Council）、聯合國環境規劃署（United Nations Environment Programme）、聯合國開發計劃署（United Nations Development Programme），製作了教育電影《寧靜革命》（*A Quiet Revolution*）。還有與地球憲章法推行委員會（Earth Charter Initiative）共同編制「變革的種子——地球憲章與人的潛能」展，並在各地主辦。這些都被用作推行聯合國「可持續發展教育十年」的教材。

另外，在這之前，由我創立的波士頓二十一世紀中心也支援了為構築可持續發展未來的理念與指標的《地球憲章》起草工作。

作為保護自然活動之一，巴西 SGI 從 1993 年開展了熱帶雨林再生研究計劃，為保護亞馬遜河流域生態系統而進行植樹及採集，保存貴重種子等活動。同時，加拿大、菲律賓等國家的 SGI 也開展了植樹運動。

圍繞着植樹運動的意義，我曾與綠帶運動領導人、諾貝爾和平獎得獎人、肯尼亞的旺加里·馬塔伊博士交換了意見。

我們談到了古代印度釋尊曾説到種植樹木的重要性；放棄戰爭、推行仁政的阿育王提倡在街頭種樹的環境保護政策；通過綠帶運動，使婦女的能力發揚光大；「種樹」就是「種植生命」，是培育「未來」與「和平」等話題。

僅僅掌握到環境問題，並不就等於推行「可持續發展教育十年」的顯著成果。重要的是，通過植樹運動等切身體驗，使每個人感受到自身與周遭生態系統的相關與尊嚴，而在自己的生命中樹立要保護環境的決意。

聯合國環境規劃署受到馬塔伊博士的啟發，現正在推行「造林植樹，造福地球：十億棵植樹運動」。在 2007 年，於全世界非常成功地種下了十九億棵樹。今年也向着種植十億棵樹這目標在挑戰。我希望在推進活動的同時，能令一般人對「可持續發展教育十年」增進理解與協助。

為使「可持續發展教育十年」走上軌道，停止地球環境惡化，重要的是要使更多人把此當作切身問題來考慮，並踴躍採取行動。為了構築可持續發展的未來，我們首先要在個人立場、家庭、社區及工作單位開始考慮與行動。

例如，將這種活動聯成一種「可持續發展未來的行動網絡」，不僅僅是環境問題，也可以擴大至貧困、人權、和平問題等各範疇上，如此，能形成一個堅固的人類團結基礎。我們 SGI 也非常樂意去推進形成如此的行動網絡。

邁向生命尊嚴思想的時代潮流——國際創價學會會長池田大作與馬塔伊博士（左）暢談展望解決環境問題的方法和非洲的將來。（攝於 2005 年 2 月日本東京，聖教新聞社提供）

⁕ 維護人的尊嚴

接下來，要講述的第二個主題是關於「人的尊嚴」。

我曾與參與制訂《世界人權宣言》的巴西文學院阿塔伊德（Austregésilo de Athayde）前總裁出版了對談集（《論二十一世紀的人權》）。其中有一段阿塔伊德前總裁的講話，令人難以忘懷。

他說：「在進行研討《世界人權宣言》工作的時候，在考慮面對的許多難題時，我特別費心的是甚麼？這就是於世界各民族之間創建『精神紐帶』，也就是說，去確立精神的普世性。」

像經濟、政治範疇的紐帶，會根據情況的變化而遭到破壞，過於脆弱，不能成為持久和平的基礎。阿塔伊德前總裁要探討的精神紐帶，是一種更崇高、廣泛，並能牢固地將人類連接起來的紐帶。

2008 年是採納《世界人權宣言》六十週年。從去年的 12 月 10 日起，以聯合國人權事務高級專員辦事處為中心，以一年的時間開展以「人人享有尊嚴和公正」（Dignity and Justice for All of Us）為主題的活動，來進一步擴大《世界人權宣言》的意義。各國政府與市民團體不應錯過這大好時機，應相互合作去積極推進人權教育等具體活動。

我在為 2001 年在南非召開的「反對種族主義、種族歧視、仇外心理和有關不容忍行為世界會議」（World

Conference against Racism, Racial Discrimination, Xenophobia and Related Intolerance）的倡言中，曾反覆強調維持全球人權教育活動的重要性。在完成「聯合國人權教育十年」(1995-2004) 後，很高興看到從 2005 年 1 月開始，聯合國開始了「世界人權教育方案」，這種持續性是非常重要的。

我認為尊重人權的討論不應僅僅停留在政府之間，而應深深扎根於人的現實生活之中，成為一種世界共通的、尊重人的尊嚴的「人權文化」。

根據聯合國大會決議，推廣人權教育與學習，也是為改革聯合國而新成立的人權理事會的主要任務之一。於去年 9 月，該理事會決定起草《聯合國人權教育和訓練宣言》。如果這一宣言被採納，就意味着在《世界人權宣言》、國際人權兩公約 (《公民權利和政治權利國際公約》和《經濟、社會、文化權利國際公約》) 等國際法上的人權基準又添加了新的內容。

正如上述，希望這一重要宣言扎根於人的現實生活中，有助於落實「人權文化」，並充分考慮到市民社會的觀點。

在此，於制訂宣言的草案時，為了能廣泛彙集市民社會的聲音，我強烈呼籲召開以人權教育為議題的國際會議。

就人權教育而言，到目前為止雖然召開過地區性會議，和由專家參加的小型會議，但是還沒有召開過世界規模的國際會議。從這點來看，也希望儘早召開由民間社會主導的，以民間社會為目標的世界性「人權教育和訓練」的國際會議。

會議上還可以就新的聯合國宣言進行討論，和對「世界人權教育方案」今後的發展方向踴躍交換意見。

接下來，想講述關於聯合國着手的「千年發展目標」(Millennium Development Goals)。

這目標是到 2015 年為止，將受貧困、飢餓之苦的人數減少一半，確保在維護人的尊嚴上不可缺少的生活和社會基礎。去年聯合國調查表明，現在只達到了該目標一半的程度。

調查指出，發展中國家提高了初等教育的入學率，極端貧窮的人所佔的比率和兒童死亡率均有改善。雖然如此，按照現在的發展速度，要想及時達到千年發展目標是困難的。

去年 7 月，美國、加拿大、日本、印度、巴西及加納等各國首腦簽署了英國首相白高頓 (Gordon Brown) 倡議的關於千年發展目標的一項宣言，讓發達國家與發展中國家分享共同的政治意願，確認要儘早確立「正確的政策與正確的改革……連同充裕的財源」體制。

在這裏，鑒於聯合國將從 2005 年到 2015 年開展的「生命之水」國際行動十年，而把今年確定為「國際環境衛生年」，我提議應該以確保安心用水及整頓衛生環境為中心，努力確立以正確的政策及正確的改革使財源一體化的體制。

現在，有超過十億人口沒有安全用水的權利，有二十六億人不能利用充分的衛生設備。結果是，每年有大約一百八十萬兒童由於痢疾等傳染病而喪生；許多婦女、少女每天都要為打水而花費時間，引致於僱用及教育上性別不同的差異狀態不斷擴大。

另外，加上安全用水及衛生設備不足之下而引起的日常生活中身體不適等，使得經濟上的不平等長期化，人們陷入到「貧困的連鎖」之中。

聯合國開發計劃也將克服水與衛生相關的危機定為二十一世紀前期重要的人類發展課題之一，並強調指出如果這一對策成功的話，毫無疑問，對於千年發展目標也是有利的。

他們估計，要想達到水及衛生設備的目標，估算需要大約一百億美元的追加金額，但這費用只相等於全球八天的軍費。

《2006 人類發展報告》指出，「與定義狹窄的國家安全概念不同的是，從確保人類安全的角度來看，將少數額的軍費支出轉用到水及衛生設備上的投資，將獲得很大的回報」。

2002 年設立的「全球抗擊愛滋病、結核病和瘧疾基金」(Global Fund to Fight AIDS, Tuberculosis, Malaria)，就是資金框架獲得成功的好例子。

其最大的特徵在於不事先根據地區、疾病分配預算，而是根據各國的需要制訂計劃，經過審查而進行財政上支援，採取重視「發展中國家所有權」的形式。

參加運作的理事會除了各國代表以外，還有民間組織、發達國家和發展中國家的非政府組織、感染者團體代表等。他們具有同等的投票及發言權，形成能更廣泛聽取及反映民意的體制。

參照這一資金框架的特色，我提議創立「生命之水」的世界基金，集中對策來改善威脅人的尊嚴的情況。

馬赫布卜・烏爾・哈克（Mahbub ul-Haq）博士是以最先提出「人類安全」（human security）而聞名於世。1997 年 6 月，博士在戶田紀念國際和平研究所主持的國際會議上作主題演講，強調指出「人類安全這新課題，與其在下游與悲劇的結果進行對峙，倒不如在其發生的上游處理，這樣會較容易、更有人性、更來得節省」。

哈克博士在戶田紀念國際和平研究所開展活動的初期，就對該研究所寄予期望。他是「人類發展」概念的倡導人，也是兩年前該和平研究所開展的「人類發展、區域衝突、全球治理」（Human Development, Regional Conflict and Global Governance，簡稱 HUGG2）計劃的核心人物。

博士指出，人類安全應具體地反映在其生活上，例如「兒童不會死亡」、「疾病沒有蔓延」。從這意義上看來，千年發展目標不應把達成目標作為其最終目的，而應該最終使受痛苦的人的臉上恢復笑容。

想讓地球上悲慘二字消失，這是恩師戶田城聖創價學會第二代會長的熱切期望。以恩師的和平思想為淵源的戶田紀念國際和平研究所，今後將以千年發展目標及可持續發展課題為首，努力召開為促進「全球性人類發展」的國際會議及研究。

⁂ 非洲世紀的人的尊嚴

為了構築尊重人的尊嚴的地球社會，以下我要把焦點轉到非洲大陸。

進入二十一世紀，以持久和平和可持續成長為目標，以非洲聯盟（Africa Union）為其核心，非洲各國開始了新的挑戰。非洲聯盟是改組自過去的非洲統一組織（Organization for African Unity），於 2002 年 7 月成立。非洲聯盟由五十三個國家地區組成，是世界最大的地區性組織。除了作為其最高機構的國家元首和政府首腦會議，以及由來自各加盟國的代表組成的泛非議會之外，也包括了和平與安全理事會，經濟、社會及文化理事會，非洲人權與民族權法院等組織。

我一直相信，二十一世紀會是非洲的世紀，本着這信念，我一直以來與非洲各國首腦及有識之士進行對話，擴大民眾間文化和教育交流。我衷心希望非洲聯盟能為非洲人們帶來成功的碩果。

我相信，「非洲的復甦」也是世界與人類的復甦之路。

事實上，從二十世紀末到二十一世紀，非洲為世界提供了很多珍貴的改革實例，值得世人借鏡。例如南非曼德拉總統的廢除種族隔離政策，組建真實與和解委員會（Truth and Reconciliation Commission）；馬塔伊博士的環保運動及婦女授權（empowerment）運動。這些成功例子在世界各地引起注目，並帶起了同樣的改革。

近年，非洲許多國家開始停止其內戰及糾紛，踏上向文官管理政治政權交接的過程，經濟也開始好轉，出現光明前景。

當然，比起非洲所肩負着的各種問題，這些改善可能只是九牛一毛。如在達爾富爾（Darfur）地區和索馬里（Somalia）的糾紛，還有長年的貧困及難民等問題。從撒哈拉沙漠以南地區的進展狀況來看，要達到千年發展目標像是遙遙無期的挑戰。

但是我們也應該注意到，不屈於多年積累下來的負資產，非洲各國開始相互合作，發揮潛力，向着既定目標按步就班地向難題挑戰，這裏有着非常重大的意義。

「非洲發展新夥伴計劃」（New Partnership for Africa's Development）就是其中一個具體措施。非洲各國領導人，立足於「非洲發展的關鍵掌握在非洲自己的手中」的信念，建議設立這體制，來推進和平、安定、民主主義，安定經濟運營，和開發人的資源。重要的是今後國際社會的積極支持。

2008 年 5 月將在橫濱召開第四屆東京非洲發展會議（Fourth Tokyo International Conference on African Development，簡稱 TICAD4）。這會議源自日本的提議，與聯合國共同舉辦，自 1993 年開始每五年召開一次，屆時將有非洲各國的領導人、國際機構代表等參加。會議的目的是對非洲現有的問題達成共識，並尋找解決辦法。

這次會議上，我特別希望能就如何培育發展非洲青年的實力這視點進行討論。為了斬斷世代相承的貧困及惡劣環境的惡性循環，希望通過改善非洲青年的各種現狀，最終能成為一種對全民積極和踏實改革的突破口。

到目前為止，東京非洲發展會議致力於普及基礎教育，支援培訓中心、職業培訓等人才教育，取得出色成果。參考這些成績，我提議東京非洲發展會議下一步設立非洲青年夥伴計劃，積極培養發展青年的才能，讓他們成長為今後勇於挑戰非洲面臨各種難題的人才。

我希望能形成一個青年的交流網絡，讓非洲青年能與日本以及世界的青年進行深入交流，讓他們能認識不僅僅局限於非洲的問題，而共同面對地球上各種有待解決的問題。今年是「日本非洲交流年」，預定有許多交流活動。希望也能成立一些讓日本與非洲各國青年、學生定期進行交流的制度。

❊ 創建和平的基本潮流

我從冷戰對立不斷激化的時代開始，為了阻止軍事擴張，緩和緊張局勢，在呼籲召開美蘇首腦會談的同時，親自通過對話與交流，努力展開民間外交活動。除美蘇以外，在中蘇關係惡化時（1974 － 1975 年）也相繼訪問了美蘇中三國，和當時的周恩來總理、柯西金總理和基辛格國務卿相繼進行會談，望能為改善關係起到橋樑作用。

我下定決心，一定要阻止毀滅全人類的全面核戰，和終結分裂世界、使民眾生靈塗炭的各種戰爭。冷戰終結後，雖然上述危機減少，但隨着核武器的擴散，近年來新的威脅層出不窮。

2007 年的倡言中，我呼籲創立「國際核裁軍機構」，推進不依存於核武器的安全，和確保各國履行核裁軍。

在推進裁軍的同時，同樣重要的是要國際社會認同「核武器不合法」的意見。

作為其中一環，我注目於 2007 年 8 月由加拿大帕格沃什組織（Canada Pugwash Group）提出的「北極無核武器區」倡議。SGI 承傳戶田會長的《禁止原子彈氫彈宣言》，一直主張實現沒有核武器的世界，所以我們完全贊成支持其宗旨和行動。

北極海域於冷戰時代，是東西兩大陣營的核潛艇航道，在軍事戰略上佔有重要地理地位。伴隨着全球變暖，假如在夏季北極海域冰層減少或甚至消失，一定會增加被軍事利用的可能性。至今的北極，被厚厚的冰層所封閉，利用海上航路，開發海底資源都不是容易的事。但隨着全球變暖，情況會大為轉變，也會發生利用和開發當地的利害衝突。所以說，應盡快於現時禁止軍事利用北極海域，確立其作為人類共有財產的保護體制，通過其無核武器區倡議。

1959 年採納的《南極條約》，除了禁止軍事利用以外，也禁止在南緯 60 度以南地區進行任何核爆炸及處置放射性廢料。之後，設置無核武器區的動態，擴展到拉丁美洲及加勒比海地區、南太平洋、東南亞、非洲、中亞地區，締結了禁止在這五個地區進行核武器的研發、製造、實驗、儲存、使用、搬運和進口條約。

今天，無核武器區條約覆蓋了南半球陸地的大部分，在亞洲也得到擴展。如此，不僅在各地區內禁止核擴散，也可以加強核武器「不合法」的國際認同。

包括2000年公佈的蒙古在內，現在有超過了一百多個國家簽署了無核武器區條約，即世界半數以上的國家表明了贊同應該以國際條約來明確指出核武器的研發和使用是違法的。

我希望能繼續增加更多無核武器區，落實核武器不合法化的潮流，而最終能實現簽署禁止研發、獲取、擁有、使用核武器的國際條約[6]。

首先應該以聯合國為中心，來制訂禁止北極軍事化及推進其無核化的「北極無核武器區條約」。我強烈希望，作為唯一原子彈爆炸的受害國，並以不擁有核武器、不製造核武器、不引進核武器的無核三原則為國策的日本，應與各國及

6　來自多國的法律專家、科學家、裁軍專家制訂了一份模擬「禁止核武器條約」，於1997年由哥斯達黎加（Costa Rica）向聯合國提出，以供討論之用，希望藉此為「禁止核武器條約」的成立鋪路。哥斯達黎加之後又於2007年，在《不擴散核武器條約》籌備委員會會議上，提出另一份被修正過的「禁止核武器條約」。這已被採納為會議的正式公文。

民間團體合作，積極推進北極無核武器區化的成立。

而且，這一活動在推進防止東北亞地區核擴散上是很有意義的。當前最重要的，當然是通過六方會談達成朝鮮的完全放棄其核開發計劃。於此同時，日本要再確認和堅持其無核三原則，通過與有關國家進行對話和外交努力，積極推進設置東北亞無核武器區這樣的更大目標。

無論是核裁軍還是核武器的非法化，如果沒有國際輿論的強大壓力，要想衝破現實厚厚的牆壁是不容易的。而且為了打開突破口的草根活動之一，就是我於 2006 年 8 月發表的聯合國倡言中所提議的制訂「邁向廢除核武器的世界民眾行動十年」。

去年，SGI 為了紀念恩師戶田會長發表《禁止原子彈氫彈宣言》五十週年，在世界各地巡迴舉辦「從暴力文化到和平文化：人的精神變革」展。為了配合聯合國裁軍與核不擴散教育，從 1980 年代開始，SGI 與聯合國和各民間團體合辦了一系列的展覽，來推廣核裁軍意識。今後，SGI 將會連同帕格沃什會議和其他志同道合團體、組織，踏實地通過展覽和草根活動，爭取核裁軍和廢除核武器，努力喚起國際輿論。我們深信，廢除核武器，就是高舉生命尊嚴思想的佛法信徒的社會使命。

作為創建和平潮流的下一個提案，我要呼籲早期締結「禁止使用集束炸彈（cluster bombs）條約」。集束炸彈是一種內藏許多小型子炸彈來擴大其殺傷範圍的武器，它不僅對於目標地區和物件施行無差別殺傷，而且其未引爆的炸彈在戰爭結束後還會繼續傷害無辜性命，是妨礙復興事業發展的重要原因。

到目前為止，有二十四個國家地區使用了約四億四千萬個子炸彈，推定有十萬人死傷。現今仍有七十三個國家儲備有集束炸彈。

以爭取禁止使用、製造及儲藏集束炸彈為宗旨的非政府組織集束彈藥聯合會（Cluster Munition Coalition）成立於 2003 年，而其運動不斷得到擴大。2007 年 2 月，在挪威的奧斯陸召開了以禁止集束炸彈為目標的國際會議，得到四十餘政府和民間團體代表出席。之後，採取於 1997 年締結《禁止殺傷人員地雷公約》時的同樣形式，以積極參加的國家和非政府組織為中心，開始進行被稱作「奧斯陸進程」（Oslo Process）的條約制訂工作。

聯合國曾考慮把集束炸彈問題也包括在《聯合國特定常規武器公約》（UN Convention on Certain Conventional Weapons）的討論中，但目前還沒有多大進展。

當然我們最終希望爭取更多國家參加，但現今應該最優先實現奧斯陸進程條約的年內締結。《禁止殺傷人員地雷公約》成立了十年，而今不僅成員國，就是非成員國也不能忽視其存在，成為了一條符合人道的國際規範。我希望這解決製造和使用集束炸彈的條約，也能於國際社會上起到同樣作用。

繼對人殺傷的地雷以後，在民間社會的強大推動下，如果禁止集束炸彈的條約得以締結，毫無疑問，這將成為使其他領域的裁軍向前邁進的強大動力。

❊ 東亞不戰的潮流

最後，我要展望今後的日中關係，和談論有關如何創建東亞和平。

今年是日本與中國締結《日中和平友好條約》三十週年。

1974 年，當我與周恩來總理會談時，他強烈希望能早日締結《日中和平友好條約》。我也抱有同感。會面的兩個月後，我拜會了美國國務卿基辛格，傳達了我對日中友好的信念及周總理冀望早日締結條約的想法，取得了他的贊同。

1975 年 4 月我再次訪問中國，與鄧小平副總理就條約的早期締結交換了意見，並受託給當時的三木武夫首相轉達口信。不久，兩國政府間會談重新開始。1978 年 8 月終於簽署了條約，開始了日中關係的新歷史。

之後兩國間開始了各種各樣的交流活動。在日漸加深的經濟合作方面，現在一年間就有四百七十餘萬人次相互往來，兩國貿易總額超過了日美間規模，成了最大的貿易夥伴。

兩國最近定期舉行首腦間對話，顯示了政治方面也開始構築良好關係。去年 4 月溫家寶總理訪日，舉行首腦會談，在《日中聯合新聞公報》中表示要「加強協調與合作，共同應對地區及地球性課題」的方針，取得顯著成果。溫總理來日時我也和他見了面。在會見中，溫總理講到「中日友好是大勢所趨，人心所向」，在我胸中留下深刻的印象。

上月福田首相訪華，與胡錦濤國家主席舉行會談。雙方同意在環境、能源領域和青少年交流等事業中共同合作。

我早在四十多年前就為兩國邦交正常化奔走，現今看到日本與中國為了亞洲及世界的和平安定與發展，向着共同合作邁出一大步，對此感慨萬分。

隨着日中關係好轉，日韓關係也得到改善。這三個國家的良好關係將建立穩定基礎，有助東亞首腦會談變成探討地區性合作的實際場所。

另外，東盟也在 2007 年 11 月的首腦會議上，提出了維持地區和平與安定、無核武器、消滅貧困等目標的《東盟憲章》，及宣言努力於 2015 年實現經濟共同體，開始向着地區聯合邁進。

我深信，如果日中韓三國及東盟這兩個輪子向着和平與共生方向頑強前進，實現東亞「不戰的制度化」也絕非夢想。

從 2007 年起，日本成立了「二十一世紀東亞青少年大交流計劃」，以中國、韓國及東盟成員國為中心，於五年期間，每年實施招待六千名青少年到日本學習。

我作為長期在東亞開展民間青年教育交流、不斷呼籲開展更大範圍交流的一人，感到無比欣慰，也從心裏祝願這計劃圓滿成功。

同時，我提議更有效地利用這一活動，讓它不僅僅停留在兩國的交流，例如邀請聯合國工作人員進行交談，共同學習聯合國推行的環境教育、裁軍教育，培養青年超越國境肩負下個世代的共識。人類的未來是在青年的雙肩上——這是我與世界有識之士進行對話時得到的一致結論。

恩師戶田會長曾說：「創造新世紀的是青年的熱情與力量」。我們 SGI 全員，會謹記恩師的遺訓和精神，今後也以培育青年為最大目標，團結民眾，通過草根活動來解決全球性的各種問題。

人道主義競爭——歷史的新潮流

2009 年 SGI 日紀念倡言

去年秋天，美國的次按抵押貸款變成呆賬所釀成的金融風波，引致雷曼兄弟投資銀行倒閉，給全球帶來了據說是百年一遇的金融風暴衝擊。

這場金融風波令人回想起 1930 年代的惡夢。當時的經濟大蕭條成為後來第二次世界大戰的一條導火線。金融危機造成世界經濟形勢後退，就業情況惡化，它毫不留情地威脅着實體經濟的基礎。考慮到八十年前的經濟大蕭條也是在金融危機發生的一、二年後才陷入真正的混亂，因此對於事態的發展是不容我們半點疏忽的。

所有人都擁有和平安穩地生活的權利，為此大多數人每天都在孜孜不倦地努力。我們絕不能允許這生活基礎受到突如其來又無可抗拒的「金融海嘯」衝擊。

為了阻止局勢繼續惡化下去，我希望各國在採取緊密聯繫的同時，從財政、金融等各種方面匯集廣泛的智慧，全力以赴地加緊克服這場危機。

無節制的金融投機活動，是引發這場金融風暴的主要原因之一。據說，這場投機活動所涉及的金額，竟然是世界各國生產總值 (GDP) 的四倍。原本是為了支持其他經濟活動，以便讓經濟活動能更圓滑進行的金融市場，現在已喧賓奪主，吸引了一班只顧唯利是圖、不理他人死活的時代寵兒。

我在過去所發表的數次倡言中也曾言及，這場風暴的根源，在於人對金錢的貪慾，對這抽象而沒有實體的貨幣的不正常執着。這正是存在於現代文明深層的拜金主義病理。冷戰之後，意識形態崩潰，人們尚存的一絲希望，卻完全栽倒在財神爺的魔掌之中。

支配市場經濟運作的貨幣，本身只是一些紙張或金屬硬幣，近年甚至只是一種電子資訊，基本上本身並無實際價值，代表的只是一種兑換價值。這種價值既抽象又不明確，其存在完全基於人與人之間的演繹和協議。反過來説，正因它沒有實際對等的貨物或服務為依憑，作為人貪慾的對象，便能自由自在地無限增長。這正是貨幣的特徵，也是執着於貨幣的致命危機。

為了追求更高利潤而無限制地追求效率，加上沒有實體的貨幣的不安定性，這兩個因素正是個人自由經濟投資活動市場經濟的特徵。日本經濟學家岩井克人指出這種效率性及不安定性的「二律背反」現象，不僅在金融市場，也貫穿於整個市場經濟體系(《二十一世紀的資本主義論》)。

❊ 抽象化主義

第二次世界大戰結束不久，法國哲學家馬塞爾（Gabriel Marcel）在論文〈抽象化主義成為戰爭的因素〉（The Spirit of Abstraction, as a Factor Making for War）中提出了一個敏鋭的觀點。他指出，能理解和操縱抽象概念，當然是人的理性活動中不可或缺的，但「抽象化主義」（spirit of abstraction）也具有破壞性，因在這過程中，抽象的概念將成為背離現實的獨立存在。舉個例子來說，「人」這一事物並不存在，實際存在的是男人或女人，日本人、美國人或某個國家的人，青年或壯年人，或來自某某地方的人等等。愈詳細地觀察和關注，愈會明白到沒有同樣的人存在，每個人都有其特徵與性格，這就是有具體性的實際世界。在討論到「人」或「人道主義」時，假如不從這個角度考慮，就只會環繞着遠離主題的虛構概念空談。

馬塞爾以「抽象化主義」來形容偏離具體性時的破壞特質。他指出無視敵人的人格和人性是打仗殺敵的先要條件，這意味着先把敵人貶為純粹的法西斯主義者、共產主義者、猶太復國主義者、伊斯蘭原教旨主義者等抽象形態。他說：「假如我要參戰，要開始殺戮其他人時，指使我去殺人的人首先要唆使我去完全忽視對方個別的真實相貌。為了把他們變成一個非人的殺戮目標，首先要把他們完全變成抽象的事物。」

如果不貶抑敵方的人性，我們又如何辯解己方是為正義而戰呢？

換句話來說，「抽象化主義」不是一種中立價值的概念。馬塞爾注意到它定會伴隨着一種狂熱的否定和憤恨意識，隨而歸結為一種貶低對方的概念。就是說，當把對方貶低成為某種抽象的概念，就可以視對方為沒有價值、低級的存在，甚至是一種應被剷除的有害物體。對方的人格、尊嚴已經消滅得無影無蹤。

馬塞爾指出：「抽象化主義基本是屬於感情的範疇。而且，是狂熱的感情而非理智的感情，可以捏造出最危險的抽象事物。」因此，馬塞爾認為自己作為哲學家的最大工作，就是「與抽象化主義進行無休止的鬥爭」。

面對當今的金融危機，我們要撫心自問面對這時代潮流，我們是否也成了「抽象化主義」的俘虜？我們是否已經中了貨幣這抽象怪物的魔咒，喪失了正確觀看事物的基本能力？貨幣雖然是人類社會運作的不可缺少的手段，但是歸根結底它只是一種基於相互約定、虛擬的物體。

拜金主義能把人催眠，使人超出了單是追求錢財物質的範疇，而變成「貨幣」這一慾望的俘虜。拿公司舉例的話，就是無視公司應對社會所作的貢獻這一「公」的側面，把只關心短期利益的股東的「私」的意向作為最優先。甚至將與經營者、員工、顧客及消費者等實際的人際關係擺在第二位、第三位，或完全捨棄。從世界各地都可以聽到被迫放棄良心去扮演這種喪失人性角色的經濟人士的嘆息。

金融主導的全球化大量地生產了這種人。成了「抽象化主義」俘虜的人，腦子裏只存在着貨幣這抽象物體，看不到對方的整體人格，感受不到對方的人性和尊嚴。雖然程度有異，我們或多或少都變成了這樣的「經濟人」（Homo economicus）。

隨着全球化進展，人的閉塞感益發深刻。見利忘義、自以為是的人羣只顧盲目追求利潤，以為自然環境和文化受到破壞而人類社會仍然可以生存。我們忘記了何塞·奧爾特加·伊·加塞特（José Ortega y Gasset）就人與環境共存共榮的不朽箴言：「我的存在包括自己與自己的環境。假如我不能挽救環境，我就救不了自己。」（《冥想》，*Meditations*）

「經濟人」其實是資本主義內部所隱藏的向量產物。資本主義愈加純化，人就愈加按照這一向量的方向被分類——作為股東、經營者、員工、顧客、消費者。若非如此，至少在短期是要受到經濟損失的。

羅伯特·賴克（Robert B. Reich），克林頓總統時代的勞工部長，曾對現代資本主義過度的動向敲響過警鐘。他在近著《超級資本主義：商業、民主主義和日常生活的轉型》（*Supercapitalism: The Transformation of Business, Democracy, and Everyday Life*）中，把人的多層面人格歸納為投資者、消費者和一般市民。他寫道：「麻煩的就是，差不多每一個人都有兩個心——作為投資者和消費者，我們希望獲利的交易；作為一般市民，我們擔心交易的結果所帶來對社會的壞影響。」

重要的是，如何使兩者平衡，使人性得到復甦。遺憾的是，在「超級資本主義」之下，「消費者和投資者獲得權力，而市民則失去權力」，結果就是資本主義取得優勢，民主主義陷入劣勢。

席捲全世界的拜金主義，凸顯了資本主義的缺點，如全球收入差距的擴大、就業的不穩定、環境破壞等等。不但如此，最近的金融經濟危機，使人甚至開始懷疑資本主義的正面價值，懷疑它究竟是否真正能為人帶來財富。

放鬆管制及技術革新曾使全球化進展看似一帆風順，但現今也由於世界同時不景氣而遇到逆風吹襲。任何人都可以看出，自由競爭和市場經濟可使萬事順暢的想法只是一種迷信，世上並非所有事物都按照預定路徑移動。

為了停止全球金融制度的失控，需要政府和政治家的大力參與。政治家要利用他們的才智，高瞻遠矚地以宏觀目光看清事態全貌，努力為人民解決問題。必須大刀闊斧地採取迅速有效對策，譬如財政援助或加強社會安全網等措施，阻止企業界的業績繼續下滑，緩和失業率節節上升的危機。

在這過程中我們必須緊記，貧困問題現已發展至全球規模。若人因為貧窮而失去擁有一份正當職業的機會，人就會失去生存意義、希望和尊嚴，甚至連社會的存亡也將受到影響。我們必須傾注全力來應付這個嚴重問題。

同時要切記，法西斯主義在 1930 年代的冒出，與過度依靠國家管理息息相關。所以，我們也千萬不能忘記馬塞爾對「抽象化主義」的警鐘。

✻ 勝者與敗者

日本當今流行着「差距社會」的説法，把人劃分為「勝組」或「敗組」。這正是全球化主義的負面現象。

我們要注意，如此不分青紅皂白、抽象地把人概括起來的做法，是否太忽視了現實的社會，以及在孜孜不倦地努力生存的個人。

勝與負並非永恆不變的。現今的日本，把人扣上「勝組」或「敗組」的帽子，好像甚麼都以經濟水準來做判斷基準，而完全否定了人的全體人性。

社會上也有很多人過着平穩的生活，對於成敗褒貶不會一喜一憂。把社會上錯綜複雜的現象以單一的因素來概括，假如這成為一種趨向，則會把個人的價值和尊嚴過分低估，對誠實勇敢地奮鬥的人如潑冷水一樣。

馬塞爾曾憂慮一些「精神性較為軟弱」的人，會把這種情況誇大地看作為「一種小型的最後審判」(《馬塞爾著作集》六)，覺得是一種天啟，人應該贖罪，放棄以人的力量來解決，開始背離人性主義，而趨於尋求外來的援助，甚至會發動暴力來實現其目的。

僅從錢財物質或收入的多少來判斷、評價人的優劣，如此的經濟至上主義、拜金主義社會原則上是不可能有「自足」的。1996 年，當美國正在謳歌其經濟全盛時期，新聞工作者羅伯特・塞謬爾森 (Robert Samuelson) 在《新聞週刊》

(*Newsweek*) 的投稿〈極大的期待〉(Great Expectations) 中寫道:「現狀風調雨順,但我們對此感到愧疚,這是我們這個時代的矛盾之處。」充滿着不滿和對他人的妒忌,這只會使社會益發混濁與停滯。

⁂ 過剩的意識形態

這令我想起去年逝世的友人、世界文豪艾特馬托夫的話。

作為「父親的贈言」,他說到:「年輕人,不要過多地期望社會革命。革命是暴力和暴動、集團性的疾病。正是這種集團性暴力,為全社會、人民或整個國家帶來極大的痛苦和災難。(中略) 我要懇請他們尋求一種不流血的革命,以道理來改革社會。」(《偉大的靈魂之詩——池田和艾特馬托夫對談》)

當馬塞爾提醒人們要克服自己的「較為軟弱的精神性」,他最主要的就是要提醒人們當時共產主義所醞釀的危險。在作者著書的 1951 年,法西斯主義已被打敗,但共產主義仍然維持着聲望。他最為警惕的,是「我們能失去的只有鐵鐐」、「掠奪者也被掠奪」等抽象的口號。好像這是歷史必然結果似的,它們煽動起怨恨,以革命的名義發動恐怖暴力和流血慘事。蘇維埃社會主義的七十多年盛衰歷史,正好證明了馬塞爾的洞察。儘管共產主義如何厭惡、詛咒貨幣至上的拜金主義價值觀,但並不能把它克服,這不正成為歷史上沉重的教訓嗎?

為了阻止資本主義失控，甚麼是有效的方法？前面所闡述的從法律、制度上的改革，一定要有長遠的目標和展望，絕對不能只為應付一時之需而制定些甚麼就算。為此，我們要改變思路，甚至要從文明論方面着手。

八十年前世界經濟大蕭條的時候，作為能取代資本主義的，好歹也有社會主義，甚至共產主義或國家社會主義。但今天，實在無法找出一個可以代替的思考框架。

法國總統薩爾科齊的政策顧問雅各．阿塔利（Jacques Attali）在《二十一世紀的歷史》中分析說：「現實很明確，就是市場的力量籠罩着全世界。不斷增強的金錢力量，正是個人主義勝利的最終證明。這就是近代歷史中激烈變化的核心部分。」也就是說，「貨幣」的抽象普遍性和「人」作為勞動力商品的抽象普遍性，其實正是硬幣表裏的關係。

個人主義是形成自由、人權等普遍理念的基礎，同樣地，資本主義與近代民主主義在許多地方也是重疊在一起的。假如近代社會體系的課題是以資本主義及民主主義為中心的課題，那便更難找出能取而代之的普遍意識形態，而不重蹈過去無產階級國際主義（proletarian internationalism）[1]的覆轍。

我們要從更高的層次展望，開拓新時代的理念。為了避

1　無產階級利益的一致是跨越國境的，是應該在國際上團結一起的思想。但是，蘇聯將1968年入侵捷克斯洛伐克及1979年入侵阿富汗作為體現無產階級國際主義（proletarian internationalism）的理念而正當化的作法遭到了失敗。之後，隨着冷戰的崩潰而告終。

免全球化所帶來的危機，應採取某些措施來對應。比如韋伯曾經講述:「直接支配人的行為的是物質及觀念的利害關係，而不是理念。但很多時候，由『理念』所造成的『世界表像』，像鐵路的轉轍手般支配着前進的軌道，而於這軌道上人又被利害關係的力量推着走。」(《宗教社會學論選》，*Essays in Sociology*)

這裏，我要介紹創價學會初代會長牧口常三郎在 1903 年、他三十二歲時所著作的《人生地理學》。我認為其中有可以把我們從現今的死胡同解放的新思維，特別是他提出的「人道競爭」的概念。

牧口會長綜觀人類歷史，指出生存競爭大致上可以分類為三種，就是軍事競爭、政治競爭和經濟競爭。但三者不是能截然區分開來的。比如，有以軍事競爭為背景的經濟競爭，同時也有正相反的例子，許多的情況是在相互重疊下漸進地變化的。只要我們對這過程進行認真並且大膽的分析，就可清楚看到人類發展的基本方向。

牧口會長並不是以超越歷史的觀點，而是從歷史內在發展的倫理，歸納出一個總結，就是這「人道競爭」。

他分析說:「若以武力或權力去做一件事，倒不如以無形的力量自然地去薰陶，即以使人心服取代以威力的制伏。」(《牧口常三郎全集》二)

這又令我想起了曾數次會面的哈佛大學約瑟夫 · 奈

(Joseph Samuel Nye) 教授所提倡的「軟能」思考，就是「通過魅力而不是強制，來達到自己的目的」的能力 (《軟能》，*Soft Power*)。這也正是美國未來學者亨德森 (Hazel Henderson) 所提倡的大家都是勝者的「雙贏世界」(win-win world)。

牧口會長又說：「關鍵是不以利己主義為目的，要使自他的生活都能受到保護和促進。換言之，就是一邊有益於他人，同時也益於自己的方法。」(同前)

經過一百多年的歲月，我相信現今正是最需要牧口先生構想的「人道競爭」這先見之明的時代。

下面我要解釋為何提出如此的建議。為了消除資本主義的弊端，社會主義標榜了「平等」、「公正」等價值觀。無論於國內或國際間，這些價值觀的本質都是立足於人道主義。雖然社會主義體制失敗，但我們不可讓這些價值觀也隨之消失。否則，我們就會忘記了二十世紀歷史上這段寶貴教訓，忽略了為甚麼社會主義運動會吸引到全世界那麼多人，尤其是青年人。

既然社會主義標榜正確的價值觀，那甚麼是導致其衰竭的原因？作為這問題答案的參考，我想介紹牧口會長的見解：「無論是自然或人為事物，若沒有自由競爭，會變得沉滯、停頓和退化。」競爭是人類社會活力的泉源，不重視競爭的價值，天真地認為只要消除階級存在，就可以實現一個美好的人類社會，或許這正是社會主義衰竭的原因。

放任自流的利己主義自由競爭，會陷入弱肉強食的自然淘汰主義。而以適當的結構及規矩為基礎的競爭，將為人與社會帶來活力。

「人道競爭」的價值便在於此。這概念在認同競爭存在的必要性的同時，也確保競爭不與人道精神脫節。「人道競爭」將競爭所包含的活力，與人道主義所關注的課題牢牢地聯繫起來。這不正是二十一世紀所需的主流思想模式嗎？

重要的是，我們絕對不能忘記馬塞爾的警戒，就是不可讓視線偏離現實世界。歷史上，有些人以先知先覺自許，自認能為人類指引應走路徑，但許多時這種不能腳踏實地又狂妄自大的想法，已淪為馬塞爾所指的「抽象化主義」的奴隸。

就這一點，戈爾巴喬夫前蘇聯總統曾舉出過許多例子來證明。以下是他引用世界著名歌劇手夏里亞賓（Feodor Chaliapin）滿溢智慧的話語：

「問題就是，我們俄國的『建設家』在為人民制定建設方案時，不能描繪出一種合乎普通的人的方案。他們無論如何也要建造聳立雲霄的巴別塔（Tower of Babel）。他們不能容忍一般人以普通的、健康的步伐上班和回家，定要他們以『每步七里』的步伐飛奔向未來。

『讓我們與過去告別！』，就馬上需要把舊世界連根剷除，甚麼也不留下。更令人驚訝的是，我們俄國所有的『聰明人』是無所不能的（省略），甚至知道如何教會兔子使用火

柴，兔子得到甚麼才會幸福，和如何令二百年後兔子的子孫得到幸福。」(《二十世紀的精神教訓》)

文章生動和充滿諷刺地說出了成為「抽象化精神」俘虜的人，如何游離民眾的具體生活，變成了一種怪物。當我們游離這個具體世界，被「抽象化」怪物吞噬的話，其後果就會不堪設想。

抽象的意識形態有時甚至會破壞親子的關係。我與艾特馬托夫對談時，他向我介紹了史太林 (Stalin) 時代一段有名的軼事：有個叫帕夫利克．莫羅佐夫 (Pavlik Morozov) 的少年，向當局告密自己的父親同情富農，結果父親被抓，終於

池田大作國際創價學會會長與戈爾巴喬夫前蘇聯總統（左）第九次會面，二人對談付梓成書，出版《二十世紀的精神教訓》。（攝於 2007 年 6 月日本東京，聖教新聞社提供）

死於獄中，而少年也被一些憤怒的親戚殺死，但當局將少年作為社會主義少年英雄而樹立銅像來紀念宣揚。

⁘ 內在的宇宙

馬塞爾對以美國為代表的產業、機械文明的病理也嚴加批評：「難道我們不能清楚地看出，正是技術專家政治論（technocracy）將鄰人抽象化，最終還否定他們？」（《馬塞爾著作集》六）

半個世紀後的今天，利用以金融工程學為原理的商品謀取巨額利潤、只會追求貨幣這種抽象物而不顧大量貧民死活的一小撮富豪，能逃脱馬塞爾尖鋭的責備嗎？建立在「否定鄰人」之上的繁榮是不可能持久的，也絕對不能讓其持久。

我在蘇聯體制尚存的二十多年前，已經在倡言中提出，探討普遍的觀點和理論時，不應以外在或超越性的方式，而應該是徹底以人為主體，必須是「內在的」，強調「內在普遍性」的重要，並且獲得許多有識之士的贊同。

意識形態、貨幣的普遍性會在實際的社會上蠶食實際存在的人，因為它們是外在和超越的，是「抽象化精神」的產物。與此相反，構成我所說的「內在普遍性」的普遍觀點和理念，徹底地植根於具體世界，並只能發自具體世界其內部。真正的重要課題經常就在我們身邊，是實際和具體的。

自數年前起，陀思妥耶夫斯基的《卡拉馬佐夫兄弟》（*The*

Brothers Karamazov）在日本非常暢銷，引起了一般人對古典名著的重新關注。下面我要介紹書中一段由無神論者的老二伊萬對弟弟阿廖沙講的話。

「我有一件事要告白（中略）我從來不知道如何去愛自己的鄰人。我認為，正因為是鄰人，所以很難去愛他們，能愛的只是在遠方的人。」

這當然是一種諷刺性的反語法，強調愛一個遙遠又抽象的人較身邊的人容易。但其實跟一個近在眼前而又格格不入的人相處，實在是一件難事。

去愛這種人，需要全人格的、心靈上的鬥爭，需要把自己的靈魂全面改革，並非容易辦到的事。自己身邊這「一個人」，正是考驗我們有否這種「愛人如己」的人類愛精神。

正如伊萬的反語，我們很難去愛自己身邊的人。佛典中的「以一人為範，一切眾生平等如是」（《日蓮大聖人御書全集》，590頁），就是對這種抽象精神的嚴重告誡。

從這個意義上，牧口會長的《人生地理學》尤其值得我們去研究。從書名已經可以感覺到其特色，比起一般所謂的「自然地理」、「人文地理」，「人生地理」能令人更感受到具體的世界，因為它全面而深厚地包含了政治、經濟、社會、文化、教育、宗教等等的意義。書中，牧口會長引用吉田松陰的説話來説明其撰著的宗旨：「離開土地就沒有『人』，離開人就沒有『事』，要想論述人的事，就必須從審視地理開始。」

另外，更令人注目的是他所提倡的「內在普遍意識」。他認為人應該徹底立足於社區地域，從這裏開始展望世界。他說：「廣大的天地萬象，實際上也是展示在巴掌大的窄小地方。要把萬國地理的複雜現象概括起來，通過一個偏僻山村的現象來說明，也並非難事。故此，首先要通過一個山村的現象來了解鄉土地理，這樣，理解萬國的地理也易如反掌。」

就是說，雖然是巴掌大的「小地方」，假如我們能住在這裏，詳細觀察這地域的特色和生活，弄明白的話，就能從這裏擴展到一個國家，乃至考察世界的事情。

牧口會長介紹了江戶時代初期的政治家土井利勝的軼事，來作為具體的例子。

有一次，土井撿到了一些絲綢線頭，之後交給了一個隨從武士，囑他好好保管。其他人都笑說僅僅是個線頭，何必如此誇張。幾年後，土井向這個隨從問及這些線頭，得知他保存得非常好，土井很滿意，並加了這隨從俸祿。

土井解釋說：「這絲綢線頭是中國的農民採桑養蠶，蠶兒吐絲後製成。再經中國商人渡過大海帶來我國，經過長崎商家的手，由京都大阪的商人買下來，才轉到江戶。所花費的人力是不可小瞧的。經過這番辛苦才到手的東西，如果因為它是用剩的而把它當垃圾一樣扔掉，那真是天理難容，備受天譴。」

從絲綢線頭聯想到遠方中國桑田裏勞動的農民的辛苦，

這正是牧口會長所指的「內在普遍意識」。與其一步飛躍去了解錯綜複雜的生命現象，我們應要從身邊的「小地方」這具體世界着手。只有徹底地探討和理解身邊的現實，才能讓我們自由地聯想到更大的現象。假如我們能培養出這種活生生的想像力，一種對生活和生命的敏鋭感覺，就不但能愛自己的鄰人，甚至可以把素未謀面的異國人民，他們的產物、風土和文化都感同身受。

對培育出這種感覺的人來説，沒有比掠奪國土、令人互相殘殺的戰爭更為可恨的事。這種扎根於大地的富有人性的感覺，甚至在戰爭期間也會有所表露。下面就是這樣的一個故事。

在日俄戰爭期間，有一天日軍抓到了兩名俄國俘虜。因為是首次，所以大家覺得很興奮，準備將他們遊街示眾。但是也有反對這樣做的士兵，中隊長就問他們的理由。一個士兵回答説：「我在家鄉的時候是個工匠，只因穿上軍裝才成了日本軍人。我相信他們在家鄉也一定有自己的工作，雖然是敵人，也跟我們一樣是為國打仗的軍人，不巧成為俘虜，再要把他們遊街示眾的話，那就太悲慘了。我憐憫他們，不能再忍受對他們的侮辱，所以我不會去看俘虜遊街的。」（長谷川伸，《日本俘虜史》上卷）

1983 年我在羅馬尼亞的布加勒斯特大學的演講《站在文明的十字路口》中，也曾提到這位士兵的憐憫出自他作為工匠的生活感受。這種健全的生活感覺所存在的人道主義，甚至可以把敵人變作「鄰人」。

同樣地，陀思妥耶夫斯基在他的《死屋手記》(*The House of the Dead*) 中，描繪了西伯利亞農民強烈的人道主義。他們不把流放到當地的政治犯當作應歧視和厭惡的壞人，不把他們當作犯人，而只當作是「不幸的人」。

要從自己身邊的具體地方開始，一步一步地，不斷擴展周圍的人性紐帶，增加新的「鄰人」，這才是走向和平最確實的道路。沒有這種踏實不懈的努力，是不可能獲得永久的和平。要和他人共有這種人道意識感覺，不被馬塞爾所講的「抽象化精神」侵蝕，就要去珍惜和培育自己的「內在普遍意識」。

這就是清除現今時代病理的最有效方法。為了「意識形態」而把人變為達成目的的手段；為了眼前的利益而放棄凝視未來；為了抽象的存在而犧牲具體的世界——我們要改變這顛倒是非的現在。我確信，推廣這種「內在普遍意識」，正是實現永恆的人道主義時代的主要關鍵。

⁑ 共享未來

就目前眾多全球性問題，我想提出一些能促進「人道競爭」的具體建議。

現今我們除了面臨着先前提出的經濟危機以外，全球變暖、環境、能源、糧食、貧困等問題連鎖式地併發，而且不斷惡化。從歷史角度來看，現在的境況令人聯想到 1930 年代和 1970 年代發生的各種全球性問題時的情形。

1930 年代世界大蕭條時，各國政府共同磋商，希望通過降低關稅、穩定匯率等來克服危機，結果以失敗告終。各國轉向採取只顧保衛本國權益的經濟政策，更使危機加劇，增加了相互的猜疑，陷入進退維谷的困境。而真真正正反省到這弊病，汲取了當時的教訓，已經是經歷了第二次世界大戰慘劇以後的事。

1970 年代前半期，出現了被稱為「尼克遜衝擊」(Nixon shock) 的美元恐慌 [2] 和石油危機。這時也開始出現一系列的新全球改革。首次由聯合國主持了關於環境與糧食問題的國際會議，也首次於法國的朗布依埃 (Rambouillet) 召開六個先進國家首腦的最高級經濟會議。雖然由此發起的各種重要國際會議一直延續至今，可惜的是，在國家利益相互對立之下，完全沒有發揮其機能的餘地，當時堆積如山的各種國際問題沒有從根本上給予解決，只是被放置至今。

比起過去遇到危機時採取的方法，今天我們需要的是更宏觀的構想和更大膽的挑戰。

2　指 1971 年 8 月，美國的尼克遜總統宣佈停止美元與黃金的兌換一事。作為解決因越南戰爭而帶來的財政惡化的政策，採取徵收進口稅金等等保衛美元的措施。其結果給世界經濟帶來衝擊影響。之後，將匯率市場改為「變動市場制」。

在這次金融危機震源地的美國，新任總統奧巴馬（Barack Obama）在角逐總統時舉出「變革」為口號。於就任演講中，他表示：「這個世界已經改變，我們必須與之俱變……我們現在需要一個新的責任的時代。」其實，不單是美國，進行變革是全球社會必須面對的挑戰。

在這裏，我想提出三個具體建議，來作為建設和平共生國際社會的支柱，促使落實「人道競爭」，轉變目前的全球問題，為人類帶來新的未來。

這三個建議是：

(1) 為解決環境問題而共同行動；

(2) 促進國際合作來為全球社會爭取公眾利益；

(3) 為共享和平而廢除核武器。

※ 為解決環境問題而共同行動

首先我要特別針對全球變暖問題，談談第一個建議。

全球變暖不僅對各地的生態系統產生嚴重損害，還招致氣象災害，醞釀國際糾紛，擴大貧困與飢餓等等。可以說，是二十一世紀全球化文明危機的象徵。

聯合國秘書長潘基文自就任以來，一直把這全球變暖問題作為聯合國的重點課題。他警告說：「從長期來看，無論是貧或富都不能避免氣候變化帶來的危險。」(《2007/2008 年人類發展報告》) 就是說，地球上沒有一個人可以作旁觀者，這些都是唇亡齒寒的切身問題。

這還是一種「現在進行中的複合性危機」，會對子孫後代產生巨大影響，是一個蠶食未來的危機。

遺憾的是於去年，減少溫室氣體排放量的各項談判並沒有取得任何顯著的進展。我們期待，在 2012 年，即《京都議定書》[3] 中所擬定的首個義務期間結束之前，在今年內的類似談判會出現一些令人滿意的結果。我認為，發達國家的繼續努力固然重要，但發展中國家在這方面的參與也是不可或缺的。

那麼，我們應該共同採取甚麼有效的行動呢？

我認為突破口就是在能源政策上的國際合作。對於新興國家及發展中國家來說，確保足夠能源是關鍵問題；對於先進國家來說，轉向「低碳無浪費社會」也是個不可避免的課題。

實際上，二氧化碳等溫室氣體的 60% 產生自化石燃料的消費，只有全球的共同行動，才可以取得更為有效的成果。

現在，美國奧巴馬總統作為創造就業計劃的一環，提出「綠色新政」(Green New Deal)，對替代能源等環境領域進行重點投資，創出新產業及就業機會，以期突破經濟危機。同

3　1997 年 12 月在京都舉行的《聯合國氣候變化框架公約》(United Nations Framework Convention on Climate Change) 第三次締約方會議上通過的議定書。在第一約定期間的 2008 年到 2012 年，締約國將以削減溫室氣體的排放量的 5.2% 為目標，提出了對各個國家都有約束力的數值。

樣地，以日本、韓國為首的其他國家，也開始準備效法，實施這種一舉兩得的政策。

我在去年的倡言中，提到應該以解決環境問題為契機，開拓進行「人道競爭」的社會，提議通過引入可再生能源及促進節能政策，轉向一個「低碳無浪費社會」。最近的趨勢可以看到，世界正向着我提倡的方向邁進。

其中一個好例子就是「國際可再生能源機構」(International Renewable Energy Agency, IRENA)的成立。得到五十多個國家支持，這國際機構在今年1月26日於德國波恩(Bonn)成立。今後，工業化國家、發達國家和發展中國家將互相合作，致力減緩全球變暖的惡化。七年前的2002年，我曾發表倡言呼籲締結推進可再生能源的公約，因此對於該機構的成立尤其感到振奮。

另外，為了脱離對化石燃料的依賴，指向低碳無浪費社會，提高能源利用效率的社會動向最近也有了新轉機。2008年12月，來自包括八國集團諸國、中國和印度在內的十五個國家的能源部長發表聯合聲明，呼籲於2009年設立「國際能效合作夥伴關係」(International Partnership for Energy Efficiency Cooperation, IPEEC)，並將辦事處設立於「國際能源機構」(International Energy Agency)內。

這些新計劃的施行，必須於2012年，即《京都議定書》中所擬定的首個義務期間結束前完成。這不僅是國際合作的焦點，也是在實現《聯合國氣候變化框架公約》(United Nations Framework Convention on Climate Change) 的過程中扮演着非常重要的角色。

除此之外，我提議在聯合國內設立一個國際可持續能源機構，來支援以上兩個組織，同時在國際社會中落實於國際合作中達成的各項能源政策。

或許有人擔心提供技術、經驗會為某些國家帶來經濟競爭的不利，或者合作需要資金，會增加國民負擔等。但是，從大局看，樹立防止全球變暖的共同目標，齊心合力去實現，結果會正如牧口會長所說，「利益他人，最終自己也會得益」，既保證了國家的利益，又對人類利益有貢獻。

另外，這新機構可以不局限於能源政策，藉加入地方自治體、企業、非政府組織的形式，為構築可持續發展的地球社會的全球化加強聯合。例如，設立「公開登錄制度」，使任何團體都可以將活動內容及成績進行登記，建立一個資料庫，於互聯網上公開，促進資訊交換和協助活動等。

SGI (國際創價學會) 的關聯團體戶田紀念國際和平研究所在 2008 年 11 月召開了以「氣候變化與新環境倫理」為題的國際會議。會議研討的焦點是，如何於國家、企業與民間社會之間樹立「對未來的責任」意識和提倡其重要性，以及如何能讓更多的人積極參與。

從 2002 年起，我們 SGI 除了在二十個國家以八種言語與地球憲章推進委員會（Earth Charter Initiative）共同舉辦了「變革的種子——地球憲章與人的潛能」展覽以外，還與其他團體合作開展自然保護活動等等。雖然獨自進行環保運動很有意義，但是共同攜起手來行動，將在社會上帶來數倍、數十倍的效果。

今年是「聯合國可持續發展教育十年」（UN Decade of Education for Sustainable Development）的中間點，為了響應這運動所提倡的目標和理念，民眾本身必須致力於教育以及其他啟蒙活動，促進可持續發展的全球社會。

❊ 促進國際合作

我的第二個建議是透過國際合作，喚起各國共同負擔責任、為全球謀求公益的意識。其中一個關鍵提議，就是設立「世界糧食銀行」。

我在去年的倡言中，舉出在推進人類發展和人類安全領域中，確保安全飲用水是不可或缺的因素。同樣地，確保糧食穩定供應是保障人類生命和尊嚴的重要因素，也正是我們對抗貧困的出發點。

由 2006 年秋季開始，糧食價格急速上漲，許多國家同時陷入糧食危機恐慌，面臨饑饉的世界人口也多增了四千萬人。據估計，世界現在有九億六千三百萬人正處於營養不良。

可悲的是，這是一場人為的禍害。其最大的原因，就是市場投機活動，以及生物燃料生產量的增加。在美國的次按抵押貸款金融風波影響下，龐大的投機資金流入穀物市場，使價格暴漲。另一個原因，就是由於對生物燃料作為替代能源的需求在增加，造成食用穀物產量下降，引致價格高騰。

為了防止類似的危機再度發生，我們必須設置一個儲備糧食的機制，在糧食危機出現時發揮應急作用，並穩定市場價格。

我曾於 1974 年提出過建設世界糧食銀行的建議，認為作為維持人類生命的糧食，不應成為國家間政治鬥爭的工具。當然，確保本國的糧食非常重要，但這不應建立在犧牲他國之上。我們需要的是確保全球性糧食安全。

糧食危機是日本北海道洞爺湖八國集團首腦會議上的一個重點議題。會議結束時，八國集團首腦還就糧食問題發表了特別宣言，指出為了人道主義，會認真商討如何創設儲備和管理糧食的全球制度。之前，世界銀行總裁羅伯特．佐利克（Robert Bruce Zoellick）已向各國首腦呼籲積極商討創設如此的儲備機構。時機已經成熟。

我的第二個提案是，為了實現聯合國「千年發展目標」（Millennium Development Goals），設置如國際合作税的融資機制等，將籌到資金用於克服貧窮、改善保健服務和衛生環境。

2002 年在墨西哥舉行的聯合國發展籌資問題國際會議（International Conference on Financing for Development）上，

國際創價學會會長池田大作與農業學家斯瓦米納坦博士（左）會面，二人出版《綠色革命》和《心的革命》，當中話題涉及池田會長在三十五年前曾提議設立「世界糧食銀行」的構想。（攝於 2004 年 4 月日本東京，聖教新聞社提供）

各國就此目標展開熱烈的討論，以保健領域為中心的幾個制度馬上就要開始。

現在已經成立的機制，有資助免疫預防接種計劃而拯救了成千上萬人性命的「國際免疫籌資機構」(International Finance Facility for Immunization, IFFIm)，和支援人類免疫缺陷病毒、愛滋病、瘧疾、肺結核等傳染病的「機票稅」(Air Ticket Levy)。這幾年，表示關注的國家也在增加，在 2006 年成立的「資助發展協作稅的主導組織」(Leading Group on Solidarity Levies to Fund Development) 就有五十個以上的國家參加。

而「貨幣交易稅」、「二氧化碳排放稅」等的引入也在檢討中。作為二十一世紀可媲美馬歇爾計劃（Marshall Plan）的人道基金的一環，我希望有更多的國家踴躍參與。

迎向「聯合國第四屆關於最不發達國家會議」（Fourth UN Conference on the Least Developed Countries）於 2011 年召開的今天，我們急需加緊對話，讓聯合國能實現其千年發展目標。我們也必須鋪設緊密覆蓋全球社會的安全網，保護社會上的弱勢族羣，確保他們於該發展目標預計將完全實現的 2015 年之後的生活。

「最低層的十億人」是去年聯合國最關注的一個問題。這是指世界最貧窮的人口，包括了無法從全球經濟增長中獲益的 58 個國家的人民。這問題顯示出人的生命價值和尊嚴僅憑出身地而被界定的不合理社會現象，而這沉痛的事實無論如何都必須糾正。

假如我們尊重人的尊嚴，擁有一種盧梭（Jean-Jacques Rousseau）所指的甚至原始社會也存在的「憐憫」的感情，就應該馬上採取行動去解決這問題。

諾貝爾獎經濟學家阿馬蒂亞·森（Amartya Sen）博士曾一針見血地指出：「與其説貧困就是低收入，倒不如説是基本能力被剝奪。」（《發展即自由》，*Development as Freedom*）對於「最低層的十億人」來説，他們現在最需要的是通過國際社會的支援，令他們能獨力走出這困難惡劣的狀況。

日本戰後的復甦過程可供世界借鑑，因此日本應該積極發揮領導作用，致力於讓全球人類能享有和平，活得尊嚴。

⁂ 齊心廢除核武器

我的第三個提議，是建立一個國際行動框架，集結眾人之力，為了共享和平而廢除核武器。

首先，我提議擁有世界上 95% 核武器的美國和俄國，應該立即重新展開核裁軍談判。

我們必須認識到，《不擴散核武器條約》並沒有賦予五個有核武器國永久擁有核武器的特權。

關於《不擴散核武器條約》第六條的重要意義，我要引用國際法院（International Court of Justice, ICJ）法官穆罕默德・貝賈維（Mohammed Bedjaoui）去年所講的話。他是 1996 年國際法院就使用核武器提出勸告意見[4]時的首席法官。

「真誠善意是國際法的根本原則，欠缺了這根本原則，所有國際法就無法立足。」

「真誠善意要求各個加盟國，在個別的行動中，以及在與其他加盟或非加盟國的合作中，採用一切積極的措施，使國際社會更貼近核裁軍這《不擴散核武器條約》的目的。」

4　在 1994 年 12 月聯合國大會的決議下，1996 年 7 月國際法院提出的勸告意見。指出「使用及威脅使用核武器是違反與國際法及人道有關的各項原則、法規的」。同時，《不擴散核武器條約》的第六條規定的「向着裁減核武器而進行有誠意的談判」也可以解釋為包含有達成結果的義務。

(《落實核武器公約的步驟》，Steps Toward a Nuclear Weapons Convention)

也就是說，對《不擴散核武器條約》的信賴，是建立在有核武器國出於真誠善意的行動之上。鑒於這一點，貝賈維法官說，沒有正當理由而不進行裁軍談判，是從根本上游離「真誠善意」的舉動。

美國前國務卿亨利．基辛格和數名美國政要，連續兩年發表了建立「沒有核武器世界」提案，激起了針對核裁軍的議論，甚至在幾個有核武器國內也備受爭議。

去年，美國奧巴馬總統在競選總統期間，提出要解除美俄間彈道導彈一觸即發的警戒狀態，建議要與俄國商討如何大幅度地共同削減兩國的核武器及核材料。

另一方面，俄國的梅德韋傑夫總統也強調制訂新核裁軍條約，來取代將於 2009 年 12 月無效的美俄《戰略武器削減條約》的重要性。普京總理也提出他支持核裁軍的見解，說「我們應該把這個潘多拉盒子蓋上」。

我們不應放過這個機會，我呼籲早日召開美俄首腦會談，大膽地達成裁軍的基本協議，在 2010 年《不擴散核武器條約》審議大會召開之前，向世界展示雙方在核裁軍方面的誠意。

具體地說，兩國應締結新的核裁軍條約，制定超過《戰略武器削減條約》的削減規模，譬如考慮 2000 年俄國曾向美國提出的將核彈頭削減到一千枚的削減方案。

另外，兩國也要努力開始解決長期以來懸而未決的方案，例如美國對《全面禁止核試驗條約》的批准，及《禁產條約》(全名：《禁止生產核武器和其他核爆炸裝置用裂變材料條約》)(Fissile Material Cut-off Treaty)的談判等等。

在美俄達成協議之後，我呼籲再進一步定期召開包括美俄在內的五個有核武器國的首腦會議，邀請聯合國秘書長出席，商討如何有效履行《不擴散核武器條約》第六條所制訂的裁軍義務目標。

只要有核武器國家以真誠善意來開始裁軍活動，就可以推動沒有加入《不擴散核武器條約》的其他國家去參與凍結核武器及核裁軍行動。

同時，全面落實禁止使用、製造、擁有、部署、轉讓核武器的《核武器公約》(Nuclear Weapons Convention, NWC)，亦是另一個需要達成的目標。哥斯達黎加曾在1997年向聯合國提交了一份《核武器示範公約》(Model Nuclear Weapons Convention)。該公約由聯合國非政府組織草擬，在修訂後正式成為聯合國發派各國的公文。去年起，聯合國秘書長潘基文籲請各國針對《核武器公約》進行協商。

核威懾(nuclear deterrence)政策一向是有核武器國持有核武器的藉口，這也成為其他國家開發核武器的理由。建立新國際規範，促使每個國家都無例外地竭力於全面禁止核武器是至關重要的。

我的恩師、創價學會第二代會長戶田城聖，在逝世前一年的 1957 年 9 月，發表了《禁止原子彈氫彈宣言》，強烈譴責核武器的使用。戶田會長指出，「國家自我主義」(national egotism) 挑起對核武器的慾望，對人類的未來構成嚴重威脅。

輿論認為很難使有核武器國加入《核武器公約》，又假如沒有它們的參加，公約將會變得有名無實。但這也並不是沒有一絲光明。包括印度、英國等部分國家的政府，已經公開表明有必要終止核武器，雖然還附帶着各種條件和限制。

另外，雖然還沒有生效，《全面禁止核試驗條約》促使非加盟國家也宣佈暫停進行核武器爆炸試驗。同樣地，《核武器公約》也可以成為以某種形式抑制有核武器國的國際規範。

即使有核武器國未能立即為成立《核武器公約》展開談判，它們也可以在限定的區域上進行，來證明它們擁護核裁軍潮流的誠意。例如，完成批准現存的《無核武器區條約》議定書，和開始進行我在去年倡言中呼籲的制訂《北極無核武器區條約》等等。

實際上，期望「沒有核武器的世界」的呼聲不斷高漲。去年在包括有核武器國的二十一個國家舉行的輿論調查中，平均有 76% 的人認為有必要制訂國際公約來禁止核武器。

全球人民必須仿效《禁雷公約》(Mine Ban Treaty) 和《集束彈藥公約》(Convention on Cluster Munitions) 的擬訂過程，

以更強的氣勢齊聲呼喊、團結一致，實現《核武器公約》。

去年，由於全球輿論一致極力反對使用集束彈藥，致使《禁止集束炸彈條約》以異常的速度獲得批准。在所有武器之中，核武器是最慘無人道的，所以我們要宣揚人道主義，使這面旗幟在國際社會上高揚，來戰勝既有的軍事理論。

2008 年 12 月，由卡特前美國總統與戈爾巴喬夫前蘇聯總統等聯名，在巴黎舉行了廢除核武器運動的「全球零核」（Global Zero）的創立大會。認識到沒有國際輿論廣泛支持，是不可能實現「沒有核武器的世界」，這運動計劃在 2010 年 1 月召開由各國首腦及市民代表參加的「全球零核世界峰會」（Global Zero World Summit）。

我多年來一直呼籲召開如此的裁軍國際會議，期望明年的會議圓滿成功，成果豐碩。我也衷心期望明年召開的這個世界首腦會議，與《不擴散核武器條約》審議大會，能為協商《核武器公約》鋪路。

在與代表二十世紀的歷史學家阿諾德．湯恩比博士對談時，我難以忘記的是，博士強調解決核武器問題需要民眾強烈的擁護，和全世界政府確立「自律否決權」來放棄擁有核武器（《眺望人類新紀元》）。

「自律否決權」應該是《核武器公約》的基本精神。核武器是威脅人類生存權利的「絕對惡」，不僅威脅國家安全，也威脅全人類的安全，嚴重危害地球上所有人的和平與尊嚴。

《核武器公約》必須建基在這層理解上。

我深信擴展這一觀點，才可使全球的裁軍反核運動取得有效成果，才可讓全人類認識到不應把自己的和平與安全建立在他人的恐懼與痛苦上。

尤其近年北韓及伊朗的發展核武器問題受到全球關注，我認為需要繼續努力緩和這些地區的緊張局勢，耐心構築相互信賴，來驅除日益增長的不信和一觸即發的危機。

自從戶田會長發表《禁止原子彈氫彈宣言》後，這宣言一直成為我們 SGI 的行動指南。為了讓更多人了解核武器是所有人的切身問題，SGI 由 2007 年起開始推行「廢除核武器民眾行動十年」(People's Decade for Nuclear Abolition)，當中的活動包括主辦「從暴力文化到和平文化：人的精神變革展」，以及創價學會婦人部收集原子彈爆炸受害婦女的體驗，將之製成五國語言的 DVD (片名：《和平的吶喊：廣島、長崎原子彈受害婦女體驗談》) 等。

2010 年是戶田會長誕生一百一十週年，我希望能以實現《核武器公約》來為他慶祝。SGI 將與其他非政府組織緊密合作，例如推動「國際廢除核武器運動」(International Campaign to Abolish Nuclear Weapons, ICAN) 的「國際防止核戰爭醫師組織」(International Physicians for the Prevention of Nuclear War, IPPNW)，在國際社會提高民眾的反核意識，並把重點放在由婦女和青年發起的活動上。

⁂ 展望未來

聯合國是人類經歷過兩次世界大戰悲慘經驗後，為了促進人類攜手合作，共同處理全球問題而創立的據點。因此在最後，我想提出一些強化聯合國的建議。

從各種角度觀察了這人類議會六十多年的歷史學家保羅・甘迺迪（Paul M. Kennedy）的大作《人類的議會：聯合國的過去、現在與未來》（*The Parliament of Man: The Past, Present and Future of the United Nations*），是一本非常出色的著作。他沒有把聯合國的歷史僅僅當作國際政治史的一個側面來描述，而寫出了人類為了建設共存共榮的未來，本着同一的目的聯合起來，創設了一個國際機構的故事。

換句話說，就是甘迺迪描述了一個以聯合國為中心的人類現代史，寫出了人類如何不怕艱難險阻，向各種難題挑戰來實現《聯合國憲章》的理念，這種人道競爭的歷史。

聯合國今後能否完成其憲章所託付的使命呢？甘迺迪認為：「為了人類普遍的善及長期利益，我們能否克服自身的恐懼及利己主義？二十一世紀大部分的歷史，全看我們大家如何共同對應這一挑戰。」

從這一點展望聯合國的未來，首先必須要考慮到的，就是與民間社會建立強韌的合作體制，來支撐聯合國的活動。

作為朝向這目標的主要一步，我提議聯合國設立負責處理「民間社會關係事務」副秘書長一職。這個副秘書長的職位應該是常設的，主要任務為促進非政府組織的發展，職權必須包含能參與聯合國和平與安全、經濟和社會事務、人道主義事務、發展運作等四個執行委員會審議過程的特權，以確保民間社會的意見有被聽取的機會。

我並非第一個提倡如此建議的人。前巴西總統費爾南多・恩里克・卡多佐（Fernando Henrique Cardoso）擔任主席的「聯合國與民間社會關係知名人士小組」（Panel of Eminent Persons on United Nations-Civil Society Relations），在 2004 年提出的報告書中也發表過類似的提案。

報告書中指出：「民間社會對聯合國來說已經變得至為重要，所以跟民間社會協力合作並非一個選擇，而是一種必要。」就是說，不應該總是把非政府組織當作旁觀者，而應該看成是不可取代的支持聯合國的夥伴。這才是二十一世紀聯合國的生命線的所在。

盼望這樣的改革將成為一個新的開始，使聯合國更加貼近民眾，正如《聯合國憲章》序言的開頭所言：「我聯合國人民……」。

另外，我建議聯合國秘書處設立一個「展望全球未來」的部門。這部門將負責為聯合國策劃今後的發展路線。我相信，這將讓聯合國的目標更明確、力量更集中。

1991 年我在哈佛大學就軟能發表演講後，經濟學家肯尼士・博爾丁（Kenneth E. Boulding）博士作為回應嘉賓發言。

他談到正統性（legitimacy）具有促進融合（integration）的力量，也指出國家從過去的榮耀中尋求正統性，而聯合國需要在為人類展望未來之中建立其正統性。

目前正和我在一份日本雜誌上進行對話連載的安瓦爾·K·喬杜里（Anwarul K. Chowdhury）前聯合國副秘書長，也對聯合國缺少這樣的部門表示關心。他指出，聯合國系統內的各個部門不是例行各類日常職務，便是負責協調或舉辦各種活動，卻沒有一個未雨綢繆的部門專門預測人類可能面臨的課題。

我也同樣對此感到憂心。二十一世紀的聯合國，必須增設一個預測未來五十乃至一百年後的世界狀況，事先擬定應對策略的智囊團。我想在此重申，這些應對策略必須反映婦女和身為未來主人翁的青年的觀點和意見，而且開發青少年的能力也應被列入考量之中。

「展望人類未來」是聯合國的創設宗旨。我於 1996 年創辦的戶田紀念國際和平研究所的研究課題之一，就是如何能使聯合國變得更強。今後也將繼續全力支援聯合國這唯一代表全人類的國際機關。

此外，我創立的波士頓二十一世紀研究中心和東洋哲學研究所也將不懈地推動「文明間對話」和「宗教間對話」來凝聚人類的智慧，以協助聯合國解決當前的各個全球問題。

無論遇到多麼困難的課題，我深信要採取的第一步就是對話。基於同樣是人的立場，只要坦誠地對話和交流，必定可以超越相互間不同的立場和差異。

聯合國本身從成立開始，已非常重視對話。甘迺迪把聯合國比喻為一把三條腿的凳子：第一條腿是為確保國際安全措施；第二條腿是改善世界經濟；第三條腿是促進各國民族間的理解。他接着強調：「無論其他兩條腿多麼堅固，如果不提出增進人民間政治和文化理解的方案，那麼這個制度就將會失敗、崩潰。」

推進相互理解是現代的重要挑戰。聯合國訂定今年 2009 年為「國際和解年」(International Year of Reconciliation)，2010 年為「國際文化和睦年」(International Year for the Rapprochement of Cultures)。明顯地，聯合國視「寬容」和「對話」為追求「真理」、伸張「正義」的兩大要素。

近年，加沙、蘇丹和剛果等地爆發了一連串流血衝突，世界各地也頻頻發生武裝衝突和內戰。國際輿論必須一致要求通過對話和外交管道來化解衝突。為了解決這些棘手問題，聯合國必須發揮其領導作用，而各國也有必要緊密合作。

我們要切斷暴力與憎惡的連鎖，構築向着「和平文化」共存的地基，保證每個人都能夠享受和平與有尊嚴的生活。只有這樣，才可以為大家帶來一個美好的二十一世紀。

✻ 對話——創造的新泉源

對話有無限的可能性。只要有把暴力文化轉變為和平文化的志向，這是任何人於何時何地也可以進行的挑戰。

我對對話的力量深信不疑。在 1974 至 1975 年對立氣氛高漲的冷戰時期，我懷着這信念，多次前往中國、蘇聯和美國拜會當地領導階層，以一介平民身分，盡一己所能緩和當時劍拔弩張的緊張關係。之後，我一直為架設國際間友好與信賴的橋樑努力至今。

我在 1972 年和 1973 年跟湯恩比博士對話時，他鼓勵我繼續跟各界人士進行對話。博士以一百年、一千年的單位綜觀人類歷史的興亡，提出「挑戰與應戰」這一歷史觀。他注視共存於所有人性中的對話的可能性，認為這是開啟新歷史的原動力。

博士在 1956 年於日本的演講中，曾論及人的自由這問題。他指出人類的歷史上，可以發現某種法則管制歷史的不斷輪迴，從而提出文化興亡大概有八百年的生命循環。但他強調，人有某些現象並不符合該定型循環。

「人的所有現象中，有一種範疇是並沒有規定的循環定型。這就是人格與人格之間的邂逅與接觸。也是通過這種邂逅跟接觸，產生出真正的新創意。」

正如我在開首所敍述那樣，當被特定的思想形態或民族宗教等框架所束縛，成了「抽象化精神」的俘虜，人就會陷於「時代潮流」的歷史淺灘上，只會左右徘徊而不能向前邁進一步。反過來説，假如我們揭去表面上那個專制的標籤，以一個人格面對面地、鏗鏘有力地不斷發揮對話的精神，就可以產生湯恩比博士所描述的、能塑造歷史的「水面下的緩流」(《面臨考驗的文明》，*Civilization on Trial*)。

以這個確信，通過和許多不同領域的有識人士和領導人會談，我全力搭建異文化間的友誼之橋。我要突破分隔人的各種圍牆，甚至在思想形態對立的國家之間展開對話交流，這長年的努力結晶為至今所出版的五十餘冊的對談集。

回顧創價學會是在 1930 年世界形勢險峻的時期誕生，SGI 也是在 1975 年危機四伏的年代起步的。從那時起，我們以牧口會長的「人道競爭」理想，及戶田會長要從地球上消除「悲慘」二字的熱切願望為目標，開展支持聯合國運動的同時，每個人作為良好市民，通過勤懇對話的草根運動，去擴大「和平文化」的沃野。

以實現人道主義和大善為共同目標，我們 SGI 的市民網絡已發展到世界一百九十二個國家與地區。戶田會長跟我一同展望的「創價學會要成為觸發人，使人自強的大地」這目標，已經逐步在實現。

我們胸懷自豪與使命感，決意以 2010 年創價學會創立八十週年、SGI 成立三十五週年為目標，憑藉對話的力量，在全球民眾間推廣友誼和連帶，構築和平與共生的社會。

邁向新的價值創造時代

2010 年 SGI 日紀念倡言

為紀念創價學會創立八十週年、國際創價學會（SGI）成立三十五週年，在我闡述所感之前，首先對這次在海地（Haiti）大地震中不幸遇難的人士表示哀悼。

除了對在地震中失去親人、友人的受災人士表示誠摯慰問之外，還衷心祈願通過國際社會全力開展的救援，海地能夠早日得到復興。

剛好一年前，在舉世矚目之中，奧巴馬高舉「變革」的旗幟，集眾望於一身，當選為美國歷史上首位非裔總統。

前年，美國雷曼兄弟投資銀行（Lehman Brothers）倒閉所導致的衝擊，讓經濟危機席捲全球，世人期待美國能藉此機會對全球發出一些變革的訊息。

奧巴馬總統上任第二個月通過的《美國復甦與再投資法案》，以能源對策等為中心創造新的就業機會，備受世人注目。

綜觀全球經濟情況，各國努力採取的對應政策，使陷於垂死狀態的金融體制恢復到小康狀態。然而，這又造成大量的財政赤字，也沒有馬上改變就業形勢的惡化。

因為經濟危機根深蒂固，要使經濟真正恢復，可能還需要很長一段時間。也有人擔憂八十年前世界大恐慌時期出現的「雙重谷底」經濟蕭條會捲土重來。

儘管如此，奧巴馬總統對近代科學技術文明所產生的惡魔——核武器發出了明確的改革呼籲。

特別是在 2009 年 4 月布拉格（Prague）的演說，他提到美國作為唯一使用過核武器的國家於道義上的責任，呼籲邁向「無核武器世界」。這是一個劃時代的宣言，為目前停滯不前的核裁軍動向帶來了一線希望的光芒。

廢除核武器一直是我至為關心的議題。我繼承恩師創價學會第二代會長戶田城聖的遺志，不斷提倡廢除核武器，在與政治領袖等有識之士進行的對談中也強烈訴說，希望能鞏固並加速這種趨勢。2009 年 9 月 8 日，為紀念恩師五十年前發表的《禁止原子彈氫彈宣言》，以「全民一心，共建無核武器世界」為題，再次發表了廢除核武器倡言。

核武器一直根深蒂固地存在於人類歷史上，作為一種負面的衝動能量深藏於人類的心中。要削減、廢除核武器談何容易，絕對是非一朝一夕能完成的艱難挑戰。

正如奧巴馬總統在諾貝爾和平獎演說中所講述般，「甘地、馬丁・路德・金（Martin Luther King Jr.）等人所實踐的非暴力，或許並不是在所有場合下都切實或可行的。但他們所宣說的愛，對人類進步的基本信念，必須成為時時刻刻都引導我們前進的北極星。」

正如甘地曾說，「善的進度如爬行中的蝸牛」，重要的是要採取既靈活又堅毅的行動。在朝向大目標前進時，最怕是決定個別政策時草率行事，招來失敗，讓期待一下子變成泡影。我希望國際社會在面對各種挑戰時，保持清晰的理想與目標，努力去克服一個個現實的課題。

⁜ 價值真空的年代

我現在要轉換一下話題，談談我更為憂心的問題：就是瀰漫在現代社會的悲觀主義（pessimism），或甚至可以說就是虛無主義（nihilism）。

一提到虛無主義，就會令人聯想到尼采（Friedrich Nietzsche）的「上帝已獨有死」宣言[1]。我們也應注意到，虛無主義並不單是歐洲獨有的理論，在亞洲思想中也可以找到很多類似的思想系譜。這裏我特別關注的是，在全球化主義的矛盾所產生的荒涼景象中，瀰漫着像瘴氣般的虛無主義這種文明病理。在日本這種趨勢至為明顯，陰暗悲觀的話題充斥於日常生活中，相信這並不僅僅源自不能指望日本經濟回復昔日那種蒸蒸日上發展的悲觀預測吧！

這種隨着社會衰退而帶來的悲觀主義和虛無主義，跟過去 1930 年代大恐慌時候人們所經歷的又有所不同。當時人們還有選擇社會主義這一不同制度的餘地。現代的悲觀主義從表面上看來是與泡沫經濟時代的喧鬧衝勁正好相反，但實際上卻像硬幣的正反兩面，兩者是一體的，只不過是隨着時

1　十九世紀的哲學家尼采（Nietzsche）將柏拉圖（Plato）以來的哲學思想，特別是失去對天主教的信仰，使許多道德價值崩潰的危機狀態稱為「上帝之死」。作家陀思妥耶夫斯基也在《罪與罰》（*Crime and Punishments*）中通過描寫沒有任何理由而殺害老婦人的拉斯科利尼科夫（Raskolnikov），提出這一文明論的課題，描繪出上帝之死是否定道德的虛無主義溫牀。

代潮流的變化，而表現出不同的面貌。

法國政治學家埃馬紐埃爾·陶德（Emmanuel Todd）一語道破以金融為主導的全球化主義的弊病，他說：「本來要把人從社會的所有枷鎖中解放出來，卻只成功地炮製出一批可怕地發抖、只能於崇拜及儲蓄貨幣之中尋求安全的庸人。」（《經濟幻想》，*L'illusion économique*）。

而從這批「庸人」的作為，可以清楚地看到拜金主義的背面，就是虛無主義。這兩種表面上處於兩極端的主義，其實無可否認正是現代文明所誕生的雙胞胎。於這個可被稱為價值真空的時代，金錢是衡量一切事物的尺度，除此以外再沒有其他價值基準。甚至在討論全球主義負面價值的貧窮或收入差距等問題時，也是以金錢作為價值基準的依據，令整個問題浮現出的只是對前途的不安，纍纍的傷痕和冷冰冰、空蕩蕩的迴響。

不容置疑的是，由於收入差距擴大，由此引發出包括犯罪及自殺等各種悲劇，這是絕不能置諸不理的。我曾反覆申訴這明確是政治責任。為了成立一個正義公平的人類社會，整頓法律和制度上的安全網是不可輕忽的。在此我要強調的是，這種外部物質條件的整頓，雖然只是一種治標的方法而絕不是根治的療法，但為了使它更為有效，我認為需要有一種精神面的支持，也就是價值觀的變革。

現代文明判斷人的價值基準，就是看他能拿到多少金錢和利益這一經濟能力。這現代文明和現代資本主義的「慾望無限大」的弊病，經過蘇聯型社會主義興亡的巨大考驗之後，其軌道仍然沒有得到修正。

近四十年前，羅馬俱樂部（Club of Rome）所敲響的《成長的極限》（*The Limits to Growth*）警鐘，通過這次的全球不景氣的痛苦教訓，相信人類應該從中學到某種教訓，理解到病理的所在吧。

單以經濟能力來作為判斷人的價值基準，也就是陶德稱之為「庸人」的價值觀，其實正是價值真空的一種佐證。我們要自問，如果僅僅從外部的物質條件來判斷，至少在現代先進國家社會中的生活，不少人的生活遠遠超過往昔王侯貴族的生活標準，為甚麼社會上仍然瀰漫着濃厚的悲觀主義和虛無主義這瘴氣呢？

⁂ 宗教的作用

成為近代文明發展最大的推動力、驅動力，不用說，就是科學技術。從科學家的立場不斷探討宗教，特別是佛教與科學的關係的泉美治如此講述：「人類以慾望這個油門來驅動知能的發動機，以宗教這個方向盤和煞車器來追求安定的生活。」（《從科學家的角度來看來世的問題》）。

如他所言，現代文明，特別是現代資本主義體系，正如馬克斯・韋伯所分析那樣，依靠新教倫理（Protestant ethics）

來勉強控制和指引着人的無限大慾望，從而保障人的安穩生活。換言之，為了甚麼而勤懇工作，為了甚麼而努力奮鬥、存錢等，於日常生活中對價值觀不斷反覆思索。如此確保着人的精神、生活方面的平衡。當方向盤、煞車器不能發揮作用時，就會剩下韋伯所講的「沒有靈魂的專家，沒有情感的享樂人」(《新教徒倫理與資本主義精神》，The *Protestant Ethics and the Spirit of Capitalism*) 的橫行。就像最近備受指責的「超級資本主義」等，當慾望與智能完全失去倫理的制約而唯我獨尊時，正是無可救藥的末期症狀。

如同引致這次金融危機到來的信用泡沫的背景，就是投機至上的金融衍生商品 (derivatives) 市場的擴大。而這商品市場是由最先進的金融工學所開發的。我懷疑在熱中於把金融市場變為賭場的人的腦海中，曾否出現過「為了甚麼」這個倫理性問題，或有否從大局上考慮過它的影響。

假如我們不制止作為發動機的科學技術失控且唯我獨尊的行動，終歸會給人類的命運帶來災難。進入二十世紀，廣島與長崎的恐怖粉碎了人類對歷史進步的信用。核武器技術發展所帶來的惡夢，清楚地證明了先進技術加上沒有止境的慾望 (尤其是佛法上稱為修羅的生命，要控制他人的生命傾向) 所帶來的不堪設想的危險性。

羅特布拉特博士在與我的對談集 (《探索地球的和平》) 中，以「絕望」這個字眼來描述當親耳聽到投下原子彈消息時的心情。事實上，曾經不止一次地，人類的未來被覆蓋上這種要湮滅所有價值的虛無主義黑雲。

現代虛無主義的另外一種威脅，在於生物科學發展的極端形態，例如對生殖系列遺傳因子進行過度操作等。正如法蘭西斯．福山（Francis Fukuyama）的《後人類的未來：生物科技革命的後果》（*Our Posthuman Future: Consequences of the Biotechnology Revolution*），或比爾．麥克基本（Bill McKibben）的《在機械化時代抱持人性》（*Enough: Staying Human in an Engineered Age*）中警告的那樣，當人類開始剷除數千年來積累的道德、宗教、文化、藝術等精神遺產時，我們將會踏入一

國際創價學會會長池田大作與帕格沃希會議的羅特布拉特博士（左）會面。博士中途脫離研製原子彈的「曼哈頓計劃」，站在反核運動的前線，與池田會長傾注全力懇談，希望為後世留下和平的信念，收錄成書《探索地球的和平》。（攝於 2000 年 2 月日本沖繩，聖教新聞社提供）

個價值不存在的「後人類」(posthuman) 時代，這並不是科幻世界而是絕對的現實。

特別是像遺傳基因操作技術那樣，於不知不覺中巧妙地利用人的利己主義，而當察覺到問題時，可能已經達到無法挽回的地步。如果說核武器技術威脅着人類的存亡，那麼生殖細胞系遺傳因子的操作就是威脅着我們的人性和作為人的權利。在兩者周圍的虛無主義的陰影，又不時以狂妄自大的自信，或是以事不關己的態度而屢次發生。

缺乏價值觀的科學技術，會成為無法控制的兇器，從根底威脅着人類社會。現在這傾向不斷失控，甚至已經到了一個沒有回頭的地步，難怪馬丁·海德格爾 (Martin Heidegger) 的技術論突然重新受到重視。他指出，真正的問題不在於技術上，而在於面對此挑戰而毫無應戰能力的我們本身。

❊「善」的辭彙和價值

法國哲學家西蒙娜·魏爾 (Simone Weil) 曾經在 1941 年的著作中感嘆道：「二十世紀前半的特徵，就是價值概念變得淡薄，甚至差不多完全消失。」她進而引述保羅·瓦萊里 (Paul Valery) 的觀點，指出特別涉及「善」的大部分辭彙已被遺忘，「如道德、高貴、榮譽、誠實、寬容等辭彙已經難以啟齒，要不，就是變成了某種虛偽卑鄙的意思。語言已經不能正當地用於讚揚人性。」(《西蒙娜·魏爾著作集》, *The*

Simone Weil Reader）魏爾把這稱為「價值感情的貧乏」。

魏爾的洞察，與她同時代的哲學家馬塞爾（Gabriel Marcel）同樣，是超越時空的普遍真理。我們很容易把她的理論與現代社會重疊，而絕對不會格格不入。更者，她所指出的社會病理，現代可能已經更病入膏肓。戰爭可說是代表人類病理的頂峰，而現代所使用的大規模殺傷性武器或恐怖活動等，其特點就是無區別的大肆殺戮。這種濫殺的暴行，完全否定他人人格的價值和尊嚴。

「創價」就是創造價值的意思。SGI 的每一位，決心向虛無主義全面挑戰，使一個將要失去的美好文明復甦。我們認為這是人類史上一個至為重要的挑戰。

撥開虛無主義的烏雲，讓奄奄一息的「善的價值」和「善的辭彙」恢復生氣。這是一個使人類精神復甦，讓一般市民甦醒的運動，促使人類通過自律去選擇行善，拒絕走向自滅的惡的深淵。正如我的小說《人間革命》的主題，是一個把重點放在人性變革，相信一個人的宿命轉換最終能轉變整個人類命運的運動。

值得高興的是，我們的機關報《聖教新聞》等各種刊物，收到了許多理解這創價運動本質、懷有共鳴並給予鼓勵的來信。

「不受時代風潮影響，《聖教新聞》以確實的哲學理念為基調的論調，才是當今時代最需要的。」

「《聖教新聞》為社會帶來活力與幸福。貫徹日本最需要重視的和平、文化、教育視點，所以得到讀者的支持。」

「《聖教新聞》是當今世界最需要的、帶給讀者鼓勵訊息的報紙。」

「托爾斯泰、歌德、雨果等是人類精神史上的巨人。在如今擔憂印刷文字不斷衰退的時代裏，經常登載這些巨人箴言的媒體，也就是《聖教新聞》了。」

大眾期待《聖教新聞》能作為突破瀰漫着悲觀主義、虛無主義這種封閉狀態的先鋒。

我友人、於 2008 年去世的作家欽吉茲·艾特馬托夫，曾以優秀文人的靈感描述到這個問題。他作為戈爾巴喬夫前蘇聯總統的左右手，是蘇聯經濟改革（perestroika）體制的見證人。在舊蘇聯時代，他一直與強權進行的審查彈壓對抗。蘇聯體制崩潰以後，他擔憂會出現更加強硬的商業主義的審查。他講了這麼一個小故事。

一個年輕的新聞工作者，投入全部財產創刊了一份優質的報紙，但在發刊第十期時停刊。這時，他的友人對他說：「你的報紙，既沒有名人的花邊新聞，也沒有故弄玄虛的道聽途說，又沒有殺人事件，想想誰會買這樣的新聞？」

艾特馬托夫接着說，與此相比，創價學會的機關報《聖教新聞》，同樣也是沒有花邊新聞，沒有捏造事件，具有相當高的文化內容，但能夠發行下去，擁有數百萬的讀者，這是一件非常了不起的事。

我們確信，開拓時代、創造價值的泉源就是宗教。現在需要的，是一種既可正視和包容科學的真知灼見，同時又能指引和控制先進技術，阻止它被誤用，帶來毀滅人類危機的宗教。

愛因斯坦宣言「神是不會擲骰子」，堅決拒絕相信所謂的宗教奇蹟。但到了晚年，他講及一種宇宙宗教，或宇宙宗教感覺。這與英國歷史學家阿諾德·湯恩比和我在對話中所談到的「至高的精神性真理」不謀而合。要進入這領域，得到明確的理解，相信需要一種甚至可以把現代科學基礎的時間與空間概念相對化和包涵起來的，一種敏鋭的感受性和對哲學宗教的直覺。

儘管如此，這種感受性並非上述這些歷史巨人的專利。只要我們把資訊化社會那些煩瑣無謂的日常喧囂放開一邊，相信所有人都有能力去欣賞真正的事實，能夠聽到他人心靈的鼓動，感受到生存的價值。

※ 注視 Here、Now

日本文學評論家加島祥造在一次採訪中的講話給人留下深刻印象。他說：「只有 here（這裏）、 now（現在）才是真正的現實⋯⋯只要對 here 、 now 熱心就可以。假如心態衰老，年紀輕輕也是個老人。」他講到，現代文明傾向於追求外在的富裕和幸福，但更重要的，就是「覺醒到自己內部豐富的潛能」。

「Here、now」確實有其妙不可言之處，那就是說「人人足下有甘泉」。愛因斯坦也曾經講過：「我的永遠就是現在這一瞬間。興趣也只有一個，就是在現在所處的地方實現自己的目的。」

這與佛教的世界觀、宇宙觀一脈相通。大乘佛教所講述的「因果俱時」、「久遠即末法」、「剎那成道、即身成佛」[2]等基本概念，也並非依據物理、歷史等的時間觀念，有別於現代科學所依據的時間或空間等次元。

尼采在他的論文〈歷史之用途與濫用〉（On the Use and Abuse of History for Life）中指出，於物理或歷史的時間軸上假設的過去或未來，雖然是一件史實，卻與現實疏遠，對生存不夠息息相關，並非決定人生的要因。

在日蓮大聖人的御書中有云：「已者，過去；來者，未來；已來之言中有現在。」（《日蓮大聖人御書全集》，787頁）雖然看起來，現在不過是過去流向未來中的一瞬，但現在這一瞬間正是包含着無限過去和永劫未來的真正現實。這現

2　因果俱時指原因與結果是同時存在的。久遠即末法指久遠元初與末法時代是相即而不二。剎那成道、即身成佛是同義詞，是指以妙法的功力，眾生可以馬上成佛的法理。《法華經》以前的諸經闡說要歷劫修行（長期的修行）後才可以成佛。

實，一邊承擔着過去的束縛，一邊為未來送上希望，正是生命深處的力量源泉。

這意味着，「現在」就是一切的起點。「這裏、現在」才是人生基本的立足點，既是人生出發點，又是終點。脱離了這一點，生活的立足點就會移動到假想的社會，成為自己所創造的先進技術的奴隸，在經濟泡沫和恐慌中徘徊。結果，現實社會反而被相對的假想現實侵蝕。我們宗教家的一個使命，就是將人類的立足點恢復到正確的位置，修正失控的近代文明軌道。

佛法中講的菩薩道，就是為社會作貢獻的一種實踐，是一種基於宇宙大生命觀的果敢行動，一心一意努力進行「善的實踐」，讓明天的世界比今天更好。

提倡「宇宙的宗教感覺」的愛因斯坦，懷着一顆「宇宙大的良心」，實踐「大我精神」，挺身於和平運動。同樣地，挑戰改革時代的先驅們都是以現在、這一瞬間為主去奮鬥，努力創出價值。他們的生命中鼓動着難以抑制的衝動，在三世十方森羅萬象的豐饒現實當中，專心致志地、果斷地挑選出「善的價值」、「善的言語」來進行創造。

正如追求學問沒有捷徑，行善也是沒有捷徑的。只有置身於現實之中，面對苦難進行挑戰的同時，在精神鬥爭的熔爐中不斷徹底鍛鍊自己。這樣才能開拓成就「善」的道路。

正如馬塞爾所說，「在個別狀況的特殊性與法則的普遍性之間，總是存在着緊張」。他指出這種緊張感覺才是「價值的原動力」(《馬塞爾著作集》六)。佛典中有教導，「淺易深難……去淺就深，丈夫之心也」(《日蓮大聖人御書全集》，330頁)。這一段可以説正是人生的珠玉之言，應終生引以為範。

要跨越精神鬥爭的熔爐，要保持這份緊張感覺，不可缺少的就是日日月月去淺就深，鍛鍊自己的堅強之心。如此，我們可以克服人的貪求安樂、逃避困難的弱點，能向着大善的理想不斷鍛鍊自己，不斷向上。

諸行無常，現實是連續不斷的變化。正如諺語所説，「士別三日，刮目相看」，不斷成長的人，三天之內也將出現某種變化。去淺就深的人，不會忽視這種變化，會敏鋭地對應，向着創造價值永不停步。

可以説，希望、勇氣、進取、友誼、親切等「善的辭彙」，正是最合適蓋於勇於打破現狀的人的「錦衣」。正因為如此，1991年我在哈佛大學的演講「『軟能』時代與哲學」中，訴説為了要作出發自良心的判斷與行動，不可缺少的就是「苦惱、內心的搏鬥、躊躇、深思熟慮、決斷」這一過程。

信仰宗教的人，最易於陷入的就是「聽天由命」的想法，把所有責任都推往一己之外，難怪會產生「宗教鴉片説」。如此，絕對不可能充當混亂時代的變革主體，也不能實踐大乘佛教所宣揚的菩薩道。

⁎ 精神鬥爭的熔爐

何塞·奧爾特加·伊·加塞特用「歷史的生命」來描寫這個持續精神鬥爭的熔爐。他如此活生生地描述：「我不相信歷史的絕對決定論。與之相反，我相信各種生命，也就是歷史的生命，是由純粹的瞬間所構成的。相對於上一瞬間，下一瞬間是未確定的，所以現實也在這一瞬間躊躇，在這個地方來回踏步，在許多種可能性之中，為應該決定哪一個而猶豫。這種哲學上的躊躇，清楚地賦予所有生命一種不安的戰慄性格。」(《大眾的反逆》，*La rebelión de las masas*)

這種「哲學上的躊躇」並不等於優柔寡斷。它意味着排除固有觀念，在不安的戰慄所帶來的緊張感之中努力「求善」的力量源泉。

這令人想起釋尊在初轉法輪時的「梵天勸請」故事。那就是，釋迦成道之後，由於知道自己所悟達的道理深奧微妙，一般人難以理解，所以躊躇應否開始說法。這時梵天出現，勸請他為苦惱人們廣為說法，釋尊才開始初轉法輪。釋尊的躊躇，與加塞特所說的哲學的躊躇，相信也是同出一轍的吧！

這種躊躇的力量，可以比喻作張弓的臂力。拉滿弓所放出的箭，會克服各種阻礙，射中「善」這個目標。那就是說，能作出哲學的躊躇的人，有力量於生活的瞬間，靈活、慎重而迅速地解決所有困難阻礙，能意識地選擇善的價值和言語，於生活上創造價值。

在長篇詩《青年之譜》中，我曾如此號召：

在每個人的哲學與思想中

和平且漸進地

進行你自身的

健全革命

至於如何選擇和決定如何行善，每個人千差萬別，如馬塞爾所説的有「個別狀況的特殊性」。但是，「去淺就深之心」、「丈夫（堅強）之心」是不會讓我們逃避困難，定會讓我們把使命貫徹到底的。

我從年輕時候就喜愛閱讀雨果的《悲慘世界》（*Les Misérables*）。在開頭的地方，描寫了米里耶爾主教與將要臨終的老激進民主主義者（Jacobinist）之間關於「正義」的激論場面。當米里耶爾主教問這個激進民主主義老人如何看待面向斷頭台仍拍手稱快的馬拉（Jean-Paul Marat），老人反問他對於迫害新教而大唱讚歌的波舒埃（Jacques-Bénigne Bossuet）又有如何想法。

可以想到，這應該是雨果借用史實描繪出自身內部矛盾對立的對話（苦惱、自問、躊躇……）。雨果在書中並沒有寫出誰勝誰負，可見對於「甚麼是正義」的設問，長期以來一直纏繞着人們，直到現在也是無法輕易解答的難題。

重要的是，我們要經常下意識地抗拒「無需理由」的暴力引誘，絕不忘記「哲學的躊躇」、「緊張感」和「持續精神鬥爭的熔爐」。人只有在這些場合，才能鍛鍊出真正的自己。

為此，他人的存在絕對不可缺少。也就是說，在耐心地、持續地鍛鍊自身的過程中，不可或缺的就是與他人的交流和對話。奧特加把能否與異於自己的他人和平共存，看作是「野蠻」與「文明」的區別。

前蘇聯總統戈爾巴喬夫，就是以言論和對話來變革當時蘇聯僵硬的政治文化的人物。在我和他的對談集《二十世紀的精神教訓》當中，我們也談到了要學習如何尊重他人，如何習慣去認同和接受他人的存在。在上述曾提到虛無主義就是一種不能接受他人，不肯承認他人也擁有跟自己一樣尊貴人格的風潮。所以我覺得，重新發現他人的存在，去認同並接受他人，正是改變這時代的歪曲價值觀念，令「善的辭彙」復甦的主要關鍵。日日月月使自己堅強起來，正是對抗虛無主義，創造有價值人生的至為有效的方法。

⁜ 有所貢獻的人生

接下來，我想討論一下如何克服世界面臨的危機，和構築真正的「和平共存二十一世紀」的策略方針。

現在，全球經濟危機為許多國家帶來了深刻的影響。更令人擔心的是，經濟危機令世界很多國家開始對為解決貧困、環境等全球性問題的國際合作裹足不前，甚至產生後退的現象。我們要阻止經濟危機令悲觀主義擴大、進而引起更多其他危機的惡性循環。

關於全球變暖問題，雖然自 2013 年以後削減溫室氣體的國際框架毫無具體進展，但也不是沒有一絲的希望。例如，聯合國環境規劃署（United Nations Environment Programme, UNEP）所號召的植樹運動，直至去年為止共植樹七十四億棵。實際上，從小學生至國家元首，有數百萬人參加了植樹活動，新植樹木的數目相當於全世界每個人都種了一棵樹。

聯合國環境規劃署在 2008 年樹立起的溫室氣體排放量盡量趨向零的「氣候中和網絡」（Climate Neutral Network），也得到很多國家與地方自治體、企業、非政府組織，以及大學和教育機關的參與。由此證明，雖然於國家層面交涉難有進展，但通過各種自發的團體和個人行動，一種新角度的國際合作正在挑戰突破厚厚的障壁。

今年 2010 年將會是解決全球性問題的關鍵年份，各種重要會議陸續舉辦。5 月會召開《不擴散核武器條約》審議大會（NPT Review Conference），9 月又會舉行「千年發展目標」（Millennium Development Goals）[3] 特別首腦會議。

3　2000 年 9 月通過的《聯合國千年宣言》等總結了國際社會應該達成的所有目標。以 2015 年為期限，達成消滅貧窮和飢餓、普及初等教育、促進兩性平等、降低兒童死亡、改善產婦保健等八個領域、十八個專案的目標。

如何險峻的山峰，也一定有通向頂峰的道路。即使眼前有懸崖峭壁阻擋，也絕不放棄，尋找道路一步一步向上攀登。重要的是，能否把眼前的危機當作變革時代潮流的大好時機。只要有堅強的意志，我們定能把逆境變為成長的好機會。

八十年前，創價學會在大恐慌震撼世界的混沌黑暗時代誕生。當時國民對前景充滿不安，人心惶惶。就在此時，初代會長牧口常三郎呼籲世人，要從獨善其身或依靠他人的生活方式，轉變為他人貢獻的生活方式（《牧口常三郎全集》五）。他反對受周圍環境和時代操控支配的消極生活方式，也反對只顧自己不管他人死活的生活方式。

他推崇一種正如佛典教導的「為人點燈，明在我前」的生活方式。只有在社會中推廣這種利他也利己的生活態度，才能撥開混沌黑暗世紀的烏雲，迎來晴朗的明天。

繼承初代會長牧口的，就是第二代會長戶田城聖。他宣言要從世界、國家、個人生活上消除「悲慘」這二字，全力以赴推廣這思想，努力構築尊重生命尊嚴的和平民眾聯盟。

在解決現代全球性問題時，我確信至為重要的，就是改變我們的生活方式。正如牧口與戶田兩位會長所強調，以人類利益、地球利益為立足點，不是處於旁觀者的立場來議論未來應該如何如何，而是以「現在自己應該採取甚麼行動」的當事者意識，從各自的立場去參與改變歷史這偉業。也就是說，要使這種自發的為他人貢獻的生活方式，成為新時代的精神與潮流。

基於以上的共識，我要就兩個領域提出一些具體方案。首先就是不斷威脅人類存亡、無視人性的核武器問題。接着就是貧窮等極之腐蝕人類尊嚴的地球社會的扭曲構造。

※ 邁向沒有核武器的世界

在 2009 年 9 月所發表的倡言中，為了構築沒有核武器的世界，我提出了推進指向全面廢除核武器的裁軍、不依靠核武器維護安全等五個方案。同時，作為一貫信條，重申為了給核武器時代畫上休止符，真正的敵人不是擁有或開發核武器的國家；真正要對決、克服的，是為了達成一己的慾望，不惜以任何手段毀滅對手的「包容、認可核武器的思想」。

接下來我要提出三個步驟，來徹底消除這種「包容、認可核武器的思想」，踏實地推廣廢除核武器的浪潮。

第一是基於現行的《不擴散核武器條約》，制定「不使用核武器」的法定義務，來形成縮小核武器作用的基本制度。

第二是在國際刑事法院（International Criminal Court）管轄的戰爭犯罪條款中，新加入「使用及威脅使用核武器」一項，明確說出核武器實際上是「不能使用的武器」。

第三是以聯合國憲章為基礎，促使聯合國大會及安理會共同為全面廢除核武器而努力。

雖然這些都不是容易實現的課題，但既然都具備了現存的基礎，所以絕不是不可能的挑戰。我希望 5 月舉行的《不擴散核武器條約》審議大會上，首先以今後五年為期限全力實現上述的三個提議。而在原子彈轟炸七十週年的 2015 年，帶有畫上核武器時代休止符的意義，在廣島和長崎召開廢除核武器首腦會議。

⁂ 擴大「不使用核武」的範圍

到目前為止，並不存在任何禁止使用核武器的條約，而能填補這一法律空白的，我認為就是無核武器區（NWFZ）的設置。2009 年，中亞和南美的無核武器區開始生效。接着就是拉丁美洲和加勒比海、南太平洋和東南亞。有如此多政府決定在所屬的地區排除核武器，實在是意義重大。

《不擴散核武器條約》的序文強調「需要竭盡全力避免發生這種（核武器）戰爭的危險，並採取措施以保障各國人民的安全」。雖然《不擴散核武器條約》已經生效四十年，但很明顯的是，有核武器國並沒有履行自己的義務。

《不擴散核武器條約》本來並沒有賦予這些國家永久擁有核武器的特權。問題是，持續以核武器為威脅政策的有核武器國的態度，直接帶來垂直的擴散（開發核武器的競爭），和水平的擴散（散播核武器技術至其他國家或團體），這些都令《不擴散核武器條約》的基礎大大動搖。

現在，有核武器國應該共同構思一種「無核武器世界」

的藍圖，切斷以武力克制武力的惡連鎖，改變依靠恐怖均衡維持安全的心態。世界需要一種新思維，一種通過共同努力去構築安全放心、和諧共處社會的精神，並把它向世界推廣開去。

在這裏，作為對有核武器國的試金石，我強烈提議，在5月《不擴散核武器條約》審議大會上，有核武器國承諾以下三個條約，並應承在2015年以前付諸實現。

一、不對已加入《不擴散核武器條約》且遵守其條約義務的無核武器國使用核武器，並為這「消極安全」的承諾予以法律約束力。

二、商議把「相互間不使用核武器」的承諾條約化。

三、在還未成立「無核武器區」的地方，作為其前期階段，努力成立「宣言不使用核武器區」。

我完全了解到要實現這些條約是如何的困難，尤其是第二和第三點。但我也要指出，對於有核武器國來說，這是他們在擁有核武器的前提下唯一能作出的政治性決斷。

關於「相互間不使用核武器」這點，假設僅僅美俄之間能簽訂這樣的協議，毫無疑問會成為劃時代的分水嶺。這樣可讓兩國及其同盟國大幅度減少假設的威脅，修改他們在外國佈署核彈頭及導彈防禦計劃，進而逐漸解決核保護傘問題。

正如以日本、澳洲為主導的「核不擴散和裁軍國際委員會」(International Commission on Nuclear Non-proliferation and

Disarmament）上月發表的報告書那樣，要求重新檢討傳統核武器政策的意見，許多都是來自核保護傘下的國家。

成立「宣言不使用核武器區」，可以推進全球無核武器化，防止大規模殺傷性武器擴散及核武器恐怖活動。這個制度的主要着眼點，是在有核武器國及依存於其保護傘下的同盟國所在區域內，擺脱由於相互威脅所帶來的恐怖的武力均衡狀態。如同冷戰後美國與前蘇聯各國之間為了減少威脅而成立的《減少威脅合作計劃》（Cooperative Threat Reduction Program）[4]那樣，各國間能就這目標共同合作。

遺憾的是，現在的《不擴散核武器條約》並不具有減少相互威脅，令彼此安心的構造。如果各個地區就上述三點能夠開始商討並使之實現，令制度有所改進，其他國家會感到與其處於制度外而加深孤立，倒不如參與能提供確保安全與安心環境的條約，這樣也會減少開發或擁有核武器的動向。

假如這項兼顧物質與精神兩方面的安全制度，能在各地不斷擴張開來，將一向依存核武器保護的國家，以及北韓、伊朗，甚至連《不擴散核武器條約》領域外的印度、巴基斯坦、以色列都納入在這範圍內，這將會成為邁向全球無核化

4　伴隨 1991 年前蘇聯解體，以核武器為主的大規模殺傷性武器有關物質及技術向外國流出而造成問題。為了防止核武器擴散及削減其威脅，以美國為中心的西歐各國所採取的政策。以俄國為首的前蘇聯各國為對象，除向其提供解體核武器的資金及技術合作以外，還對在舊軍事設施工作的科學家及勞動者提供工資補助金。

的突破口。

在制訂「宣言不使用核武器區」時，更理想的是各國能同時批准如下的條約：《全面禁止核試驗條約》、《制止核恐怖主義行為國際公約》、《核材料實物保護公約》、《禁止生物武器公約》、《禁止化學武器公約》等。將來，也希望能加上《禁止生產裂變材料條約》。

美國前總統甘迺迪曾說：「實現和平並不是像用一把鑰匙打開一把鎖那樣簡單，也不是靠一兩個國家勢力的強大或魔術般的公式。真正的和平必須是由許多國家的合作，由許多措施結合起來才能實現的。」(《甘迺迪總統演說集》)。

我在去年 9 月的倡言中，主張參加商討北韓核問題的六方會談成員國，包括中國、日本、北韓、俄國、南韓和美國，在東北亞設置「宣言不使用核武器區」，使該地區逐步無核武器化，這其中也包括促使北韓放棄開發核武器。我同樣強調希望長期處於緊張狀態的中東及東南亞等地區也開始深入商討同樣的制度。

⁂ 明確認清使用核武器的違法性

我第二個提議是明確認清使用核武器的違法性。

到目前為止，全面禁止大規模殺傷性武器的開發、製造、擁有及儲藏、轉移、取得等條約雖然存在，但只限於生物及化學武器的領域。1925 年，鑑於第一次世界大戰使用毒氣武器造成許多犧牲，禁止使用生化武器的《日內瓦議定書》(Geneva Protocol) 得以成立。當時雖然還未達到全面禁止的地步，但已經為後來的全面禁止條約開闢了道路。

議定書基於國際輿論對於使用化學武器的責難，指出禁止使用「普遍地被承認為國際法的一部分，約束着各國的良心和行為」。議定書也同樣禁止使用生物武器。

今天，許多國家都忌諱化學武器及生物武器。豈止是使用，就連擁有類似武器本身也可令一國於國際間惡名昭彰。既然生物、化學武器已經取得了如此的國際共識，對於最不人道的核武器，更有必要早日建立同樣的國際共識。

去年 9 月在墨西哥召開聯合國新聞部/非政府組織年會，SGI 代表也有出席。會議上，聯合國秘書長潘基文強調説:「核武器是違反道義的，不應該給予任何軍事價值。」於現今這時代，世界各國領導人應該認清核武器的違法性，以及不能用於軍事上的性質。

我認為，如同實現全面禁止化學、生物武器的經過那樣，為給核武器畫上休止符的關鍵，就在於首先確立關於「禁止使用」的規範。

半個世紀前的 1957 年 9 月，恩師戶田第二代會長發表了《禁止原子彈氫彈宣言》，指出核武器是絕對惡，在任何情況下都絕不能使用。之後，聯合國大會通過了一連串決議，指出使用核武器就意味着對人類和文明的犯罪，但是沒有成功地樹立起明確的法律規範。

1996 年，國際法院 (International Court of Justice) 對使用並威脅使用核武器提出諮詢意見，指出這是違背人道法的原則及規則的行動，但對於用在「國家生存瀕臨危機這一極端狀況時的自衛」這點，就沒有明確否定。只要於極端狀況時可否使用的問題未被澄清，則核武器正當化的餘地還繼續被保留，因此有必要確立絕對不可使用核武器的明確規範。

維拉曼特里 (Christopher Weeramantry) 法官，也是國際反核武器律師協會 (International Association of Lawyers Against Nuclear Arms) 會長，曾是審理上述諮詢意見的法官之一。當時他曾提出了一個個人的意見，指出「無論在任何情況下使用、威脅使用核武器都是違法的」，更在他的著作《國際法的普遍化》中，指出「法律的信念由人們的視點構成」，強調民眾的聲音是使國際法更普遍的一個重要關鍵。

回首有關核武器的歷史，我們可以看到，每當遇到一觸即發的危機時，在領導人們心中產生的糾葛、自制，加上不讓核武器的悲劇重演的國際輿論高漲，往往打破了一個又一個的僵局。

古巴導彈危機時，雖然美蘇兩國處於核戰爭邊緣，由於兩國領袖察覺到核戰爭的危機，以及以萊納斯·鮑林博士等科學家為首的市民運動高漲，導致 1963 年兩國第一次簽署《部分禁止核試驗條約》(Partial Test Ban Treaty)。

另外，有鑑於切爾諾貝爾（Chernobyl）核電站核洩漏事故的悲慘結果，一連串的美蘇首腦會談，促使雙方於1987年簽署首條同意削減核武器的《削減中短程導彈條約》（Intermediate-Range Nuclear Forces Treaty）。當時八十年代於歐洲各地反對部署導彈的運動，也積極地轉換了一貫的政治方針。

尤其在第二次世界大戰剛結束的時候，很多國家認為核武器只是一種殺傷力極強的常規武器，使用核武器是理所當然的。鑑於這種世情，雖然上述的這些條約只是非常初步的成功例子，但這也顯示出國際社會對絕對不能使用核武器、必須減少核武器威脅的意識已經愈來愈強了。

不管理想與現實的差距有多大，我們完全不需要失望和放棄。全世界民眾理應聯合起來，創造填補這一差距的新現實。《禁雷公約》及《集束彈藥公約》，就是這些世界民眾共同創出的結晶。

去年，我曾倡議志同道合的人民、團體、宗教界、思想界、世界各大學、學術機關等，共同與聯合國組織合作，展開一個「對廢除核武器表示支持的世界民眾宣言」運動。同時，作為這運動的一環，我呼籲國際刑事法院修改規約，把使用和威脅使用核武器正式認定為戰爭犯罪。

我們要以廣島、長崎被原子彈轟炸七十週年的2015年為目標，把「廢除核武器」推廣為人類共同的規範。通過確立這一規範，開拓原子彈受害者以及世界所有人盼望的全面廢除核武器的道路。

1998 年，在研討修改國際刑事法院規約的討論階段，各國都主張把使用核武器定為戰爭犯罪行為，但最終還是沒有被採納。我在翌年 1999 年的和平倡言中，呼籲應該要再次商討此點。2009 年 11 月，在第八屆國際刑事法院羅馬規約締約國大會上，墨西哥提出了這個問題，並決定了今後將設立工作部門，與其他修改案一起共同進行研究和討論。我非常歡迎如此的進展，以及期待今後的結果與佳音。

在進行研究和討論時，我認為應該積極呼籲不屬於國際刑事法院締約國行列的國家，特別是有核武器國參加旁聽。重要的是，讓更多國家對核武器威脅及其非人道性進行更加認真深入的議論。這次修改的目的，不是去決定如何懲罰使用核武器的國家，而是去樹立「無論有怎樣的理由也絕對不能使用核武器」的規範。

近半個世紀以來，我們 SGI 以戶田第二代會長的《禁止原子彈氫彈宣言》為原點，不斷訴說核武器威脅與其非人道性，展開呼籲廢除核武器活動。從發表《禁止原子彈氫彈宣言》五十週年的 2007 年開始，新制定了「廢除核武器民眾運動十年」，協助國際防止核戰爭醫師組織（IPPNW）所推進的國際廢除核武器運動（ICAN），為實現「禁止核武器條約」而努力。毫無疑問，修改國際刑事法院規約，把使用核武器定為戰爭犯罪，正是讓制定廢除核武器條約運動加速所需的突破口。

自2010年初，日本創價學會以青年部為中心，通過草根對話來啟發年輕人意識，展開要求制訂該條約的署名運動，準備在5月的《不擴散核武器條約》再研究討論會議上向聯合國呈交。青年的特質，就是不論遇到多大的困難，也不被現實吞沒，貫徹宏大的理想。假如實現廢除核武器的關鍵在於爭取絕大多數民意的話，青年於這方面的團結正是改變時代的最大動力。

從2007年起，SGI曾在二十二個國家的五十多個城市舉辦「從暴力文化到和平文化：人的精神變革」展，也製作了五種語言版本的DVD《和平的吶喊：廣島、長崎原爆受害婦女體驗談》。為了實現恩師戶田城聖的遺訓，我們會繼續通過這些教育途徑，來掀起一股不可抗拒的全面廢除核武器的潮流。

⁂ 以聯合國憲章第26條來推進裁軍運動

我的第三個提議是基於《聯合國憲章》，聯合國大會與安全理事會聯合推進全面廢除核武器運動。

現在，伴隨着去年第一次《戰略武器削減條約》的期滿失效，美國和俄國準備開始締結新的核裁軍條約。但是，就算兩國同意大幅度削減，世界上依然儲存着大量的核彈頭。

為了真正削減核武器，不僅是美俄兩國，所有有核武器國都應該被囊括入核裁軍框架之中。其中一個方法就是，參照這些國家都需要遵守的《聯合國憲章》，以此為基礎繪出廢除核武器所需的路線圖，並呼籲這些國家去履行其中的事項。

《聯合國憲章》第 11 條指出，「大會得考慮關於維持國際和平及安全之合作之普通原則，包括軍縮及軍備管制之原則；並得向會員國或安全理事會或兼向兩者提出對於該項原則之建議。」

另外，第 26 條明確記載：「為促進國際和平及安全之建立及維持，以盡量減少世界人力及經濟資源之消耗於軍備起見，安全理事會借第 47 條所指之軍事參謀團之協助，應負責擬具方案，提交聯合國會員國，以建立軍備管制制度。」

到目前為止，聯合國大會以第 11 條為基礎，積極開展了各種各樣的裁軍活動。相比起來，安理會並沒有充分發揮其作用，實際上第 26 條是一直處於冬眠狀態之中。這正顯示出，為何去年 9 月安理會首次召開的以「核不擴散與核裁軍」為主題的首腦會議是如此重要的。既然安理會的五個常任理事國都是有核武器國，那麼在執行該會所通過的「構築無核武器世界」決議的過程中，應該當先負起責任去設立可供進行多邊廢除核武器會談的管道，例如在聯合國秘書長出席的情況下定期召開相關的首腦會議。

聯合國大會也可以在這當中發揮作用，基於其至今為止所通過的所有廢除核武器決議，每年對安理會發出提案，要求該會實踐至低限度的核裁軍，來履行其義務。為了使這些提案更具道義上的威信，大會可以在提案中附加明確記錄各國至今為止在緩和緊張世局或核裁軍方面的成果報告。

雖然廢除核武器本該是有核武器國的責任，但無核武器國也不能只是袖手旁觀，等待有核武器國去商討裁軍方案日程。無核武器國可以率先行動，帶起廢除核武器的世界潮流，向有核武器國施加壓力，以期早日實現目的。國際法院諮詢意見中清楚地講出：「追求實際的全面與徹底的裁軍，尤其是核裁軍，需要所有國家的共同合作。」

在聯合國大會的決議中反映渴求核裁軍的國際輿論，可以激發許多國家積極地去緩和彼此間的緊張狀態。正如哥斯達黎加於 2008 年向安理會提出的主張那樣，遵照憲章第 26 條的規定，限制軍備的存量，「來解決極惡的軍備競賽，這個問題在世界許多地區似乎正在加劇，並與其他社會支出及包括『千年發展目標』在內的國際發展目標爭取優先受考慮地位，還對人類安全帶來負面影響。」(哥斯達黎加常駐聯合國代表給安全理事會主席的信)

現今各國應共同致力於解決面臨的貧困、環保等種種全球性問題，而軍備預算只會過分地犧牲地球上有限的人力和經濟資源。尤其是核武器，非但不能有助於解決任何地球上的課題，只會使之更趨惡化，是萬惡的元兇。

帕格沃什科學與世界事務會議（Pugwash Conferences on Science and World Affairs）的達納帕拉會長，和蒙特雷國際研究學院（Monterey Institute of International Studies）所屬的不擴散研究中心（Center for Nonproliferation Studies）的劉易斯（Patricia Lewis）副主任，都是國際有名的裁軍專家。在他們共同執筆的一篇聯合國裁軍研究所（United Nations Institute for Disarmament Research）報告的前言中，呼籲於任何的裁軍討論中，無論討論的是大規模殺傷性武器還是小型武器，都要把人類安全列為首要，並指出：「我們要把裁軍回歸正位，放在以人為本的安全構思的中心。裁軍是一種人道主義的活動。」

基於如此的原則，我呼籲要通過所有可行的手段，去行使聯合國憲章第 26 條，使安理會實踐其裁軍義務，切實加強廢除核武器及世界非軍事化的潮流。

作為原子彈受害國，日本十多年來在聯合國大會上一直提出廢除核武器的決議。高舉無核武器三原則及限制武器出口三原則，我期待日本一邊堅持這兩套原則，一邊作為反核武器旗手發揮領導作用。

去年 11 月，日本與美國共同發表聲明，指出要積極研究達成全面廢除核武器的條件。今年的一年，日本作為聯合國安理會的非常任理事國，應當強烈呼籲美國等有核武器國於裁軍上努力作出發展，擔當起建設廢除核武器道路的作用。

⁕ 邁向人類尊嚴時代

接下來，我準備論述如何扶正經濟危機所引起的、威脅人類尊嚴的地球社會的歪曲現象。

受經濟危機影響，去年發展中國家的經濟成長率大幅度緩慢下來，世界整體自第二次世界大戰以來首次出現負增長值。社會弱勢羣體受到的打擊尤其嚴重。假如不為他們作出必要的援助，相信世界各地將會出現各種新的人道危機。

一直以來我不斷強調，為了保護人的生活與尊嚴不受經濟危機威脅，為了保障人類安全，要設置一個國際安全網絡。與此同時，作為長期的解決方案，要幫助個人自強起來。作為第一步，我要就僱用和婦女兒童的自強問題，在此提出具體的方案。

⁕ 工作：自尊的基礎

首先，我呼籲各國政府謀求改善失業狀況，尤其在僱用年輕人方面。根據 2009 年 6 月國際勞工組織（International Labour Organization）通過的，關於就業的《全球就業協議》（Global Jobs Pact），國際社會要努力支援，使發展中國家的就業情況得到安定。

去年全世界的失業人數達到二億一千九百萬人，創下歷史上最高記錄。重要的是，我們要更深一層去體會到這些驚人數字背後的民不聊生慘狀。努力消除社會上蔓延的不安與窮困，明確地是政治的責任。

失業對於年輕一代的影響特別大。當他們正準備踏進社會時，假使找不到工作，或突然失去工作，在陷入經濟困難的同時，他們更會產生一種社會不需要自己的不安，對未來感到悲觀，甚至連生存的意願也隨之減弱。另一方面，雖然有工作，但是被強迫接受低賤或非人道的條件，人會失去自尊。又，工作不安定，人也無法計劃自己未來的人生。

世界勞工組織明確指出「勞動不是商品」，「工作應該是尊嚴的源泉」，呼籲要對所有人給予有價值、合符人道的工作。2009 年 9 月在美國匹茲堡（Pittsburgh）舉行的二十國集團（G20）首腦會議上，出席者發表共同聲明，指出「在世界經濟完全恢復到健全狀態、世界上勤奮的家庭可以找到合理工作為止，我們是不會停止工作的。」1929 年經濟大恐慌引起的不景氣狂潮，給毫無準備的平民百姓帶來難以估計的衝擊，令社會益發混亂。我們絕不能讓這悲劇重演。

世界勞工組織曾警告説，假如各國政府過早停止原先為對應當前經濟危機而設的支援措施，這將致使就業市場的恢復延遲數年，並打擊正在恢復的脆弱經濟。所以各國政府必定要抱持緊密聯繫，繼續執行政策去擴大就業機會，來配合《全球就業協議》。

在這裏，我提議於今年預定召開的二十國集團各國勞工部長大會上，設置由二十國集團管轄，專門推進「體面勞動」

和《全球就業協議》的特別小組。如此可讓二十國集團擔負起恢復世界就業市場的牽引角色，直到就業危機被解決為止。

✻ 婦女：建設更美好未來的主角

我的第二個提案，是以擴充婦女教育為中心，使有可能無法於 2015 年之前實現的聯合國「千年發展目標」回歸正軌。這次的經濟危機，牽連到許多無辜的發展中國家。這不單只阻撓他們對貧困的鬥爭，還把處於邊緣地帶的人們推進新的貧困深淵。聯合國秘書長潘基文呼籲各國，在距離實現目標期限只有五年的今天，應該面向 2015 年做出最後的努力，但這需要先進國家比現在更積極地進行支援。

關於「千年發展目標」的特別首腦會議將於今年 9 月召開。我認為這會議提供絕好機會，讓各國檢討修正合作體制，更努力去實現一個讓地球上所有人都能享受尊嚴，發揮自己最大可能性的時代。

在這裏我倡議首先以「擴充婦女教育」，來作為促進所有發展的突破口。「千年發展目標」中關於貧困、飢餓等問題的條款，都與婦女本身有直接關聯。假如我們能促進男女平等，讓婦女自強起來，必定可以恢復並加速達到目標的氣勢。

過往調查指出，假如母親接受過初等教育，她們的孩子能活到五歲以上的生存率，比起沒有接受過教育的母親的孩子高出兩倍，同時孩子的營養狀態及入學率都有改善。所以，婦女教育可能是終結貧窮的惡性循環的最大關鍵。另外，長期推進婦女教育的國家，在經濟發展方面也超越其他國家。

教育一名婦女，讓她懂得自強奮起，不僅她本人，還有其家族及孩子們，乃至整個社會的未來也充滿光明。教育是有着如此巨大的影響。

以聯合國兒童基金會（UNICEF）為主導的聯合國婦女教育倡導等計劃，在推進婦女初等教育領域取得顯著成果。指向 2015 年，我們應該更努力發展這一趨勢，讓更多婦女可以接受及至中等或以上的教育。

這裏我想提出免除發展中國家部分的債務，作為其發展婦女教育的預算，設立國際性的「婦女未來基金」的方案。

婦女經常面臨着各種威脅與挑戰。給予她們更廣的教育機會，能幫助她們自強不息地振奮起來，向困難挑戰，在改變人生方向的同時，也可以創造出一個更美好的社會。撒播這自強能力種子，正是當務之急。

創價學會初代會長牧口，本着婦女才是未來理想社會的建設人的信念，在一百年前婦女地位極端低微的日本，為普及婦女教育傾注滿腔熱忱。他為小學畢業後因某些原因不能繼續接受中等教育的婦女設立函授教育組織，並親自編輯教材及刊物。另外，他為那些家境貧寒的婦女免費提供設施，教授她們當時在女子教育中佔重要席位的裁縫、刺繡等手藝。我繼承了這一精神，在設置創價大學函授教育部的同時，創辦了創價女子短期大學。

婦女在 SGI 的全球性和平運動中也佔了非常重要地位。日本創價學會婦人部和平委員會，得到和平學者埃莉斯・博爾丁博士參與，創作了一個「和平文化與婦女」展，同時也於各地區主辦和平文化討論會等，來喚起一般人對和平文化的關心。通過各種努力，決心要使「婦女才是和平創造人」這牧口會長的信念得以在現代復甦。

這理念也正好與 2000 年 10 月聯合國安理會通過的第 1325 號決議案[5]的精神共通。這項決議的最大意義，在於由聯合國在二十一世紀啟程時向世界發出「婦女的參與對實現持續和平非常重要」的訊息。就決議的意義，我曾與為實現該決議而盡力的安瓦爾・喬杜里前聯合國副秘書長交換了意見。他指出婦女的參與會使和平文化更結實地扎根。

在 2009 年 9 月聯合國大會上，通過決議合併處理婦女問題的四個組織：聯合國婦女發展基金 (UN Development Fund for Women)、提高婦女地位司 (Division for the Advancement of Women)、性別問題和提高婦女地位特別顧問辦公室

5 聯合國安理會於 2000 年 10 月通過的決議，內容涉及戰爭對婦女的影響、解決糾紛及維持和平中婦女的作用等。決議要求加強對婦女犯罪的追訴、加強對處於糾紛中的婦女及少女的保護，讓婦女有平等參加維持促進和平與安全活動的權利。

國際創價學會會長池田大作與聯合國副秘書長喬杜里（左）就 21 世紀聯合國的使命與「和平文化」的重要性展開對話，二人出版對談集《創造新地球社會》。（攝於 2006 年 8 月日本東京，聖教新聞社提供）

(Office of the Special Adviser on Gender Issues)、提高婦女地位國際研究訓練所 (UN International Research and Training Institute for the Advancement of Women)，為推進男女平等創設了一個更具機能與權威的新機構。

我希望這新機構能協助實現安理會第 1325 號決議，推進女子教育，來助長婦女自強意識。

安理會第 1325 號決議究竟滲透到甚麼程度，可以從婦女參與和平的實際情況上看出來。在聯合國建設和平委員會 (UN Peacebuilding Commission) 推進布隆迪 (Burundi) 與塞拉里昂 (Sierra Leone) 復興事業中，可以明確地看到決議在發揮效用。另一方面，贊同和平的全球署名運動中婦女只佔

2% 以下，而參與談判的還不到 7%。

今年剛好是第四屆世界婦女大會上通過的、作為婦女政策國際基準的《北京行動綱領》的十五週年，也是安理會通過第 1325 號決議的十週年。故此，我們要把 2010 年作為一個突破的年份，讓婦女自強運動在全球有更飛躍的發展。為此，希望能有更多國家參與「1325 號決議之友」的志願運動，以此為中心把決議更落實。希望在這些關聯的會議上，大家通過討論提出更多的建議，使婦女於和平建設中發揮出真正的力量。

※ 兒童：人類共有的至寶

我的第三個提案，是保護兒童的生命與生活，來增強「和平與共生的二十一世紀」的基礎。

無論是先進國家還是發展中國家，當社會面臨危機時，兒童都是最受影響的一羣。

現今經濟遇到危機，各國呈不景氣現象，國家財政及家庭收入緊縮，會使兒童營養與保健情況惡化，以及增加停學去打工的兒童。

因此我希望學校能成為保護兒童免受各種威脅的場所、成為確保「人類安全」的中心，負起責任培養兒童成為肩負「和平文化」的下一代。

1995 年，世界衛生組織（World Health Organization,

WHO）已開始「推進全球學校健康」（Global School Health Initiative）活動，把學校作為增進兒童健康的中心。2000 年，這一活動由世界衛生組織、聯合國兒童基金會、聯合國教科文組織和世界銀行這四機構共同繼承，發展為「FRESH」（Focusing Resources on Effective School Health，集中資源有效實施學校健康教育）框架，通過教導如何過健康生活，提供有營養膳食等，來提高及整頓學習環境。

聯合國世界糧食計劃署（World Food Programme）通過四個世紀以上的經驗，證明學校膳食配給計劃對於保護兒童的健康與未來非常重要。聯合國兒童基金會提倡一種「愛護兒童的學校」，支援建設防震抗颱風的學校，呼籲要使學校成為兒童遇到危機時的避難所，一個使他們能恢復正常心態，治癒心靈創傷的地方。

我希望聯合國根據各機構以學校為中心開展的各種活動經驗及實際業績，能發展為一個計劃，讓學校成為推進人類安全和建設和平文化的中心。

近年兒童的能力開始受到重視，不僅僅局限於受庇護的立場，令他們覺醒成長，成為「變革的使者」。我們要創造一種環境，使這些未來的主人翁成為變革的主體，改變人類的悲劇歷史。

今年是「為世界兒童建設和平與非暴力文化國際十年」最後一年。從明年起，作為繼續這一活動的形式，要在全球廣泛開展以學校為中心的「和平文化」運動。聯合國在1999年通過的《和平文化宣言和行動綱領》(Declaration and Programme of Action on a Culture of Peace)中，其中一個項目是：「確保兒童從幼年開始，就受益於有關價值觀念、態度、行為模式和生活方式的教育，以使他們能本着尊重人的尊嚴、容忍和不歧視的精神和平地解決任何衝突。」

我希望能以這項目的精神作為指標，去培育兒童在生命和尊嚴受到威脅時的應對能力，鼓勵他們以對話而不是暴力去解決問題。我們要利用所有場所，包括家庭、學校、社區等去教育孩童，使他們成長為尊重自己以及他人權利和尊嚴的成人。為了使和平文化在社會扎根，兒童是一個重要的關鍵。

為了擴大和平文化，不僅僅需要聯合國和政府繼續努力，也需要市民社會的不斷合作。我們要在價值觀、行動及生活方式各方面努力推進啟蒙運動。

作為牧口會長精神的接班人，我們SGI一直以來強調兒童的幸福，正是衡量社會有否解決各種問題的尺度。

鑑於1989年通過的《兒童權利公約》(Convention on the Rights of the Child)，我們在日本舉辦了「世界兒童與聯合國兒童基金會」展、「兒童人權」展的巡迴展覽。又於1996年起在美國各地主辦「兒童權利及現實」展。另外，作為支援國際十年的一環，從2004年起在各國舉行「為世界兒童建設和平文化」展；從 2006 年起在日本各地舉辦「和平文化與兒童」巡迴展。

兒童是來自未來的使者、全人類的至寶。在他們胸中灌輸勇氣與希望，直接影響未來世界的和平。我們今後也將以這個信念為基礎，建設一個「兒童第一」的世界。

歷史學家湯恩比博士曾經強調：「命運並不需要我們讓歷史重演。歷史向我們敞開大門，通過我們自身的努力，能為歷史寫上一些前所未有的新篇章。」(《經受考驗的文明》，*Civilization on Trial*)。

今年創價學會迎來了創立八十週年，SGI 成立三十五週年。我們的歷史不可被時代的激流沖垮，要通過民眾的雙手去挑戰創造價值。時代愈是黑暗，我們愈要努力成為打破混濁黑暗的一絲光芒。這就是在一百九十二個國家與地區的 SGI 成員的挑戰與自豪。

繼承初代會長牧口常三郎的「要過一個為自他作出貢獻的大善生活」的精神，以及二代會長戶田城聖的「從地球上消除悲慘二字」的誓願，我們會繼續通過對話運動，去喚起各人生命中的善意。相信這就是於地球上建構和平與人道大聯盟的最佳方法。

奏響創造性的生命凱歌

2011 年 SGI 日紀念倡言

正值二十一世紀第二個十年的開幕之際，我要在這裏闡述一下對世界面臨的各種問題的看法，以及甚麼是最有效的解決方法，來促進實現一個和平社會。

❊「無緣社會」蔓延

去年發生了一件震撼全日本這長壽社會的事件。7月於東京都足立區，一位被認為是日本最長壽老人的一百一十一歲男性，被發現死在家中的床上，屍體呈現乾癟狀態。後來經過檢查表明，這男性早在三十多年前就已經去世。這事件令全國的自治體發生警戒，開始對高齡老人進行是否仍然生存的調查，接連發現本來應該接受祝賀的許多百齡老人卻不知去向的事實。儘管在政府記錄上這些人仍然生存，但事實上卻不知道是生是死，不知所蹤。有些家人還涉嫌隱瞞老人死亡的事實來非法冒領養老金。

這調查結果對被稱為長壽社會的日本來說，是一個意想不到的衝擊。正如最近常用「無緣社會」一詞來形容社會上冷漠的人際關係，上述的例子正是缺乏人際交流的一個極端表徵，令人不禁為之毛骨悚然。

佛教的「緣起論」教誨，日常生活的一切都是由人與人，或人與環境之間的「結緣」所構成。上述的一連串事件，清楚地提醒我們這「結緣」所呈現的危機。隨着家屬、社區間人際交流的減少，社會中孤獨無朋的人口將不斷增加，對前途持悲觀態度的年輕一代及中、老年人絕非少數。

造成「無緣社會」的其中一個主要原因，就是「極端缺乏人際往來」，和作為最佳交往手段的語言沒有充分地發揮作用。其背景雖然可數到嚴峻的經濟危機和小家庭化等許多問題，但也不能否認這是由於資訊社會飛快發展所帶來的弊病。資訊化的負面，就是信息量大增後的反效果：產生語言的空洞化，令語言失去了原有的份量和深度，變得如同漂浮着的記號那樣輕薄。這必然令人的語言能力衰退，同時也令人逐漸失去了作為人的標誌。

哲學家阿爾貝．雅卡爾（Albert Jacquard）對資訊科技的意義作出非常貼切的評價。他指出資訊科技所帶來的，只是「急速冷凍的相互交流，而不能引發創造。創造產生自以沉默和語言組合而成的對話之中」（Petite philosophie à l'usage des non-philosophes）。

當然，資訊科技的發展也為人提供了新的交流機會。但是，這種新的資訊科技交流，假如都是以「匿名」或「記號」等為聯繫手段的話，就會令「人的面孔」消失得無影無蹤。通過人的直接交流，能衍生出新鮮的驚喜，有形的反應和實際的滿足。但這種新的資訊科技交流是無生命物質和無感情的，完全有異於「面對面、心與心」的交流。

在這種時代的潮流中，我特別想要強調的是我們國際創價學會（SGI）在全世界開展的對話運動，尤其是自創立以來一直是活動軸心的座談會。我們每天於世界數千數萬個場所進行的「面對面」的交流，正吻合了雅卡爾所說的「以沉默和語言組合而成的對話」。話說到對方心坎上，引起共鳴時所感到的歡喜和充實；相反時候的猶豫和焦躁；在接下來的沉默之中努力尋找新話題；找到合適的言語而終於傳達到對方時所感到的更大的滿足。

這種不厭其煩的對話所構成的循序漸進的變化，正是鍛鍊自己身心，磨練心靈的熔爐，與「急速冷凍」的交流處於對立極點，不可同日而語。

只有通過「語言」和「對話」，人才能真正成為人，沒有這樣的經驗，人是不能夠成長為一個成熟的全人。正因如此，蘇格拉底（Socrates）指出嫌惡辯論（misology）與嫌惡人或厭世（misanthropy）出自同源。

我正在和約翰・杜威（John Dewey）協會的前會長拉里・希克曼（Larry A. Hickman）博士與吉姆・加里森（Jim Garrison）博士以杜威與創價教育為題展開對談。其中，希克曼博士談到，SGI 各地的會館，是加強社區與社會紐帶的設施，是培育成熟的市民，或杜威所講的「公眾」的搖籃。（《人本教育的新潮流》）

雖然我們 SGI 的對話運動是漸進和不搶眼的，但正因如此，我們才自豪地說，這運動擁有能改革當前社會的輕視和貶低語言價值弊病的力量。

這令我想起了一個嘗試令語言和對話復權的例子。哈佛大學的邁克爾·桑德爾(Michael J. Sandel)教授的政治哲學講座成為了該大學歷史上最受歡迎的講座之一。他的講座並不是單方向的，而是提出身邊的話題，然後詢問學生們的意見，也就是通過雙方向的語言交流，來衡量話題的對錯。

這種彷彿是蘇格拉底方式的對話，在日本也獲得很高的評價，電視報刊也不止一次地報道。桑德爾教授去年也到訪日本，嘗試日本版本的「正義與邁克爾·桑德爾」講座，大受矚目。他的著作《正義：一場思辨之旅》(*Justice: What's the Right Thing to Do?*) 特別暢銷，在同類型書籍中是十分罕見的。

「正義」其實是一個非常難於定義和傷腦筋的問題。我在去年的倡言中，曾提到在雨果的《悲慘世界》的開頭，米里耶爾(Myriel)主教和一個不久於人世的老激進民主主義者(Jacobinist)從正反兩方面對「正義」進行了針鋒相對的辯論場景。

對待「正義」這個問題要付出最大的細心和尊重，否則，各種正義的主張會不斷互相發生衝突，進而逐步上升，令正義這一詞語變得空洞無意義。二十世紀的戰爭與革命的大屠殺時代，其主要原因之一，就是各種所謂「正義」的無止境的競爭。桑德爾教授的「正義講座」如此風靡一時，其原因可能正是對此的內省和警惕。

⁂ 為了甚麼而生存？

這裏要引用我年輕時喜愛閱讀的法國哲學家亨利 · 柏格森（Henri Bergson）的著作，來嘗試進一步闡明我們 SGI 所提倡的佛教人本主義。

像柏格森那樣對語言的貶值——對語言的弱點進行敏鋭分析的人可能少之又少。而且，像他那樣，對以語言及倫理中心主義為主流的西方哲學的偏向作出先導性和綜合性警告的人也是極為罕見。柏格森哲學的基本原則，就是如何為人的需要而作出貢獻。正如哲學家冉克雷維（Vladimir Jankélévitch）在名著《亨利 · 柏格森》（*Henri Bergson*）書中一針見血地評價那樣——「讓被人顛倒的哲學回復本來的面目」。

説起柏格森，又令我回憶起在 1947 年夏天受朋友邀請首次參加創價學會的座談會時的情景。當時我十九歲，聽到朋友説是一個有關「生命哲學」的聚會時，我第一反應就是問他那是否研究柏格森的會？

柏格森哲學的原則就是「第一，生存」（primum vivere）。他如此述説其哲學動機的形成：

「我們人是從甚麼地方來？我們又是甚麼？我們要去甚麼地方？這些問題才是最根本的課題。假如不理會各種各樣的哲學體系，而獨自去思考哲學的話，我們就會馬上碰到這些問題。」

沒錯，只要我們想過好一點的生活，不管是誰，於某個時刻，總需要面對這幾個最根本的問題。但是，「各種各樣的哲學體系」拘泥於細微瑣碎的小節，很容易忽視了最根本的問題。這和佛教所說的「毒箭的比喻」[1]是非常相似的。

對於哲學的目的，柏格森一貫持有一種人道主義的立場。我認為，這種態度對於科學和宗教也是不可或缺的。

在首次參加的創價學會的座談會上，我遇到了人生的恩師、創價學會第二代會長戶田城聖。會上，我把邂逅恩師的感動寄託在一首即興的創作詩中。

旅人啊
你從何處來
要往何處去
月已沉
日未昇
於黎明前的晦暗
尋求光明
我前進
一掃心中暗雲

---

1 為了警醒只熱衷於觀念而議論的弟子，釋尊打比喻說：「有人被毒箭射中，非常辛苦。但是他要先搞清楚是誰射的箭，箭是甚麼材料製成，否則就不接受治療，結果在追問之中死了。」通過這一比喻，告誡人們，佛教的本義是以現實行動來解除人民的痛苦。

追求不為暴風動搖的大樹

我欲從地湧出

當時我並沒有特別意識到柏格森，可是現在回憶起來，這詩與他有不可思議的共同點。柏格森的哲學不斷回歸到做人的方向和目的這根本問題，在這個意義上，相信我在不知不覺中大大受到他的哲學的影響。

柏格森的哲學並非如傳統哲學般陳規老套。事實上，他的宗教觀點與佛教的人本主義非常相似。（儘管這麼說，柏格森對佛教，特別是大乘佛教的理解也並不是完整和透徹的。）

我們 SGI 是以十三世紀日本僧侶日蓮的人本主義哲學為思想基幹。日蓮以「依法不依人」為規範。然而在化導、流布方面，佛典中有「法不自弘，人弘法故，人法共尊」（《日蓮大聖人御書全集》，891 頁）之說，歸根到底是將重心放在「人」之上。「法」並不處於一種固定的狀態，只有被人悟得、體現，才開始在現實中搏動。

與此想法同出一轍的，是柏格森的時間觀和生命觀。他認為時間和生命是一種與人的思想不可分割的物力論。順其主要著作來介紹，於《時間與自由意志》（*Time and Free Will*）中他把這稱作「持續」（duration），於《物質與記憶》（*Matter and Memory*）中稱作「收縮」（contraction），於《創造的進化》

(*Creative Evolution*)中稱為「生命的衝動」(vital impulse),而於其最後的著作《道德與宗教的兩個來源》(*The Two Sources of Morality and Religion*)中,則稱之為「躍動的宗教」(dynamic religion)的「愛的推動力」(the impetus of love)。

從第一的「持續」到第三的「生命的衝動」,柏格森一直從生物學的角度追索人的進化。但最後的「愛的推動力」顯示着一種提升到更高境界的完美人格。柏格森認為,需要出現一個體驗過神秘經歷的人,而這經歷完全與這人的身心結合,令他從一個封閉的獨善世界昇華到人類愛的境界。

至於柏格森所說的神秘經歷,並非是神靈附體等超現實的行動,而是一個人全力奮鬥後所得來的結果,是一種能使他超越所有困難而前進的衝動,一種心靈的震撼、靈魂深處的鼓動。(《道德與宗教的兩個來源》)

柏格森形容這體現者為宗教創始人,或道德英雄。這一精神界巨人「不僅其自身的行動充實,而且還可以影響他人,令他人的行動充實;不僅自身崇高,還可以將崇高的火焰燃點在眾人心坎的爐子中。」(《心力》, *Mind-Energy*)這精神巨人的任務就是去「帶頭給人民做模範,從根本上改變人類。能使這目標達到的,就是至終所存在的神聖的人性,而從理論上這也是從開始就已經存在的。」(《道德與宗教的兩個來源》)

這種人有非常強大的魅力,能吸引響應的人的靈魂,而通過他們的互動，開拓新的精神境界。這進程是最有效的方法，甚至可以說是傳遞宗教教義和思想的唯一方法。比如尼赫魯（Jawaharlal Nehru）評價甘地的出現，說是從長期受殖民地支配的印度人的心中脫下「漆黑的柩衣」，「一舉改變了民眾心中的想法」。（《印度的發現》，*The Discovery of India*）

對於我來說，恩師戶田城聖正是具有這種魅力的精神巨人。戶田在第二次大戰時為反對當時的軍國主義而被投獄。在獄中，他悟得佛典所描述的「佛」就是「生命」的意思。就柏格森的理論來說，這就是戶田的「創造的推動力」（creative impetus）。出獄後，戶田將他的終生奉獻給佛法流布。我有幸邂逅這位難能可貴的老師，並能伴隨他左右，作為弟子終生繼承並實踐他的精神。這是我最大的財產、終生的自豪。

這也是為何我一直強調並高呼師弟傳承的重要性。正是由於我深信這一精神傳承的重要，在畢生的著作《人間革命》中，就以這作為主題：「一個人偉大的人間革命，能改變一個國家的命運，甚至可以改變全人類的命運。」

⁎ 創造的生命

柏格森對語言的濫用、缺乏思考，以及所帶來對語言的貶值和輕視傾向非常警覺。他說：「我對真正哲學的啟蒙，始自我在生命深處發現了一個重要的經驗領域，這是在放棄以語言來解決的時候所發現的。」（《創造性的心理》，*The*

Creative Mind)

這令我想起了佛教本來「無記」的見解和語言觀。龍樹曾描述「緣起之法」為「能說是因緣，善滅諸戲論」(《中論》)，顯示了一個超越虛構語言的至高境地。

對柏格森來說，重要的經驗領域，或真正的現實，就是「動的，或行動其本身」(《道德與宗教的兩個來源》)，創造性生命沒有間斷的變化，是沒有一刻停止的連續。為了要感受這種行動，日本評論家小林秀雄所說的「與未知的事物衝突時，需對既知的語言有所警戒」，這種能正確地選擇語言的「精神的彈性」是必不可少的(《現代日本文學全集四十二：小林秀雄集》)。小林秀雄精通柏格森哲學，我們在 1971 年會面時，曾有過非常廣泛深入的討論。

但是，語言常常切斷這種沒有一刻停止的連續，而想以語言來固定其「不斷變化的瞬間片段」(《道德與宗教的兩個來源》)，令我們把它與連續存在的本身混淆。柏格森指出，把時間的概念與空間的性質混淆是錯誤的。所以他堅持駁斥古希臘哲學家芝諾 (Zeno) 的悖論 (例如「停止着的箭」，或「阿基里斯追不上烏龜」的悖論 [2]) 。

---

2 被稱為辨證法宗師的芝諾認為，如果捕捉到正在飛行的箭的每一個瞬間的姿態的話，其佔有各個空間的一定位置，則是處於靜止的狀態。另外，如果善於跑步的阿基里斯 (Achilles) 和烏龜進行比賽的話，前方的烏龜從起點開始跑，而當阿基里斯追趕到烏龜最初的出發點的位置時，烏龜又已經向前跑了，而阿基里斯追趕到這個地點時，烏龜又更向前進，如此推算，與烏龜相比，阿基里斯永遠是落後的，也永遠追不上烏龜。

假如把流動的語言固定起來，就會帶來「過度相信」或「輕信」這兩個不同效果，變成知性的怠惰、固定觀念、偏見和教條主義的溫床，從而令人變得輕易地提出結論，精神軟弱和懶惰。在上述論及到無論是思想體系、宗教或國家正義的膨脹現象，正是它的典型的症狀。

許多年前在和學生傾談時，我曾經指出意識形態性的想法很容易變得死板僵硬、定型化。相反地，創價學會的佛法不主張這種統一定型化，而把重點放在把握時代的實質，由此而推定如何作出至為理想的對應。「定型化」其實就等於「固定觀念化」，產生自流動空間與固定空間的混淆。

柏格森的哲學傾向，與人的弱點和怠慢是水火不相容的。他說：「緊張、集中——這些詞彙正是我用以形容在面對每一個新問題時，以一種全新的精神努力來處理的做法。」(《創造性的心理》) 他摒棄安逸與停滯的生活方式，鼓舞我們要向前看，人生要活得更堅強更美好，他說：「所以我排除安逸，我推薦使用一種能招致困難的思考方法。我至為重視的，就是努力。」(同前)

緊張、集中、努力——這些能刺激精神因素，對於構成排除死板僵硬思想、把握這時刻不停變動的時代與狀況的「能動觀點」是不可或缺的。柏格森把這種精神的緊張感形容為「堅韌的精神健康狀態」，並這樣描述：「一種熱衷於行動的傾向；能一再適應環境，不受挫折的能耐；堅毅意志與靈

活柔軟思想的結合；能清楚分辨可能及不可能的先見；能以簡明的方法來克服複雜問題的精神氣質。」(《道德與宗教的兩個來源》)

這種美德，與我去年的倡言中提出的「堅強的心」、「健康的心」同出一轍。擁有「堅強的心」、「健康的心」的人是沒有止境的。佛教的人本主義真髓，就是使人對自己產生堅定的自信，發揮最大限度的能力。由此可見，佛法是絕對堅信人的無限可能性。

只要理解到這涵蓋宇宙的根源之法，就能令皈依的人產生持久的自豪和自信。這與《浮士德》(*Faust*) 所描繪的傲慢和充滿無盡欲望的現代人的形象是完全不同的。

這自豪和自信，伴隨責任感與自律，要回應宗教的根本精神（為民眾服務，而並非為宗教服務），這種人格形成也是至為重要的。正如米什萊 (Jules Michelet) 所說，「精神活動包涵着宗教，而不是被宗教所包涵。」(《人類的聖經》)

這裏正是「為民眾的宗教」與「為宗教的民眾」的分水嶺。如果混淆不清，宗教就會變成一種被動的屈從，人會淪落為懦弱、醜陋、愚昧和怠惰的犧牲品。

SGI 的成員以服務人民社會為目的，經常向自己無限的可能性挑戰。這種鍛鍊和發揮自己的可能性，經常把眼前的難題作為成長的絕好機會來挑戰，是無止境的。這是一種積極向前的精神，敦促自己要不斷實踐人本主義活動。這正是

國際創價學會會長池田大作與印尼前總統瓦希德（左）就為人的宗教，環繞佛教和伊斯蘭教展開對談，2010 年 9 月出版對談集《和平的哲學 寬容的智慧》。（攝於 2002 年 4 月日本東京，聖教新聞社提供）

在現實社會裏展開「自他歡喜」的菩薩道的行為。

當我們鍛鍊自己，發揮出無限的可能性時，我們的未來充滿着無窮的力量、希望、勇氣和智慧，前途充滿光明。一個無論遇到甚麼艱難挫折，仍有勇氣披荊斬棘前進的人，定能擁有創造性的生命，享受着佛法闡述的「歡喜中之大歡喜」(《日蓮大聖人御書全集》，824 頁）的境界。

佛法人本主義的「大歡喜」，和柏格森的「以經驗為依據的樂觀主義」異曲同工。柏格森對精神世界的無限可能性如此確信：「托賴努力的結果，人已經發揮出比過去更大的力量⋯⋯（正因如此）我們已經超越了過去的自己。」(《心力》)

如此的努力一定會帶來喜悅。柏格森說：「歡喜一直是人生取得成功、進步、勝利的宣言。所有的大歡喜都迴響着勝利的凱歌。（中略）我們發覺，凡是有歡喜的地方，就有創造；創造愈豐富，歡喜也愈大。」(同前)

❊ 新人本主義

把目光朝向無限的未來，柏格森大膽也慎重地提到了有關「死」這問題。自古以來，「死」令人覺醒到人生的有限，這也成為了人追求宗教的原因之一。柏格森對「死」的看法有異於闡述死後的世界由神掌管的傳統基督教觀。他認為：「假如有意識的生物有來世，我看就沒有理由發現不到探究的手段。」(同前) 這句話可以解釋為柏格森相信精神的永遠性，就是冉克雷維所指的「人的神格化」。(《亨利．柏格森》)

柏格森把這種對於精神無限性的追求看成不是某些特殊人物的專利，而是在精神巨人的引導下，任何人都可以開拓的自我完成的道路。對他來說，人生的目標就是創造，也是所有人隨時都可以渴求的：「這是自己對自己的創造，通過努力，從小到大的、從無到有的人格創造，能不斷地增長世界所擁有的各樣的財富。」(《心力》) 這與佛教的「一切眾生皆成佛道」(《日蓮大聖人御書全集》，846 頁）相通，說出誰人都平等地擁有成佛這可能性。

儘管如此，追求這至高境界時，為了避免流於陀思妥耶夫斯基所寫的「人神」(man-god) 的傲慢，是應採取極為慎重的經驗主義者的做法。柏格森說：「如果真的有靈魂這一個問題，定要通過經驗來推斷，要本着經驗來逐步解決。」(《道德與宗教的兩個來源》)

這與佛教重視經驗的法理相通。佛教主張以「文證、理證、現證」來驗證宗教的真偽。這使我想起也是卓越數學家的恩師戶田經常提到的：「科學愈進步，就愈能夠證明佛法法理的正確性。」

雖然柏格森苦心窺探了生命的永遠性，但他並沒有以任何的教條形式來固定它。佛法看「今世、來世」為一種無法分斷的連續生命，所以「現世」與「生前」、「死後」沒有分別。天台智顗在《摩訶止觀》中以「起是法性起，滅是法性滅」來描述生命。佛法把「生」看作「起、出現」，「死」看作「滅、消滅」，生命這「法性」遇到「緣」而進行「生滅流轉」的變化。

1993 年 9 月，我在哈佛大學演講的時候，曾經根據這法理闡述了「生也歡喜，死也歡喜」，「生也遊樂，死也遊樂」的佛法生死觀 (「二十一世紀文明與大乘佛教」)，取得了許多贊同及共鳴。

從這一觀點，我對柏格森的樂觀主義和生命觀抱有強烈的親切感。為了不讓宗教陷入教條主義的圈套，柏格森所主張的以經驗為依據的接觸方法是絕對不可或缺的。這是我於 1970 年代與湯恩比博士對談時也深深感受到的一點。

柏格森的樂觀主義相信並追求精神力量的無限性，必然地志向於開放的心靈、開放的社會、開放的道德和開放的宗教（活的宗教），來創建一個充滿人類愛的社會。但放眼現代社會，卻是一個完全相反的、閉塞的精神空間。人被重重的幾乎令他窒息的悲觀主義壓着，心靈萎縮到接近消失，根本不會想到要「超越過去的自己」。

正是由於柏格森的志向與現代的風潮處於兩極的立場，我更認為現代需要回歸到柏格森的樂觀主義。如此，能賦予我們對未來的希望，為在沒有海圖下航行的近代文明修正航路，這與高舉人本主義的我們 SGI 的主旨同出一轍，而能否實現最終有賴於人的自覺和責任感。

柏格森在《道德與宗教的兩個來源》裏作出這樣的結論：

「人類臥地呻吟，差不多被自己所創的進步的重壓壓垮了。人類還未完全醒覺到未來是取決於自己手中。首先要確認的是，人類是否有繼續生存下去的意思。其次就是去確認，人類是否只滿足於生存，還是願意更盡一點努力，在這個多執拗的地球上，成就宇宙這個生產諸神的機器本來的功能。」

把宇宙描述為「生產諸神的機器」這令人難以理解的定義，是為了指出在生命進化的過程中，只有人才能實現的創造性生命的完全昇華。通過接觸一個心靈被某種神秘經驗深深震撼的精神巨人，民眾受到感染，被觸發，會徹底地轉變，而顯示愛的推動力（the impetus of love）如何擴展到包容全人類這過程。

我與莫斯科大學薩多維尼基（Viktor Sadovnichy）校長決定把我們的對談集名為《新人類 新世界》，也是出於這個理由。因為只有「新人類」，才有能力去領導如此巨大的挑戰。他們是一批不願成為社會結構或組織中的一個零件、確信自己的無限潛力的創造性人羣，以自由的意志努力挑戰，不斷去擴大和提升自己。

假如我們過於注重社會體制或組織制度等外在因素，就會失去作為塑造歷史主角的地位。二十世紀的悲劇就是一個沉痛的教訓。

柏格森呼籲人類不僅是要選擇生存下去，還要生存得好，他在期待一種新人類的誕生。他的呼籲與另一位哲人榮格的話相呼應：「假如人的精神沒有真正復甦的話，社會也不會被復甦……拯救每個人的靈魂就是拯救世界。」(《未發現的自我》，*The Undiscovered Self*)

為了要循着偉大的哲人、賢人所指引的道路邁進，我們 SGI 在世界上不遺餘力地建構一個人本主義運動的網絡，這是佛法史上史無前例的創舉。我確信我們的運動會不斷發展，集結世界上同心人士的支持，向着創建新文化潮流百尺竿頭更進一步。

※ 民眾社會的力量

接下來，基於對人所擁有的無限創造力的確信，我要探討如何解決一些全球性的課題，以期能迎來一個滿溢希望的未來。

回顧過去，在冷戰結束後，隨着以經濟為中心的全球化進展，對於破壞環境、貧困等全球性問題的關心也愈益高漲，要求國際間着手對應的呼聲也不斷加強。但是進入二十一世紀，從美國 911 恐怖襲擊事件到最近的金融經濟危機等一連串震驚世界的事件發生後，這些試圖解決全球性問題的行動開始停滯，甚至呈現後退跡象。

其象徵性的例子，就是聯合國「千年發展目標」的進展狀況。世界上每年有八百萬以上的人直接或間接地死於極度貧困，有十億人的生命和尊嚴由於惡劣的生活環境而受到威脅。

「千年發展目標」就是為了改善這種狀態而在二十一世紀初制定的。現在，由於全球經濟惡化，支援進展緩慢，除了極度貧困層減半的項目以外，在 2015 年要達到其它目標是極度困難的事。

同樣，在防止全球變暖所採取的步驟上也遇到了困難。去年 12 月在墨西哥就《聯合國氣候變化框架公約》(UNFCCC) 舉辦的會議上，因為無法決定京都議定書第一期的 2012 年以後的削減溫室氣體排放的框架，其討論也只好拖延下去。

這兩個急待處理的課題的緩慢對應，如實地顯示了政府間協議本身所受的限制。雖然是一個眾所周知的課題，但直至它呈現對社會的致命影響之前，是很難鼓吹政府積極地去單獨或與其他政府協力落實一個議案。

但是，不應該忘記的是，很多時候被推遲的支援及對策，本來就是對許多人來說的生命線，是保護未來世代的安全網。所以，政策遲遲沒有進展是，絕不能坐視不管的。我們強烈要求於解決全球性問題時，絕對不應攙進國家利益的衝突。我們要清楚注視到，生命直接受到威脅的人民的處境。

現在已經不再是「敲響警鐘」的時代，而應該踏入「行動的時代」、「團結的時代」。

能在此發揮關鍵作用的，就是聯合國。2010 年聯合國大會的議題是「聯合國在全球治理中的核心作用」，正好反映了世界對聯合國的關心與期待。

聯合國第二任秘書長哈馬舍爾德（Dag Hammarskjöld）曾經摸索如何讓聯合國的功能，不僅僅停留在調整國家間的利益上，而能夠對眼前的危機發揮積極主導性作用。

基於柏格森的「創造的進化」概念，他倡議聯合國作為「一個活的有機體」（a living organism）要靈活地持續成長，來應對它不斷變化的需要。他的洞察在今天也沒有失去價值。

為了實現哈馬舍爾德的展望，首先要實行和加強的就是聯合國與特別是非政府組織等民間社會的合作關係。我認為令聯合國這一機構恢復生機的關鍵，在於其憲章序言的開頭「我聯合國人民……」所指的、這地球上每一個住民。

關於這一點，我想提起聯合國成立五十週年（1995 年）時全球治理委員會發表的最終報告《天涯成比鄰》（Our Global Neighborhood）中的主要一節。其中，它提出了對「領導才能（leadership）」的嶄新洞察：「我們講到的領導才能，不僅僅指那些在國內及國際舞台上最高級的人物，我們指的是每個階層的人都得到啟發。」

委員會呼籲非政府組織、小規模的社區團體、私營機構、企業、科學家、專家、教育界、大眾傳媒、宗教界等所有級別的各種各樣的人和團體來發揮「具有勇氣的、長期的領導才能」（同前）

當欠缺國際政治領導時，民間社會就要填補這空缺，以他們的熱情和展望來引導世界走向一個更新更完美的方向。我相信我們需要轉變有關領導人的想法，要認識到民眾每一個人在各自的場所肩負起只有自己才可以發揮的作用，才能打破閉塞的狀況，成為能挑起地球的「阿基米德支點」（Archimedes fulcrum）[3]。

3　發現「浮力原理」的著名古希臘科學家及數學家阿基米德對「槓桿原理」進行了數學上的證明。他曾經用象徵性的表現方法描述這一原理時留下這樣的名言：「只要給我一個支點，我可以把地球也給挑起來」，以此引伸為推動事情發展的關鍵點。

我們要緊記飽受戰爭與暴力洗禮的二十世紀的教訓，每一個人發揮他不可代替的作用，擴大這團結，來把二十一世紀構築成為「重視生命尊嚴的世紀」。

本着這一信念，以下我要探討如何能以聯合國為中心，基於覺醒民眾的行動和團結，去實現「禁止、廢除核武器」及「建設人權文化」這兩個對二十一世紀的第二個十年來說至為重要的課題。

✻ 指向沒有核武器的世界

2010 年 5 月舉行的《不擴散核武器條約》的審議大會上，每個參加成員都充滿決意，不再重蹈 2005 年的覆轍，即由於激烈的意見對立而達不到任何主要的成果。

2010 年的會議所通過的最後文件裏，有三點我認為是非常重要的：

(1) 再度確認徹底消除核武器是防止使用或威脅使用核武器的唯一真正保障。

(2) 考慮到使用核武器造成的災難性人道主義後果，重申各國在任何時候都必須遵守包括國際人道主義法在內的國際法。

(3) 申明需要作出特殊努力，以建立實現和維持無核武器世界的必要框架，並在《核武器公約》中明文言及。

以上三點，都是原子彈爆炸生還者及非政府組織長年訴說的內容。在《不擴散核武器條約》這個獲得最多國家簽署的有關核武器的正式文件中明確言及，意義非常重大。這會成為面向實現「無核武器世界」的協同作業的立足點。

接着，我要仿照《聯合國憲章》，以「我聯合國人民」的名義，呼籲進行以下三個挑戰：

（1）認識到只有全面廢除核武器才是免除遭受核武器威脅的唯一保障，構築能讓核武器國家快速並有效地進行全面廢除核武器的體制，以實現全面核裁軍。

（2）絕不允許任何國家進行違反實現「無核武器世界」的行動，確立禁止、防止開發核武器的制度。

（3）認識到核武器是會毀滅人類的最不人道的武器，促成早日締結將之禁止的《核武器公約》。

以上三個挑戰，除了需要國家領導階層改變以往對待核武器的態度，更重要的是需要覺醒民眾的熱情與行動來創出一個歷史的新潮流。

有關第一點的「推進廢除核武器以實現全面核裁軍」，需要在聯合國內構築一個所有核武器國家參與對話、交涉的框架。

2010 年 4 月，美俄兩國締結了新的《削減和限制進攻性戰略武器條約》（START）。兩國國會已通過該條約，現正等待雙方正式交換批准書。條約內容雖然只限於小規模地削減部分特定武器，但是從美俄擁有世界 90% 以上的核武器的角度來看，這是值得給予評價的。另外，美國的奧巴馬政權表明今後也將繼續與俄國就削減短程戰略核武器進行交涉，這也是值得歡迎的行動。

就像新的《削減和限制進攻性戰略武器條約》的序言中所指的那樣，我希望美俄兩國削減核武器的過程能擴展到包含其它核武器國家在內的多國間探討。同時，希望多國間談判並不止於軍備管理，而是為實現「無核武器」這目標提出明確的方法。

為了建構一個能實現此目的的環境，必須徹底改變現存的維持安全的思維，就是在擁有核武器的前提下的「核威脅」這一抑制論。我們需要有核武器國家從核武器抑制論的詛咒覺醒過來，明白到對於國家和國民來說，真正必要的是「安全」而不是「核武器」這現實。

去年 8 月，聯合國秘書長潘基文訪問廣島時，高度評價 2009 年舉行的關於「核不擴散與核裁軍」的聯合國安理會首腦會議的成功，並提議從今年起定期舉行如此的首腦會議，來加速政治對核裁軍的醒覺。

我也一直通過倡言等提議定期舉行這類首腦會議，所以全面贊成這次秘書長的倡議。而且除了定期舉行會議以外，我還要提出參加者不局限於安理會理事國成員，還應該包括選擇了非核化路線的國家代表、核問題專家及非政府組織代表等，讓大家有發表意見的機會。

正如1996年國際法院參加者全體一致通過的諮詢意見所述，《不擴散核武器條約》第六條明確指出有核武器國家需要進行核裁軍談判之外，還有要誠實地履行談判結果去達成全面廢除核武器的義務。

參加諮詢意見審理工作的穆罕默德·貝賈維（Mohammed Bedjaoui）前國際法院院長指出，每個《不擴散核武器條約》締約國都有要求有核武器國家承擔義務的權利，要是發現這些國家沒有承擔義務，可以訴諸《不擴散核武器條約》第六條行使權利。

在審理過程當中，作為大眾譴責核武器的證據，提出了約四百萬人參與的「公共良心宣言」。如此來看，在進行討論人類重大問題時，誠意地傾聽民間社會聲音是不可或缺的。

我呼籲要把這些內容加入定期召開的聯合國安理會首腦會議的議程中，然後以2015年為目標，商討如何具體地實現「無核武器的世界」。並且提議考慮在廣島和長崎召開2015年的《不擴散核武器條約》審議大會，讓各國首腦及民間社會代表共聚一堂，來舉行具有為核武器時代畫上終結符號意義的「廢除核武器的首腦會議」。

去年4月，在廣島召開了前政府首腦國際行動理事會（Inter Action Council）年會，與會者同時視察了展示原子彈受害慘狀的和平紀念資料館，並聽取了原子彈受害人的證言。之後，與會者發表了共同聲明，呼籲世界各國領導人，特別是有核武器國家的領導人，應該訪問廣島。這正是我多年來一直在訴説的，希望有核武器國家現任領導人到原子彈轟炸地，耳聞目睹受害人民的慘況，一定可以加強他們去實現「無核武器的世界」的決意。

❊ 締結相互協定讓《全面禁止核試驗條約》生效

第二要點是要談論「全面禁止及防止開發核武器」，和如何令《全面禁止核試驗條約》早期生效。

《全面禁止核試驗條約》作為禁止所有爆發性核武器試驗的條約，自 1996 年通過以來，已經有一百八十二個國家簽署，得到一百五十三個國家的批准。但因為條約的生效必須得到擁有核技術的四十四個國家批准，條件嚴格，目前還處於未生效的狀態。

但是，《全面禁止核試驗條約》除了禁止核武器的試驗以外，還有以下三個重要的意義：

(1) 作為有關核武器的條約，其有效範圍將囊括沒有簽署或批准《不擴散核武器條約》的國家。

(2) 作為國際社會的共同意識，確立永遠禁止核武器試驗的義務，鞏固廢除核武器的心理基礎。

(3) 監視條約遵守狀況的全球性檢查系統或監察制度，及負責其運作管理的專門機構（全面禁止核試驗條約組織，CTBTO）的存在，能成為今後開始談判的《禁止核武器條約》的制度上的樣本，使該條約增加其現實性。

因此我要呼籲非核武器國家與民間社會團結一致，加強促進有核武器國家的簽署及批准的活動，讓除了對批准表示積極態度的印尼以外的其他八個國家早日贊成。

作為打開局面的方法，我提議以聯合國等為斡旋，讓對象國家在「雙務性」的前提下締結協定，來推進早期的簽署和批准。

在兩年前舉行的促進《全面禁止核試驗條約》生效會議上，作為今後採取的措施，全體與會者一致發表宣言，鼓勵各方提出相關的「雙邊、區域和多邊協議」。作為其具體實施，可以探討在還沒有簽署的印度、巴基斯坦之間締結互相簽署的協定，或在埃及、伊朗、以色列三國之間締結共同批准的協定等。

東北亞方面，在「北韓的簽署、批准及放棄核武器」的前提下，我提議朝鮮核問題六方會談積極商議「美中兩國的《全面禁止核試驗條約》批准」及締結在該地區內不使用核武器的誓約協定。

自去年起，隨着韓國巡邏艦的沉沒及炮擊延坪島，朝鮮半島的緊張局勢不斷增加。當務之急是通過各種外交途徑首先去穩定事態，然後為了實現包括朝鮮半島在內的東北亞永久和平與安定，共同努力解決北韓的核武器問題。

同樣地，為了確保中東永久的安定，必定要實現該地區的非核武器化。但是，《不擴散核武器條約》審議大會雖然同意於明年的 2012 年召開關於「建立中東無核武器和一切大規模毀滅性武器區」的會議，綜觀現在的狀況，能否主辦也成問題，更別說能期待有甚麼好的結果。今後需要更努力去營造可以對話的環境。

我認為，作為召開會議的前期工作，應該嘗試進行以「關於停止包含核武器的大規模毀滅性武器的軍備擴張」為題的非正式級別的對話。重要的是各國代表共聚一堂相互對話，去充分理解自國的政策給其他國家帶來了怎樣的威脅，從而找出改善局面的辦法。

無論如何，明年的中東會議肯定是險峻難行，因此需要國際社會大力從旁推動。特別是作為原子彈受害國、並一直支持《全面禁止核試驗條約》生效的日本，除了要不遺餘力地推展東北亞無核武器化之外，對於中東的無核化也應率先支援營造對話的環境。

就 SGI 來說，將繼續在包括中東的世界各地舉辦「從暴力文化到和平文化：人的精神變革」展，喚起更多的國際輿論，來實現《全面禁止核試驗條約》的早期生效和擴大無核武器區。

結合《全面禁止核試驗條約》的早期生效，我提議應制定「禁止開發改進新型核武器」決議。這個問題在去年《不擴散核武器條約》審議大會上雖然作為論點曾在開始時提出過，遺憾的是最終被有核武器國家反對而沒有討論。但是，如果將這個問題繼續放置不理的話，很擔心會從根底上腐蝕《不擴散核武器條約》及《全面禁止核試驗條約》制度。

實際上，美國在去年 9 月再次開始次臨界核武器的試驗，也增加了對核武器及其相關設施現代化的預算。這不僅僅令圍繞《全面禁止核試驗條約》的狀況愈加複雜，同時也把實現「無核武器世界」的目標推得更加遙遠。

所以，我要求聯合國安理會常任理事國的五個有核武器國家，以繼 2008 年誓約「繼續停止核武器試驗」的共同聲明形式，發表停止開發核武器及使其現代化的聲明。

❊ 認識核武器是絕對惡

最後的第三要點，我提議把禁止核武器的《核武器公約》作為一種「產自民意的世界法」來使之成立。

去年《不擴散核武器條約》審議大會的最後文件，表明「審議大會對使用核武器造成的災難性人道主義後果深表關切，重申各國在任何時候都必須遵守適用的國際法，包括國際人道法。」

這比起 1996 年國際法院的諮詢意見更進一步，明示「於任何理由下使用核武器都是非法」這一點，具有劃時代的意義。因為明確指出核武器的非人道性，貫徹沒有例外情況的原則，就沒有考慮「根據情況而可以使用」的餘地。正如國際法院也曾就核武器異乎尋常的殺傷能力，勸告各國要「考慮核武器的特徵，尤其是其破壞力，能造成數之不盡的人痛苦的能力，和殃及未來世代的能力」。所以無論是任何國家，對於擁有核武器的權利提出甚麼樣的理由，都是與國際人道法的理念從本質上不相容的。我們不但要把這銘記在心，還要努力宣説，讓它廣為人知。

回想起恩師戶田城聖，在半個世紀以前就提出了《禁止原子彈氫彈宣言》，把核武器視為「絕對惡」，從根本上杜絕所有把擁有、使用核武器正當化的理論。戶田明白到，戰爭最大的受害者是一般民眾，這是無分勝敗與國境的。

在第二次世界大戰期間，戶田為求正義不怕犧牲，堅決反對日本的軍國主義。他最大的願望就是「不再用『悲慘』二字來描述世界、國家和個人」(《戶田城聖全集》三)。他明白到，核武器戰爭，只會對全世界所有的國家，地球上所有的人民帶來最殘酷、難以言喻的悲慘。

當時東西對立，核武器國家只會猛烈指責批判對方陣營所擁有的核武器。於這種風潮中，戶田超越所有思想體系和政治體制，作為一個信奉佛法之人，遵守佛法重視生命尊嚴的法理，為了維護全世界人民的生存權利，毫不畏縮地對核武器進行抨擊。

今天，我們正面對着能否終止核武器時代的歷史性分水嶺。我們不應放棄眼前這大好機會，應該向全面禁止核武器繼續挑戰。

值得注意的是，在《不擴散核武器條約》審議大會最後文件中，雖然是間接的表現，但也提到了《核武器公約》。在這裏，我想以此為起點，呼籲所有期盼廢除核武器的國家及非政府組織相互團結，早日召開關於《核武器公約》的準備會議。即使一開始沒有太多國家參加，但首先應該優先着手準備談判條約的母體。會議主要目的是制定「沒有例外的明確禁止規範」及「確定期限的日程表」這兩件事。在反復舉行會議中，爭取更多的贊同國家及非政府組織參加，為開始談判鋪路。

去年，馬來西亞及哥斯達黎加向聯合國大會提出要求舉行《核武器公約》談判的決議，得到包括中國、印度、巴基斯坦、北韓在內的一百三十餘個國家贊成而獲得通過。雖然如此，仍然不足以實現《核武器公約》及「無核武器的世界」。

但是，假如全球的民間社會增加吶喊和存在感，以此帶動世界輿論，這是任何政府都不能忽視的。而且，不僅僅是喚起世界的輿論，必須提出明確的目標，並且把支援這一目標的全球民眾願望變成一個具體的法律方案。

如此成立的法規，意味着民眾的積極參與，和人民不時在檢視着國家有否遵守。在這意義上，這種傳統上只規律國家間關係的國際法，已經變成為實質上的「世界法」。

目前，要求廢除核武器的主張有兩大原因。其一就是因為核武器的非人道性質；其二就是核武器的擴軍及擴散帶來的危險性不斷高漲。

這二點在《不擴散核武器條約》審議大會上，已經得到全體成員國的認同。我們要以這強健的雙翼，向着「無核武器的世界」展翅翱翔，努力於全球呼籲並推進贊成《核武器公約》的運動。

重要的是，要讓更多人醒覺到核武器的存在是與自己唇齒相關的問題，挺身成為變革時代的主體，發揮領導潮流的力量。在此，我提出以下三點，來作為反對核武器的團結主旨：

(1) 任何國家，任何領導人，都沒有權利使用可以於瞬間奪走眾多生命與未來的核武器。

(2) 安全並不能建立在核武器之上。即使不使用核武器，開發、試驗核武器會帶來深刻的健康問題及環境污染，而且其存在本身會招來無休止的擴軍及擴散危險。

(3) 擁有核武器，只是一種保護自國安危和國益而不惜採取任何手段、不管他人死活的至為自私的想法，這是不能被容許的危害人類和平共存的思想。

就這三點也可以看出，從廣義的人道主義來看，絕對不應犧牲他人來謀求自己的幸福，而保障安全的最終目的，就是保護所有生命的尊嚴。

就此，我們可以清楚明白到為何核武器是「絕對惡」。這也是我們SGI通過最近的「從暴力文化到和平文化：人的精神變革」展，最想向廣大觀眾呼籲的主旨。

因為眼看不見，而日常生活中也感受不到核武器的威脅，遺憾的是，對於許多人來說，與其說感到不安，還不如說大家覺得這是一件過往的歷史悲劇。

所以，為了突破這堵牆，不應該僅僅使人認識到核武器的非人道性及威脅，還要讓大家明白到，繼續生存在被核武器籠罩的世界本身是多麼不合理和非人性，以及核武器構造上的暴力如何極大地扭曲了我們的世界。

基於這意義，我完全同意前聯合國負責裁軍事務的副秘書長、帕格沃什科學和世界事務會議（Pugwash Conference）達納帕拉會長意義深長的說話：

「裁軍基本上是為了保護人民的人權及生存而進行的人道主義挑戰。我們應該看待核裁軍運動與追求反對奴隸制度、爭取男女平等、廢除童工等運動的重要性是完全一樣的。」（全球安全研究所的常年報告，Global Security Institute）

重要的是，作為生活在同一個地球上的人，在良心上都應該意識到，不能讓任何國家的人民成為核武器的犧牲者。

基於這信念，拒絕繼續在核武器的威脅下生存。我們每一個人都要作出決定，以自己的雙手建設一個沒有核武器的世界，積少成多，以星火燎原之勢去建構一個成立《核武器公約》的基礎。

從戶田發表《禁止原子彈氫彈宣言》五十週年的2007年起，SGI發起並擁護「廢除核武器民眾行動十年」運動。除了舉行展覽、召開會議以外，還參與防止核戰爭國際醫生會議（IPPNW）所開展的「國際廢除核武器運動（ICAN）」，與國際通訊社（IPS）合作共同發表有關核武器的新聞及評論。

2010年，日本創價學會的青年徵集了要求制訂《核武器公約》的二百二十七萬人的簽名，提交聯合國秘書長及《不擴散核武器條約》審議大會議長。

值得高興的是，在通過徵集簽名的同時，八個國家的SGI青年和學生，共同進行了「關於核武器的意識調查」。他們的行動，作為年輕一代對核裁軍的意欲表徵，深受聯合國及裁軍專家們重視。

民間社會攜手開始行動的時機已經成熟了。SGI會繼續配合推進「廢除核武器民眾行動十年」，全力開展使制訂《核武器公約》走上正軌的運動。以SGI青年的熱情為引領，以廣島、長崎原子彈爆炸七十週年的2015年為一個目標，年復年地擴大「無核武器世界」的潮流。

❊ 建構人權文化

接下來，我要談論有關如何建構人權文化。

自「聯合國人權教育十年」(1995 － 2004) 啟動後，人權文化成了一個流行語。那是指每一個人自發地去尊重人權、保護生命尊嚴，鼓吹這種生活方式，讓它成為全社會文化的潮流。這聯合國的框架是由非政府組織作為強大後盾而得以實現的。其根本的問題意識，就是如何能確立法律制度來保障人權，在人權受到侵害時如何給予救濟，和如何在日常生活上培育出不侵害人權的文化土壤。

我正與馬丁 · 路德 · 金博士的戰友、長期推進人權運動的歷史學家文森 · 哈丁 (Vincent Harding) 博士進行對談。博士對建設人權文化的觀點令我深深感動。他認為「民權運動」這名詞不能充分表達他和金博士所開展的運動。他擔心下一代人認為既然已經制訂了這麼多禁止歧視的法律，「民權運動」已經是過去的歷史。他強調說：「假如我們提到這運動時不用『民權運動』這字眼，而說是『擴大民主主義的運動』，那麼所有後一代的人都會意識到他們除了繼承以外，還有責任及義務將民主主義擴大。所有下一代應負起責任把它一直繼續下去。」(《希望的教育 · 和平的行進》)。

在此我要強調的是，並非成為法律所以人權就有價值。人權的價值，在於為爭取成立該等法律的鬥爭中，在於本着這精神連續不斷地把運動擴大的勇敢領袖們的奮鬥中。這種想法，是令生命尊嚴扎根於社會的關鍵，也是與我在前文引用的「法不自弘，人弘法故，人法共尊」的佛法精神相共鳴的。

正如釋尊所說：「不問出身，但問品行，正如火從木頭中產生……」(《經集．大品第三章》)，佛法一方面強調無論任何人都擁有至為尊貴的生命，也就是人根本上是平等的；另一方面又強調只有自己的行動才是使生命放出光輝的關鍵。釋尊又說：「讓一切眾生幸福安全！讓他們快樂！」(《經集．蛇品第八章》) 教誨要實踐以自他同享幸福及社會安穩為目標的生存方式。

SGI 基於重視人的內在變革的佛法思想，作為聯合國非政府組織主要活動成員之一，努力推進人權教育活動。先於 1993 年 6 月在維也納舉行世界人權會議，於同年 4 月在東京的聯合國大學舉行了「現代世界人權」展及有關活動。至「聯合國人權教育十年」於 2004 年終止為止，該展覽一共在世界四十個城市巡迴展出，從民眾的範疇進行意識啟蒙。

我也對 2001 年 8 月在南非德班 (Durban) 舉行的聯合國反對種族主義、種族歧視、仇外心理和有關不容忍行為世界會議等等提出倡議，訴說聯合國人權教育的框架應該延續。因此我很高興知道，作為延續「聯合國人權教育十年」的框架，在 2005 年開始了「世界人權教育方案」，強調建設人權文化的重要。而代替聯合國人權委員會於 2006 年 6 月開始活動的人權理事會的主要任務之一，就是去「推進人權教育與學習」。

於 2007 年 9 月，接受瑞士及摩洛哥的提案，人權理事會決定起草《聯合國人權教育和培訓宣言》草案，並準備於今年秋天的聯合國大會上通過它。假如成功的話，這會是聯合國首次制訂人權教育的國際基準宣言。以此為契機，希望能更加鼓起各地為人權文化奮鬥的人士的自覺和團結，落實全球的人權文化。

⁂ 新制度框架

在這裏，我想就如何形成這一基礎而提出三個具體方案。

第一，整頓專門推進人權教育的聯合國組織。

現在雖然正在起草《聯合國人權教育和培訓宣言》，但是要在聯合國大會獲得更多國家贊成及通過，並在世界各地實施，不可或缺的是民間社會的全力支持。而且「世界人權教育方案」還沒有專門負責的國際機構，今後在繼續充實框架上，非政府組織有必要積極支援。

目前，這方面是由「享有聯合國諮商關係的非政府組織會議」(CONGO) 的下屬組織以日內瓦「人權教育與學習非政府組織工作小組」為中心開展活動，使民間社會的意見能夠反映在聯合國人權教育的有關政策上。

2009 年 3 月，非政府組織工作小組與「人權教育協會」(HREA) 的國際網絡合作，向人權理事會提出了由

2009 年 3 月舉行聯合國人權理事會第十次會議，在全體會議時，發表有關聯合國人權教育的非政府組織聯合聲明，SGI 為此聲明其中之一的代表發言團體。（聖教新聞社提供）

三百六十五個非政府組織聯名的提案，引起許多理事會有關人士的關心。一名 SGI 代表現正任此非政府組織工作小組的主席，而 SGI 也正與人權教育協會一起製作介紹人權教育具體成功例子的 DVD，預計於 2011 年內完成。

在這裏，我呼籲組建以關心人權教育的現有非政府組織網絡及團體為中心的「人權教育國際理事會」，配合人權理事會及人權事務高級專員辦事處推進國際間的人權教育。

作為將來的展望，基於聯合國與民間社會合作至今所積累的實績，於聯合國設置處理人權教育計劃等的專門組織，在確保充分的運作體制及資金上，作為與聯合國與各國政府、非政府組織的協商機構，勸告各國切實履行世界人權教育方案及聯合國的宣言，使全球得以落實人權文化。

⁂ 青年的任務

第二，加強地區性團結來推進「以青年為焦點的人權教育」。

聯合國把2010年8月起的一年間定為「國際青年年」，呼籲世界青少年發揮他們的能力、熱情和創造性來協助克服人類面臨的各種問題。

回顧歷史，甘地或金博士等人都是在二十多歲時就投身人權運動。許多人權運動發自青年的熱情及力量。衝破嚴峻的社會現實，建立新時代，青年所起的作用是無法估量的。

金博士晚年曾對青年說：「假如一個人不再真正參與社會，或不再感到對社會負有責任，民主主義就變得空洞而不實際。」(《良知的號角》, *The Trumpet of Conscience*)

對於建設人權文化也是同樣。正如哈丁博士在與我的對話中所強調，不可或缺的是參與人權運動的代代相承和發展。鑒於全球化的現代形勢，我認為除了以國家為單位的人權教育之外，還應該加強超越國家框架的、以青年為中心的地區性人際交流等，來充實「以青年為焦點的人權教育」。

現在，歐洲委員會(Council of Europe)正在推進民主的公民教育與人權教育，把市民定義為「在社會中共生的人」(《民主主義公民教育》，*Education for Democratic Citizenship*)。這運動旨在培育勇於行動的青年市民。我認為，於其他區域，同樣可以由非政府組織等民間社會團體來積極推進超越國境的人權教育。

我曾在 1987 年的倡言裏，呼籲實行「聯合國世界公民教育十年」，以環境、發展、和平、人權為四個主題，來提高肩負二十一世紀的年輕世界公民對未來的挑戰意識和責任感。作為具體的一環，SGI 支持自 1995 年開始的聯合國人權教育框架，及自 2001 年開始的「為世界兒童建設非暴力與和平文化國際十年」。

SGI 還與其他非政府組織共同呼籲制訂「聯合國可持續發展教育十年」，並於 2005 年這運動開始以來，一直積極支援。

為了讓和平文化在全世界扎根，為了構築可持續發展的未來，SGI 今後也將繼續舉行多元的活動，尤其積極推進國際間人際交流，培育青年對人權文化的認識和參與，讓青年們能求同存異，懂得相互尊重，刺激他們的創造性和活力。

✻ 跨宗教對話

第三，推進跨宗教對話來建設人權文化。

人權不是單憑學習就可以在民眾的心中扎根。聯合國人權事務高級專員辦事處在為小學、中學的學生指南書裏明確指出此點：

「不管老師教課的本領有多高，有多麼認真，都不可能在課堂上單靠文件和講述歷史就把人權帶進現實生活……，為了使這些文件超越純理論性的意義，學生們需要從現實生活經驗的觀點來領會文件，並按照他們自己對正義、自由和平等的理解來掌握文件中的精神。」(《人權教學入門》，*ABC, Teaching Human Rights*)

例如，當兒童遇到同學遭欺負的時候，如何能令他有能力不但不加入欺負，而能夠站在制止欺負這一方呢？只有通過這些每天發生的事，通過現實的心靈搏鬥，才可以磨練出真實的人權感覺。這不僅局限於學校教育，也適用於所有的人。

我認為，作為其基礎的，就是能對他人的痛苦感同身受的我們的良心。無論面對任何情況，也能表現出自己不以為恥的「最好的自己」，以這一信念作為自己的精神支柱。宗教本來的目的，就是去鼓勵這種道德風氣的形成和發展。

無論人權如何受到法律周密的保護，假如被認為是外在的規定、他律的道德的話，就不能真正成為保護人的巨大力量。

正如甘地說：「非暴力不是像衣服那樣想脫就脫，想穿就穿，它位於我們的心中，和我們應該是一體不二的。」(《我的非暴力主義》，*My Non-violence*)

只有當人權規範能昇華成為個人的誓言——「假如我不忠於這精神，就不再是真正的自己」，才可以成為變革社會的無限力量的源泉。當然，這並非說只有宗教才能提供如此的倫理基礎。例如醫師們作為信念的、鼓勵一己履行責任和義務的「希波克拉底誓言」(Hippocratic Oath)[4]那樣，如此的倫理規範今後將會愈來愈重要。

另一方面，正如宗教學者田立克 (Paul Johannes Tillich) 所指，由於宗教不斷在探求一些震撼心靈的重要解答，例如「人是為甚麼而生存？」這也是宗教大有貢獻的原因之一。宗教不斷令人探究更有價值的生活方式，如田立克所說，是一種「不失去自身同時能超過自身的創造力」(《存在的勇氣》, *The Courage to Be*)。

如上所述，SGI 運動是以通過每一個人內在的變革，來實現自他共享更美好的生活。我們所推進的人權教育運動，是以民間社會的自覺為目標，令每一個人都成為「人權體現者」而在日常生活中實踐的草根運動。

佛法精髓的《法華經》中描繪了一位最好的楷模——常不輕菩薩。這位菩薩相信任何人的生命都極尊貴，對於見到的每一位都頂禮膜拜，說：「我深敬汝等，不敢輕慢」。當時世相混亂，人們對他惡言相向，加以嘲笑，有時甚至以木杖

4　古希臘的醫師團體提倡的論理規範。以醫學家希波克拉底的見解為基礎，新加入的成員必須閱讀，並發誓按照這一規模行動。之後，從近代到現代以歐美各國為中心也採用在醫學教育之中。雖然內容有不同程度的改訂，但其精神至今依然得到繼承。

毆打，石塊投擲等。雖然如此，常不輕菩薩也絕不放棄實踐禮拜行。

《法華經》傳到中國，由鳩摩羅什進行翻譯時，把這位菩薩的名字譯為「常不輕菩薩」，表示他絕對不會輕視任何人。創價學會自創辦以來的八十餘年，一直以「常不輕菩薩」的精神為人權奮鬥至今。創立初期，雖然一直被嘲笑為「窮人與病人的集團」，但是會員卻把這些嘲笑作為最大的讚譽，認為為苦惱的民眾盡力正是佛法的根本精神，心中燃燒着這信條，腳踏實地地貫徹對話，為每一個苦惱的友人送上勇氣。

《法華經》還敍述了普賢菩薩、藥王菩薩、妙音菩薩、觀世音菩薩等各種各樣的菩薩以自己的特長為人盡力的姿勢。於現代來説，就是所有人都應該最大地發揮所長，互相磨練成長，身體力行人道主義和維護人權。

今年聯合國正在推行一項鼓勵新世代參與的、以「大聲疾呼，制止歧視！」(Speak Up, Stop Discrimination) 為主旨的活動。我相信全球的宗教人士也應該起來共同商討自己可以貢獻甚麼，而這主旨正好提供了一個絕佳的起點。1993 年我在哈佛大學的演講中有如下的提問：「宗教能令人強起來，或變得懦弱？宗教令人從善，或令人行惡？令人變得賢明，或變得愚蠢？」當然，這也是我們 SGI 不斷自省的問題。

我要呼籲全球的宗教人士參與創價學會初代會長牧口常三郎所提倡的「人道競爭」。讓我們以建設人權文化為共同目標展開對話，認清各自的原點和歷史，一起培育能帶動人權建設的人才。

⁂ 覺醒的人民力大無窮

在這倡言中，我以「禁止和廢除核武器」及「人權文化的建設」為中心提出了幾點意見。我們要緊記，假如每一個人民都起來行動，就能直接帶動人類歷史上的巨大改革，並能引以自豪。

在此，令我想起了哥倫比亞大學地球研究所的傑佛瑞・薩克斯（Jeffrey David Sachs）所長的話。他在《貧困的終結》（*The End of Poverty*）中，回顧過去兩個世紀的歷史，分析甚麼是終止奴隸制度、殖民地主義和種族歧視的成功因素。

他說：「過去也曾有為擴大人的自由與福利而成功的世代。他們的成功來自奮鬥、對話、忍耐，還有闊步於歷史正道上的深層自覺。」（《貧困的終結》）

通過我們的日常行動、對話和參與，能使世界朝着正確方向前進，這樣的歡喜和確信正是令民眾產生無窮力量的源泉。每一個看起來普通平凡的人，都是創造新時代的主角。人的精神覺醒與變革，是至為勇不可擋的龐大力量。我們SGI，今後也向着建設「和平與共生的全球社會」，將會不斷擴大與志同道合的民眾團結一起，奮勇前進。

建設維護生命尊嚴的光輝世紀

2012 年 SGI 日紀念倡言

為了確立一個和平與共存共榮的地球社會，從 1983 年 1 月 26 日開始第一次發表「SGI（國際創價學會）日」紀念倡言以來，這次已經是第三十次。

我們 SGI 自 1975 年成立以來，本着佛法的「生命尊嚴思想」所開展的和平、文化、教育運動，以維護所有人的尊嚴與建設和平世界為目的，一直努力至今。

成為我們這運動的巨大推進力的，就是恩師戶田城聖第二代創價學會會長的「希望從地球上消除悲慘二字」的熱切願望。

現今的世界上，有許多人由於內戰、貧困與飢餓、環境破壞等威脅，迫使他們的生命及尊嚴處於危險狀態，也有很多人仍然飽受着人權侵害、種族歧視的痛苦。

除此之外，最近還不斷發生突如其來的自然災害，使許多人在一瞬間失去寶貴的生命，或生活基礎受到嚴重破壞，對社會造成深刻的打擊。

回顧最近十年，世界各地連續發生了各種自然災害：2004 年印度洋大地震和海嘯、2010 年中美洲海地的大地震、2011 年 3 月的東日本大地震、紐西蘭及土耳其等的地震、泰國及菲律賓的水災、索馬里和非洲東部各國的乾旱等等，都造成家破人亡死傷慘重的結果。

我要對不幸罹難的人表示哀悼之意，同時也祈念各地災區和災民能早日脫離苦境，重建家園和生活。

災害是可怕的，正如過去對於預防地震、海嘯不斷提出警告的物理學家寺田寅彥所指摘的那樣，「文明愈加進步，自然的強大威力所帶來的災害程度也愈加劇烈」。（《天災與國防》）

可以說，日本大地震引致的福島核電站的事故，就是一個典型例子。核輻射污染波及國內外的廣泛地區，許多人被迫長期過着避難生活。還有核輻射對兒童健康、農作物及食品等的影響也是個令人憂心的問題。

由於這次天災加上人禍對社會帶來史無前例的禍害，人們開始對現代社會依存核能源的現狀、還有科學技術的肥大化等提出了重大的疑問。

⁂ 人類安全策略

經濟學家阿馬蒂亞·森博士以提倡各種「人類安全」策略著稱。他少年時代在家鄉孟加拉曾遇到大饑饉，以後一直對貧困、不平等問題保持強烈關心，對經濟及社會現有狀態進行研究探討。他不斷訴説，為保障人的生存、生活尊嚴而有的「人類安全」策略，需要以全球性規模去推廣。他尤其強調來自「突如其來的窘迫危機」(dangers of sudden deprivation) 的風險：

「威脅人的生存及日常生活的安全、危及男女與生俱來的尊嚴、使人處於對疾病及瘟疫不安的環境，令處於弱勢的人們因經濟惡化而陷於極端貧困狀態——為了對應這種種危機而需要付出特別的注意。」(《人類安全立即行動》，*Human Security Now*)

森博士所強調的，就是如不想方設法減輕蠶食「人生命至要的核心部分」(the vital core of all human lives) 的危險與不安，就不可能有真正的社會安寧。

這種「突如其來的窘迫危機」除了自然災害以外，還包括由於突然而來的經濟危機所擴大的生活不安，由於氣候變化所帶來的急劇環境惡化等等，各種形式的威脅，無論是先進國家還是發展中國家都有可能隨時發生。

森博士和緒方貞子博士共同擔任議長的「人類安全委員會」在 2003 年的報告書中提到：「當人們反復遭遇危機及無法預想得到的災難而瀕於無法重新站起來的時候（包括極度貧困、個人損傷或破產、社會全體受到衝擊或災害），人類安全策略就是要對這些人施予支援之手」。

去年 9 月，世界銀行的羅伯特・佐利克 (Robert Zoellick) 總裁警告，世界經濟已進入一個新的危險地帶，而這經濟危機正在各國連鎖擴大。自 2008 年雷曼衝擊 (Lehman Brothers Bankruptcy) [1] 以來，世界經歷長期不景氣。接踵而來的，就是

1　2008 年 9 月，因為美國投資銀行雷曼兄弟的破產而引發世界性經濟金融危機。幾乎所有國家的股票市場都暴跌，金融系統的不安帶來了國際性的金融收縮。不僅僅是美國，歐洲各國及日本也同時陷入自第二次世界大戰以來的負增長。

以希臘財政危機為導火線的歐洲各國信用危機的擴大，及歷史上首次出現的美國主權債務評級被下調等等，進一步加深了金融市場的混亂及不景氣。

根據最近國際勞工組織（International Labour Organization, ILO）報告，全世界的失業人口達到約二億人。於許多國家，民眾的生活水準愈發受到打擊。其中以青年人的失業率最為深刻，在某些國家青年的失業率達到其它年齡羣的二倍到三倍，就是有工作也是非全日或非定時，工資極低。這種不穩定的就業狀態於全世界也是日趨普遍。

至今年為止，我的倡言一直以糾正「地球社會的歪曲現象」為主。這些「歪曲現象」，就是指只因為出生於某地，或由於成長環境等條件，而令人不得已地被迫接受「生活的差距」和「尊嚴的差距」。

現在，這種「突如其來的窘迫危機」，如自然災害及經濟危機等也同樣威脅着人類的生命、生活和尊嚴。在這次倡言，我將談到應該如何去對應這些問題。

⁂ 失去至親的痛苦

災害能在一瞬間把人生命之中至為寶貴、難以替代的東西奪走。沒有比失去撫育自己的父母、同甘共苦的配偶、最心愛的子女和孫子、親友、鄰居等人生重要的存在更加悲痛。

佛法稱之為愛別離苦，這種刺心的痛苦是任何人也難以忍受的。

我從年輕的時候就喜歡閱讀美國思想家愛默生（Ralph Waldo Emerson）的著作。他心愛的兒子五歲時因病不幸去世，當時他在日記中這樣寫道：「昨天晚上 8 點 15 分，我的小華都（Waldo）走了。」

愛默生從青年時候開始就經常寫日記，來紀錄自己的哲學和文學觀點。在沉痛之中，他能留下的只是這短短的一句話。

緊隨着的日記是四頁（兩日）空白的紙張，記下愛默生無法用語言表達的悲痛和哀傷。直到第三天，他再次拿起筆寫下了下述感想：

「雖然光輝耀眼的太陽升起來了，但是我的空虛（痛失小華都）令風景失去往日的色彩。因為一直無論是睡着還是醒來，我都是想着這孩子。拂曉的星辰、傍晚的雲彩，也只是因為這個孩子的存在才顯得美麗動人……」

佛法直接注視「生與死」的問題。1276 年，日蓮大聖人寫了一封信給丈夫先逝、兒子又因故去世的女信徒。

信中，他代替母親寫出了她心中的哀痛：「為何親欲代子先死而不能，是欲留置此世，長使傷歎者耶？情何以堪。」（為何不讓母親代替孩子先走？留下她孤伶伶地在嘆息，這是多麼令人辛酸啊！）（《日蓮大聖人御書全集》，961 頁）

更而，日蓮寫道：「若投火，若碎首可見得我子之形，今當是在所不惜者乎……思汝定作此念而淚潸潸下。」(只要能再看到我兒子一眼，即使跳入火坑、撞破頭顱也在所不惜，一想到您必作此想時我就流淚不止。)(同前)

災害就是在毫無先兆的情況下，一下子強迫許許多多人飽嘗這種失去親人、朋友的痛苦。於這種情況下，全體社會要長時間地持續支持這些災民十分重要。

可悲的是，災害還破壞人們賴以生存、作為立足點的家，破壞生活社區的人際紐帶。家不僅是居住的空間，還刻有家族的歷史、滿載着日常生活感情的生息之地。在這裏流動着家族貫穿過去、現在及未來的特別時間。失去家園就意味着切斷了整個人生史的時間。

另外，與去年東日本大地震一起發生的巨大海嘯，不但毀滅了整個社區，也隨之毀滅了災民與左鄰右里以及與該地方、土地的紐帶。就算找到新的生活地點，也是被迫在不同的環境下生活，失去了多年以來所建立的許多寶貴的人際關係。

每當我想到這些災民的辛勞和悲痛時，我就憶起了作家聖修伯里(Antoine de Saint-Exupéry)的話。

「事實上，沒有任何東西可以取代那樣的同伴。舊友是不可能輕易復得的。沒有任何東西能比得上那種寶貴的共同回憶——那段共患難的時光、那番時而爭吵而又馬上言歸於好的情景、那種種的深情。早上播下橡樹的種子，下午就

想在其樹蔭下乘涼休息，那是不切實際的奢望。」(《風沙星辰》，*Wind, Sand and Stars*)

雖然這篇文章描述親友之間的寶貴紐帶，以及失去時的悲痛，但是這種悲痛和我們失去「家園」、「故鄉」、「社區」時的感受沒有兩樣。這是絕對不能熟視無睹的現實。

災害又同時奪走了許多人的工作，令他們失去生存價值，甚至摧毀了生存的尊嚴。

我現在正與悉尼和平基金會的里斯 (Stuart Rees) 博士進行對談。其中一個焦點就是失業對人的尊嚴帶來不可言喻的威脅。

里斯博士在其著作中寫道：「失業問題絕不僅僅是謀生之道被截斷的問題，它會奪去人們達成某種目標，或對社會作出貢獻的滿足感，令人失去從工作上所感受到的最基本的作為人的價值。」(《超市場化的時代》，*Beyond the Market*)

世界著名免疫學家多田富雄在六十七歲時因為突然發病而不得不終止許多手頭上的工作。

之後，多田這樣描述當時所感受到的打擊：

「從那天起，所有的一切都改變了。我的人生、生活的目的、歡樂、悲哀，所有這些都與以前不一樣了。」「想着想着就感到難以形容的空虛，這種無法忍受的感覺難以驅除，所有的一切都不得不放棄。」(《寡默的巨人》)

對於人來説，工作是一種證明自己對於社會有存在必要的因素。即使不是那麼醒目的工作，只要覺得只有自己才能夠做到，就能令人每天的生活感到自豪和充實。更何況由於災害而失去房屋財產，又被迫要過避難生活，失去工作不但斷絕了經濟命脈，也同時失去了前進的動力，和進行重建工作時所需的精神平台。

因此，讓那些被迫遷居及轉換工作環境的人重獲可以安居的地方，才能使災民漸漸恢復生存的希望，才有可能實現「心靈上與人生的復甦」。而我們需要做的，就是持續不斷地支持他們。

⁜ 歷史的教訓

實際上，不僅僅局限於這樣的災害，各種各樣的全球性問題也不斷地擺在人類跟前。那麼如何阻止悲劇的擴大，如何從地球上消除「悲慘」二字，需要抱有甚麼樣的理想，需要做甚麼樣的研究呢？

「我們過去的經驗，就是我們唯一能夠掌握的照耀未來的光芒。」這是著名歷史學家湯恩比博士的名言。

四十年前，我接受湯恩比博士的邀請，在他的倫敦家裏訪問他，進行了廣泛展望人類未來的對話。其中一個博士經常強調的主題就是「歷史的教訓」。博士的歷史觀基礎，就是他所講述的「各個文明的同時代性」(所有文明社會在哲學上都屬於同時代)。(《文明經受着考驗》，*Civilization on Trial*)

由 1972 年 5 月開始，國際創價學會會長池田大作與歷史學家湯恩比博士（右）的對話橫跨兩年，長達四十小時，之後結集成書《眺望人類新紀元》，現已翻譯成二十九種語言出版。（攝於 1973 年 5 月英國倫敦，聖教新聞社提供）

在第一次世界大戰爆發以後，在給學生教授史學家修昔底德（Thucydides）所著的關於公元前五世紀的伯羅奔尼撒戰爭（Peloponnesian War）[2] 的時候，湯恩比博士的腦海裏突然浮現出這個概念。他說：

「我們不久前的經歷是與古代希臘的內亂為起點的修昔底德的歷史完全相似的。雖然當時的時代與現代相差

2　從公元前 431 年到公元前 404 年，在古代希臘所發生的戰爭。以雅典為中心的提洛同盟（Delos）和以斯巴達（Sparta）為中心的伯羅奔尼撒聯盟（Peloponnesus）之間互相爭奪霸權。伯羅奔尼撒一方最後雖然因受到波斯的援助而獲得勝利，但是戰爭的創傷令整個希臘轉向衰退。

二千三百多年，但時間並沒有造成影響。當時的歷史將在我們面前重複發生。」(Comparing Notes)

博士以他這透徹的歷史慧眼，從數千年的歷史上吸取教訓，而不停地對現代世界敲響警鐘。在與我的對談集中，博士說：「面對威脅人類生存的現代各種罪惡，我們不能採取失敗主義或被動捱打的態度，也不能是超然的、漠不關心的。」(《眺望人類新紀元》)

正如湯恩比博士所言，面對世界不斷發生的災害，在我腦海中浮現的是日蓮大聖人所著述的〈立正安國論〉。這是他於 1260 年寫給當時鎌倉幕府最高掌權者北條時賴的一封諫言書信。

〈立正安國論〉的開頭寫道：「自近年，至近日，天變地夭、饑饉疫癘，遍滿天下，廣及地上。牛馬斃途，骸骨盈路(從這幾年到最近，天變地異、饑荒疫病，遍佈全國，瀰漫大地。牛、馬暴斃在街巷，屍骨充斥在路上)」(《日蓮大聖人御書全集》，16 頁)。

正如其言，當時的日本發生了連串的天災人禍，社會上民不聊生，致令日蓮不得不提起筆來向幕府最高掌權人進呈諫言。

⁜ 國家的責任

在這裏，以現代的角度去看這篇文章的人類安全觀點時，我覺得〈立正安國論〉提供了三個非常重要的視點。

第一個視點就是，日蓮認為對於一個國家來說，至為重要的就是生活在其中的民眾。

〈立正安國論〉可以説是日蓮佛法哲學的骨幹。他在一生中曾數次重新抄寫。通過閱讀現存的真跡，可以看出有特徵的漢字的使用方法。取代作為表示國家而通常使用的「国」(意味王的領地) 和「國」(意味通過武力統治的地區) 字的，是於「囗」中寫進「民」字的「囻」字，佔了全篇「國」字的近百分之八十。可以看到，日蓮通過選用的漢字，凝聚了他所要表現的思想哲學。

日蓮在另一篇書信中也記述到當權者應為「萬眾之手足」(《日蓮大聖人御書全集》，184 頁)，就是説，為政者需要服務民眾，保護其生活與幸福。

日蓮向最高掌權者提交進諫書〈立正安國論〉，指出正確的佛法思想能打破覆蓋在社會上的混沌黑暗。於當時的封建時代，此舉如同是不顧性命的舉動。結果，日蓮為此而經歷了兩次的流放和數不勝數的生命威脅。

但是，經過七百五十多年的時光，日蓮所提出的觀點與當今的人類安全基本理念竟然是極為雷同，互相呼應。以下我要引用「人類安全委員會」(Commission on Human Security) 的報告書，來證明我的觀點。

「國家還是處於向民眾提供安全的主要位置。但是它經常沒有履行保障安全的任務——有時候還成為威脅自己國民安全的根源。因此，有必要從國家安全的視點轉移到民眾安全的視點，也就是人類安全。」(《人類安全立即行動》)

在這個意義上，無論如何推進經濟成長，如何增強軍備，如果不努力去除民眾的痛苦，不確保民眾生活得有尊嚴的話，那麼國家存在的理由又在哪裏呢？

災害揭露了社會上往往難以見到的薄弱之處。它們顯示出老人、婦女、兒童、殘疾人士，以及為經濟差距所苦的人等，都是社會上最易受害的人羣。這在東日本大地震時也是有目共睹的。

每當想起大批災民，尤其是這些社會上弱勢羣體的苦難時，就不得不對政府的遲緩對應大失所望了。

※ 互相依存的世界觀

接下來，我要談談日蓮的第二個視點，那就是互相依存的世界觀。這裏我要再次引用〈立正安國論〉中的一節：「須知，汝欲求一身安堵，必先禱四表之靜謐（想要得到自身的安寧，首先要祈禱國家世界的太平）」(《日蓮大聖人御書全集》，30 頁）。日蓮指出，沒有只是自己的幸福及安全，也沒有只是他人的不幸及危險。

如同全球變暖的問題所象徵，在互相依存不斷加深的世界，假如不去處理在某地區所發生的威脅，極有可能發展成全球性的威脅。同樣地，看起來如今所面臨的只是一個小威脅，但如果只是袖手旁觀，那麼對於將來的人類來説，很可能是一個無法挽救的事態。

關於這種時間和空間的威脅，聯合國秘書長潘基文在他的 2010 年聯合國大會報告中提到：

「『人的安全』致力於了解對個人和社區的各種威脅的特定組合如何會轉化為更廣泛的國內和國家間安全漏洞，以預防和緩解未來威脅的發生。」(《人的安全：秘書長的報告》，Human Security : Report of the Secretary-general)

這裏清楚指出了〈立正安國論〉所述的，如果沒有「四表之靜謐」(世界的太平)，就根本沒有「一身安堵」(自身的安寧) 這觀點。

這觀點立足於佛法的「緣起思想」與我於過去的倡言中多次引用的何塞．奧爾特加．伊．加塞特的話起共鳴：「我的存在包括自己與自己的環境。假如我不能挽救環境，我就救不了自己。……拯救現象，就是説去理解我們周圍事物的意義。」(《唐吉訶德沉思錄》，*Meditation on Quixote*)

當發生災害時，世界各地民眾都表示真誠的關心以及馬上送出支援物品。正是這種「同苦之心、團結之心」，給災民帶來無比的希望及勇氣。

日蓮主張：「一切眾生受異苦，悉是日蓮一人苦」(《日蓮大聖人御書全集》，792 頁)。在〈立正安國論〉中，提供了一個與民同苦，並奮於解除民眾痛苦的生存方式。

日蓮所提到的「四表」和立正安國的「國」，其意義包含着廣闊的時空觀念。從御書中反復使用「一閻浮提」、「盡未來際」這兩個詞彙也可以看到，日蓮的世界觀同時包含着整個世界以及遙遠的未來。

從現在來看這兩個時空概念，就是意味着「不能夠輕視世界上任何地方所發生的悲劇」，以及「絕對不能給後代留下負面遺產」。從另一方面來看，前者也就是一種「作為世界公民的自覺性」，而後者就是「基於可持續發展的責任感」。

人類不但生存在同一個地球上，也要把這地球留傳給後代——我們必須意識這兩個縱橫伸展的生命連鎖，然後展開行動。

⁂ 自強的重要

下面我要談到日蓮的第三個視點，就是現代人所稱為「自強」(empowerment) 的概念。以日蓮的觀點而言，於現代就是要通過「對話」，在面對難題時把「共憂」的心情昇華到「共誓一起解決」的行動。

正如許多佛教經典皆採用對話及問答形式構成那樣，〈立正安國論〉也是通過一位來訪客人 (代表為政者) 與主人 (代表佛法信仰者) 這兩個立場不同的人的對話來進行。最初是從客人與主人談到近年於國土中連續發生的災難，並表示悲嘆的心情開始。雙方都對災難表示非常同情和關心，然後通過對話，各自發表不同立場的意見，要找出如何阻止災難繼續發展下去的方法。

開始對話時，兩者都認真地交換基於各自信念的主張。主人對客人所表示的憤怒及困惑一一分析作答，努力去解決疑團。通過深入的議論這種互相撼動靈魂的熾烈過程，最後客人對主人的意見心悦誠服，思想從開始的「共憂」變成了最後的「共誓」，說出：「非唯我信之，復當誡他人之誤（不單只自己相信，也要告誡他人的錯誤見解）。」（《日蓮大聖人御書全集》，31 頁）

那麼通過對話，二人所得到的結論又是甚麼呢？這就是在佛典之精髓《法華經》中所論述的——「所有人都具備無限的可能性」。

也就是說每個人都蘊藏着無限可能性，擁有發揮無法取代的尊嚴的力量。覺醒這尊嚴，可以令陷於苦惱的人的心中亮起希望之光。而這人又能於他人的心中同樣地點燃希望之光，如此一傳十，十傳百，人心復甦的擴大最終會形成衝破覆蓋社會混沌與黑暗的力量。

在「人類安全委員會」的報告書中，也記有與《法華經》這思想異曲同工的共鳴語句。如人類安全需要立足於「人的力量與熱望」（《人類安全立即行動》），其中的關鍵就是「為了自己，也為了他人行動的能力」。（同前）

「對於所有推進人類安全的活動來說，至為基本的重點不應該是『我們能做些甚麼？』，而是『這些活動能如何直接使人們發揮自身的潛力？』。」(同前)

日蓮描述他執筆撰寫〈立正安國論〉的時代為「當今世亂，民力不豐(當今是動亂之世，而民眾的力量薄弱)」。(《日蓮大聖人御書全集》，1683 頁) 在接踵而來的災難之前，許多民眾失去了生存的氣力，而且社會上蔓延着逃避現實，只求保住內心寧靜的思想及風潮。

在這種情況下，日蓮認為主張看破人生和逃避人生就能使人獲得救渡的思想，是使人們生命所具有的無限可能性黯然失色的「一凶」。日蓮認為每個人都應該相信自他的可能性，同心協力打破時代的閉塞感，除此之外別無其他方法。

關於這點，令我想起「鼓勵人無論黑暗有多麼深，也要不怕成為一枝點燃的小蠟燭」的奧地利思想家伊萬．伊利奇 (Ivan Illich) 的一件軼事。他在描述和一位天主教主教卡馬拉 (Hélder Camara) 的友情中，談到這位主教在 1960 年代和當時巴西軍政下的非人道主義鬥爭的事。卡馬拉曾嘗試和一位後來成為巴西最殘忍的拷問者的將軍進行對話。結果當然以失敗收場。在對話結束而將軍離去後，卡馬拉沉默了好久之後，對友人伊利奇這樣說：

「絕對不要放棄。只要這個人活着，在看似死灰之下定有一點殘餘的火，而我們所能夠做到的，就是對它吹氣。慎重地、非常慎重地不斷地吹氣。之後，確認火是否燃起，甚至不去顧慮火會否重燃，你需要做的只是吹氣。」(*Ivan Illich in Conversation*)

卡馬拉說出的「絕對不要放棄」，一方面是要重新確認自己的決意，另一方面顯示出他要繼續不斷地鼓勵那些身陷絕望深淵的人們。

使人自強的精神，相等於為敵友雙方的心靈深處沉睡的殘火吹氣的行為。我相信這種堅毅的信心和努力，正是推動甘地、馬丁·路德·金博士等民權運動家，以及終止冷戰的東歐革命、最近被稱為「阿拉伯之春」的民權運動等的原動力。

我從冷戰時期開始訪問中國、蘇聯等社會主義國家，努力為緩和緊張局勢和促進互相理解進行交流，也不斷與各種不同文明和宗教背景的人士進行對話，來擴大超越國境文化的友誼。因為我相信，歸根到底，構築「和平共生的地球社會」的基礎，就是每個人心靈上的變革，這是只有從互相觸及靈魂的一對一的對話之中才能產生的。

＊心靈的復甦

以上通過貫通〈立正安國論〉的三個觀點，提出了遇到災害時，如何去保障人類的安全。而其中第三點使人自強這點，對於如何去恢復災民的心靈健康與平衡，即「心靈復甦」

至為重要。精神上的復甦，在所有重建工程中，是至為困難和需要花費時間的課題。

剛才我提到的「人類安全委員會」的報告書中，也提到人類安全需要立足於「人的力量與熱望」。實際上，這一挑戰並不是一個人簡單地就可以獨自開始的。即使開始行動，但要持續到對人生重新懷抱希望，還需要超越更多的困難。因此，為了向人類安全這高峰挑戰，為了能繼續攀登險峰而不放棄，就必須有「心連心的紐帶」這登山的繩索，和「互相鼓勵」這登山用的繫繩釘。

這點，可以從上文提到的三位歷史人物：愛默生、聖修伯里和多田富雄的人生看到極好的例證。

愛默生的妻子及弟弟們相繼去世，隨後他兒子也病故。往後，他講述隨着歲月的流逝，這種種的悲哀變成了人生的「引路人、守護人」，成為後來把他的生活方式領向好的一面的力量。（《愛默生全集》，*The Collected Works*）

聖修伯里至為理解失去故鄉的悲痛，在其後的文章中他記述了震撼人心的話語：「能拯救一個人的就是向前邁出的一步，然後又一步。雖然總是同樣的一步，但你要踏實地跨出……未知（不知道的世界）讓人感到恐懼，但是當人向未知挑戰後，恐懼就不再是恐懼，未知也不再是未知。」（《風沙星辰》）

因為突然生病而不能夠繼續進行研究工作的免疫學家

多田富雄，最後終於能重新開始執筆恢復工作。他仿效但丁《神曲》的心境，寫道：「如果説現在是處於地獄的狀況，那我就書寫我的地獄篇⋯⋯雖然不知道今後會怎樣，但這是我依然生存着的證據的一部分。」(《沉默的巨人》)

毫無疑問的是，這一齣齣從悲傷中復甦的人間活劇，包含了一幕幕有人在背後提供精神支柱的情節。

1906年舊金山大地震後，哲學家詹姆斯(William James)對災民進行了調查。他所得出的結論是，當災民覺得有人願意分擔他們的悲痛體驗時，他們對苦難及失落感又會有不同的感受。雖然這種分擔的感受並不可以使他們馬上奮起，但至少可以讓陷於苦惱之中的他們「抬起頭向前看」。

為此，我們就不應僅僅是單方面的鼓勵，最重要的是去傾聽對方的心聲，用心去感受對方的苦痛，從而決心去分擔他們的痛苦，然後送上鼓勵，並耐心地去吹燃對方心靈深處殘存的生存意欲火焰。

正如德國哲學家雅斯佩斯(Karl Theodor Jaspers)所指，釋迦的八萬法藏這一龐大教説，其大部分都是對個人或小組的説法。因為釋迦相信，「面向全體的教説，其實就是對每一個人的教説。」(《蘇格拉底、佛陀、孔子和耶穌》，*Socrates, Buddha, Confucius, Jesus*)所以釋迦的教導都是針對個人的煩惱和痛苦而説的。

釋迦稱呼對方為「朋友」，盡量去接近對方的心靈，通過對話去找出煩惱的本質，然後促使對方明白到甚麼是解決的方法。如同毒箭的比喻那樣，佛法的智慧不是為沉湎於形而上學的概念及哲學性爭論而有的，其根源是視眼前每一個人為無法取代的存在，無論如何也要予以拯救的心願。

日蓮的教誨也是這樣，對於弟子們的苦難就如同自己的苦難那樣嘆息，像擁抱於懷般去溫暖地鼓勵弟子。由於所有的教誨都是出自要弟子們於人生中奮起和超越任何考驗的堅強決意，所以作為「慈愛和祈願的結晶」所表達出來的字字句句，對於活於現代社會的我們來說，也是人生的重要指標。

⁂ 與民同在

SGI 立足於這樣的佛法精神，在社區推廣「一對一的對話」，擴大互相鼓舞的網絡，踏實地培育心與心之間的紐帶。因此，當災害等緊急事態發生時，我們不但開放社區內的 SGI 會館來給災民避難，也積極地參與搬運和分配救援物資、清理收拾災區等賑災活動。不少參與救援的 SGI 會員自己也是災民，但出於不能把他人的痛苦置之不顧的心情，積極地起來行動，共同承受悲痛及苦難，通過持續對話互相鼓勵。

這種互相扶持、共同分享人生悲哀喜樂的行動，正是我們以「萬眾幸福」為目標的 SGI 會員的日常信仰活動的延續。

去年 6 月在瑞士舉行的聯合國難民事務高級專員公署(Office of the United Nations High Commissioner for Refugees,

UNHCR）與聯合國非政府組織年度協議大會上，召開「基於信仰的組織（Faith-based Organizations, FBOs）的任務」為主題的分組會議。該會議注視社會中發生威脅人類安全與生活的事故時，此類以宗教信仰為基礎的組織所能發揮的作用。在分組會議上，SGI代表做了東日本大地震賑災活動的報告，指出「受災者每日的生活雖然異常艱辛，但若災民本身站起來，率先展開救援活動，那麼人道救援的效果就會更加持久，而這正是宗教團體最強而有力的貢獻」。

在此令我想起過去馬丁．路德．金博士曾經在著作中介紹過的一件軼事。一位上年紀的婦女響應當時蒙哥馬利巴士抵制運動（拒絕搭乘實行種族隔離政策公車運動，1955-1956），在蹣跚地走路時，一個也在參加運動的男士把自己的車停在她身邊邀她上車。她揮手拒絕上車說：「我不是為我自己而步行，我是為了我的子孫而步行的。」（《闊步走向自由》，*Stride Toward Freedom*）

遇到災難之後，無數人雖然自己也是身心受到創傷，但為了所愛的家庭、朋友，以及眼前受痛苦的他人，馬上自願起來行動，負起任何能做的支援活動。

佛法教導，人無論處於怎樣的環境，都可以成為拯救他人的存在；又強調最苦的人最有權利成為最幸福的人。

佛經有云：「寶塔即一切眾生」。（《日蓮大聖人御書全集》，834頁）《法華經》所說的宇宙般大的莊嚴寶塔，就是指所有人各自的尊貴生命姿態。自覺本有的尊嚴的人「不能壞心（心靈不能被破壞）」（同前，67 頁），無論受到怎樣的威脅打擊和考驗，生命的尊嚴是絕對不會被破壞的。日蓮指出：「是惡象等，唯能壞身，不能壞心（甚至兇惡的大象，也只能破壞你的肉體，但絕對不能破壞你的心）」。（同前）

我們堅信，假如更多的人能以這確信來奮起，牽引沉沒於痛苦中的人們的手，共同邁出重建的新一步，如此一個又一個的尊貴生命寶塔聳立，就能使社區重建真正地走上軌道。我們深信此理念並付諸實踐。

近年來世界各地發生的災害，使當地的行政機能受到破壞，而在其中發揮了巨大作用的就是立足於社區的「互相幫助，互相支持」的網絡。處於各種不同立場的人勇於參加志願工作，也收到很多從外國送來的支援與鼓勵。

如在災害發生時所看到的那樣，於日常生活中我們需要提高社會全體的互助風氣，進一步加強互相支持、互相幫助的紐帶，如此來提高對應「突如其來的窘迫危機」的能力。

去年逝世的諾貝爾和平獎得獎人馬塔伊博士，在肯尼亞和非洲其他地區推行「綠帶運動」，使民眾自強起來，以民眾自身的力量去保護環境。植林運動曾多次遭遇妨礙與困難，好不容易種植的樹木也屢屢受到破壞。但馬塔伊博士寫道：「樹木與我們同樣頑強地生存……雨會繼續下，太陽也會繼續照耀。不知不覺地樹木已經向着天空長出綠葉及新芽。」

馬塔伊博士這不屈不撓的精神，對我們是一種不朽的鼓勵。

回顧自己所開展的「綠帶運動」，馬塔伊博士指出其成功是因為它能引發民眾的潛力，使他們發揮自己的力量。她說：「這運動的主旨不是『應該為民眾做點甚麼』，而是貫徹『與民眾一起做點甚麼』的精神。」

我相信這種不是「為他人」，而是「與他人一起」做點甚麼的精神，正是讓民眾自身積極參與的自強網絡的關鍵。這種自動自發的過程，正是可以打破絕望的黑暗、升起無限希望的朝陽的要訣。

⁜ 人類安全策略

接下來，我想談談有關如何克服對人類的生存、生活尊嚴有着深刻影響的各種威脅的具體方法。

在此之前，我想提出的是被稱為「和平文化之母」的埃莉斯．博爾丁博士所強調的兩個觀點。

其一是人類要對未來抱有清晰的展望，邁向實現這理想去行動。其二就是要立足於一個她稱為「前後二百年」的價值觀。（《邁向和平文化的光輝世紀》）

關於第一點，博爾丁博士介紹了以下的故事。

在六十年代一個研究裁軍的經濟學術會議上，博士問在座的人如果完全實現裁軍，世界將成為甚麼樣子的時候，得到的是「我們不知道。我想我們的工作只是說明裁軍的可能性」這意想不到的回答。令她不禁懷疑「連對這場運動能帶來甚麼樣的結果都不知道，又怎麼能夠衷心地獻身於這項工作呢？」(同前)

這說明了一個非常重要的問題。不管促進和平、裁軍的運動有多麼重要，如果其核心沒有具體的展望和理想，就很難產生打破嚴峻現實的牆壁的力量。博士認為，只有大家從心裏理解並胸懷明確展望，才能真正帶來全心全意的團結。

另外一個觀點就是「前後二百年」，是指以今天為起點的一百年前和一百年後的時間框架，來作為自己人生的立足點。博爾丁博士強調：「人不是僅僅存在於現在這一刻。如果認為現在這一刻就是自己整個人生的話，那麼現在發生的事態在轉眼間就會把自己打垮了。」(同前) 但是如果考慮到自己是活在更大的時間框架內的時候，就能發現到與許多人的生存時間有着共同關聯，包括從今年剛剛誕生的嬰兒到今年迎來百歲壽辰的老人在內。博士指出，重要的是要擁有一個更大的世界觀，明白到自己是這個「更大的共同體」的一部分。

這種想法能令我們顧及到受着各種威脅之苦的人，同時也令我們感到必須負起責任，要建設一個不讓後代重複同樣悲劇的未來社會。

根據博爾丁博士的觀點，我要從「人道」、「人權」、「可持續發展」的三個觀點，提出人類應該共同擁有的理想。

「要建設一個絕不忽視在任何地方發生的人類悲劇，團結起來克服各種威脅的世界」。

「要建設一個民眾能自強不息，優先守護地球上所有人的尊嚴及和平的生存權利的世界」。

「要建設一個不忘過去歷史，全力克服人類的負面遺產，令後世不會承受這些負面遺產的世界」。

這也是我至今三十次倡言的中心思想。

我深信，無論面對如何複雜困難的課題，只要明確其理想，從這理想目標開始倒數，這種思維方法正是引領我們走出混亂的現實社會死胡同的路標，能夠成為一種變革的代替方案的源泉。

接着，我要針對「災害」、「環境與發展」、「核武器的威脅」這三大課題來討論。因為這三項課題的對應愈遲，未來世代的負擔就會日益增大。

⁂ 擴大聯合國難民署的任務

首先就「災害」這課題，我要提出的方案是擴充支援災民的國際框架組織，尤其是要增強聯合國難民署（UNHCR）的責任。

目前，聯合國是由「國際減災戰略」(International Strategy for Disaster Reduction, UNISDR) 通過推展國際間合作來防止災害擴大。但是，因為災害何時到來難以預測，而重要的是要做好準備，以便在發生災害時能馬上對災民提供支援。

在此我要強烈呼籲，除了對災民提供人道上的緊急支援以外，還應該重視災民的人權，注意要令他們能度過有尊嚴的生活。

具體來說，就是正式委託聯合國難民署，把目前對於災民的個別救援活動列為正式公務。

到目前為止，聯合國難民署一直不斷在擴充其援助對象及活動範圍，除了原有的保護難民任務以外，還增加了國內難民、戰爭難民、尋求保護者及無國籍人民等的救援。這是由於聯合國難民署規章的第九條聲明該署會「從事聯合國大會上決定的其它活動」，經過數次聯合國大會的決議而正式增添了上述的任務。

據報告，世界上每年大約有一億六千萬人遇到自然災害，十萬多人失去性命。災害發生的次數及受災的人數與七十年代相比，大約增加了三倍。特別是大多數的犧牲者集中在發展中國家，災害和貧困的惡性循環是一個不能忽視的大問題。

聯合國難民署高級專員安東尼奧．古特雷斯（Antonio Guterres）曾指出：「無論甚麼樣的新對策都必須以人權為基礎。通過 2004 年的印度洋海嘯及其它近年來的災害經驗，讓我們明確地認識到此等災害對災民的人權也帶來了新的威脅。」（《氣候變化》，*Climate Change*）

正如古特雷斯所指出的那樣，在從賑災到重建的過程中，如何保護災民的尊嚴就成為最大的焦點。災害發生時，災民的健康狀況及生活環境的惡化往往會被看成是在所難免的，但正是在緊急情況發生時，喪失一個接一個的權利，對災民來說可能會成為致命的原因。

為了對此進行改善，應該讓聯合國難民署站於一個能持續支援災民的立場。應該設立一個框架，令聯合國難民署能與其它國際組織共同開展立足於「人道主義」和「人權文化」的救援活動，貫徹保護人們的生命與尊嚴。我們要建設「人權文化」，來保護受到災害、威脅及社會弊害之苦的人民的尊嚴。

上個月在聯合國大會上，採納了一個歷史性的新聯合國宣言——《人權教育和培訓宣言》，為國際社會設立通過教育及訓練培養人權文化的原則和目標。這宣言是從 2007 年聯合國人權理事會表決通過後開始起草草案，反映了以非政府組織「人權教育與學習工作小組」為首的各式各樣非政府組織民間社會的意見。

SGI 作為這個非政府組織工作小組的主席，也為了要落實宣言的精神，正在與聯合國「人權教育協會」(Human Rights Education Associates, HREA）及聯合國人權事務高級專員辦事處（Office of the UN High Commissioner for Human Rights, OHCHR）的合作，製作人權教育的 DVD 。

如果世界各國都展開以這宣言為基礎的教育活動，那麼可以期待的是，在災害發生時，受影響國家的政府及地方自治體在進行賑災活動時，必會意識到維護災民人權的必要。建設「人權文化」是二十一世紀國際社會的中心課題，SGI今後將從民間社會的立場再接再厲，希望可以為這課題做出更多的貢獻。

⁂ 防災、重建與婦女的角色

第二個要提出的方案，就是從防災到賑災重建的各個階段，國際社會要重視婦女所能夠扮演的角色。

在對應處理災害與「突如其來的窘迫危機」時，需要重視每一個災民所處的不同狀況。與此同時，重要的是當事人能以自強的精神、以自己的力量試圖打破現狀。在此，婦女所扮演的角色尤其重要。

一般來說，發生的災害規模愈大，喪失性命的女性與男性的數字差距也就愈大。而且每當發生災害時，婦女在生活上的不方便及負擔會比男性大，而且對於其人權及尊嚴的威脅也愈大。但是在另一方面，我們應該着眼於婦女與生俱來的「對於防災與重建的貢獻能力」，有必要把它反映在防災重建的對策上。

在2005年由聯合國主持召開的世界減災會議上採納的《2005-2015年兵庫行動框架》條文中指出：「應該把以性別為

基本的思考方式加進各種災害風險管理政策、計劃決策過程中。」但遺憾的是，在去年提出的報告書中指出其進展並不令人滿意。為了改變這種狀態，我認為應該提出具有法律約束力的明確原則。

在這裏我想起在 2000 年 10 月通過的聯合國安全理事會第 1325 號決議。它提倡在維護及促進和平與安全的各種活動中，男女應該擁有平等參加及完全參與的權利。這項決議向國際社會發出了強烈的訊息。

經過十多年，在其履行上仍有未解決的課題，需要更進一步的推動和支持。但是在各地進行各種活動時，這項決議經常成為了活動的行動指南，證明決議具有重大的意義。

當時，為通過這決議而盡力的前聯合國副秘書長安瓦爾．喬杜里在與我的對談中這樣講述：「通過婦女的參與，和平文化可以延伸出更頑強的根。……不應忘記的是，沒有婦女參加的世界和平，就沒有真正的意義。」(《創造新地球社會——暢談和平文化與聯合國》) 同樣地，在防災與重建這方面，婦女也承擔、發揮着同樣重要的作用。

與此同時，在各地開展維持和平活動的聯合國也根據 2010 年 1 月的中美洲海地大地震所造成的嚴重損失，提出有必要將 1325 號決議的對象範圍擴大到自然災害領域。

因此我提議將 1325 號決議的構築和平概念擴大到包括防災及重建工作，或通過一項新決議，聚焦於婦女在防災及重建中所能分擔的重要作用。

我強烈希望，日本作為採納《兵庫行動框架》的主持國，也經歷過阪神淡路大地震及東日本大地震，應率先整頓日本國內婦女活躍的環境，以成為各國的模範。

前智利總統、也是二年前創設的聯合國婦女署（UN Women）第一位執行主任米歇爾．巴切萊特（Michelle Bachelet）說：「我親眼見過，當那些常常陷入極端困境的女性一旦獲得機會，會對她們的家庭和社會作出許多貢獻。她們的力量、勤奮和智慧是人類尚待開發的最大寶藏。我們決不能再等一百年才去釋放這一潛力了。」（2011 年國際婦女節新聞稿，International Women's Day 2011）。

正如巴切萊特所說的那樣，總不能讓婦女永遠成為災害的最大受害者。這點與防止糾紛及構築和平的情況一樣，在防災及重建上，婦女是最大變革的主體者，可以發揮其專長使局面好轉。現在正是構築這一時代的時刻。

SGI 對發揮婦女在和平文化活動上的專長，不斷進行意識啟蒙活動。今後更準備通過草根啟蒙活動，讓婦女在防災重建領域上能充分發揮其角色。

⁜ 可持續發展的社會

接下來第二點，我要提出的是環境和可持續發展的問題。

今年 6 月，將在巴西召開「聯合國可持續發展大會」（里

約 +20）。迎來 1992 年地球高峰會議召開二十週年的今年，將會在會議中檢討於這二十年來所取得的成果，並商討以下兩個主題：「可持續發展和消除貧困背景下的綠色經濟」和「可持續發展機制框架」。

關於前者的綠色經濟，雖然還沒有確切的定義，但我認為不應把這定義下得太狹隘，譬如只局限於把它當作經濟成長與環保這兩個看似相互抵觸的需求之間的一個折衷之策，又或者促進經濟成長的新模式或創造就業機會的手段等。

去年秋天，聯合國環境規劃署（United Nations Environment Programme, UNEP）在印尼的萬隆舉行了國際青年會議。會議上通過了一個宣言，將綠色經濟定為：「把人的幸福、社會公正、環境保護放於等同地位、真正可以持續的唯一整體化框架」。世界青年代表們對未來滿懷理想與責任感，也引起了我強烈的共鳴。

我強烈呼籲，作為繼承聯合國「千年發展目標」的新活動，要制訂共同的目標來實現可持續發展的未來。在一份為準備「里約 +20」會議所結集的最初的文件草案（zero draft）中，也提出了需要設立「可持續發展目標」。希望不要放過這個大好機會，從一種顧慮周全的綜合性視角，深入討論這些人類與地球所面臨的課題。

到目前為止，國際社會基於聯合國「千年發展目標」，一直在努力減少社會上遭受貧困飢餓之苦的人口。就是說，從各種的角度改善上文曾提及的因為出生國家、成長環境的不同所產生的生活及尊嚴上的不平等。雖然至今已經取得了一定的成果，但很多人認為有必要在期限的 2015 年以後，設定新的目標。

我歡迎這種建議，期待通過設立新目標來繼承「千年發展目標」的精神，以繼續改善由貧困及歧視帶來的地球社會的不公平。也希望能將任何國家的人都不能迴避的、有關人類安全的各種問題也列入解決範圍之內，作為一個二十一世紀人類共同指向的作業。

我提議於「里約 +20」設置研討新共同目標的工作小組，推進「對話」。作為其根本理念的，就是「人類安全」和「可持續發展」。

那麼，「可持續發展」又是甚麼意思呢？簡單來說，我認為就是：「不把幸福建築在他人的不幸之上」、「不把被污染和破壞的社區和地球留給下一代」、「為未來的子孫着想，不要只為滿足現在而犧牲未來」。

在實行的過程中，不應義務性地受外部規則所束縛，也不應視作某種艱苦的重責。不如說，應該是一種自然的分享，也就是經濟學家加爾布雷斯（John Kenneth Galbraith）博士與我在對談中所提到的，一種要使二十一世紀成為一個「人類可以說『活在這個世界是快樂的』」世紀的心情。（《人本主義的大世紀》）我在 2008 年的倡言中，曾指出實現聯合國「千年發展目標」，不但是要努力實現目標，還要恢復每個受悲痛的人的笑顏。

我們也不需要從零開始創造其倫理基礎，因為它本來存在於各種各樣的傳統文化以及宗教之中，只不過我們現代人忽略去認識而已。譬如北美原住民易洛魁（Iroquois）所繼承的教誨說：「要經常考慮不單是眼前的事物，也應該包括未來的，比如那些還沒有露面的下一代。」

佛典之中，釋迦也有同樣的教導：「為人能見或不見，如是近者或遠者，無論已生或未生，平等慈眼視眾生，祈願彼等心安住（眼睛看得到跟看不到的，住在遠方跟住在近鄰

國際創價學會會長池田大作訪問美國哈佛大學，與經濟學家加爾布雷斯博士（右）懇談。博士評價池田會長於同日在哈佛進行的第二次演講為：「指向我們所希望、期盼的『邁向實現和平之道』的演講」。（攝於 1993 年 9 月哈佛大學，聖教新聞社提供）

的，已經誕生和將要誕生的，以平等的慈悲眼光來看眾生，願所有生靈都得到安穩幸福）。」（《佛陀的話：慈愛經》）

為新目標制定作為基礎的倫理觀念時，不是把它制定為一種外在的規章制度，而是應該通過教育及意識啟蒙，讓它成為一種扎根於民眾生命的「誓約」。

同時要具體地、認真細緻地考慮如何解決貧困、收入不均衡，以及各種突如其來的災害威脅等問題，還有如何阻止生態系統的破壞和保護生物的多樣性等等。

我們應該匯集世界的睿智，通過反復議論，探討為了保衛地球上人類的生存、生活和尊嚴，要如何向未來發展，需要怎樣的生存方式，和應該構築一個怎樣的社會。

⁂ 新能源的未來

聯合國把今年定為「人人享有可持續能源國際年」，明確顯示在考慮世界能源問題上，最要重視的就是其「可持續發展」。在此，我們先要考慮核能發電的現狀以及今後的發展。

隨着地震與海嘯而發生的福島核電站事故，是繼美國三哩島核電站事故（1979 年）、前蘇聯切爾諾貝爾核電站事故（1986 年）之後發生的、帶來同樣嚴重災害的事故，而至今還不能看到有終結的徵兆。如何去除、儲藏受到核輻射污染的土壤及垃圾等課題依舊處於不透明狀態。這種「現在進行式」的威脅繼續給許多人帶來難以估計的痛苦。

據初步估計，從發生事故的核電站去除核燃料及核輻射性物資、拆除工廠設備等，最長需要四十多年。除此之外，還有如何恢復四周及受污染程度較強地區的環境等課題，以及核輻射對人體的長期影響等問題，都涉及現代以及下一代的生活，實在令人擔心。

早在三十多年前，我已經提出如果核電站發生嚴重事故的話，就會造成無法估計的巨大災害。就算不發生事故，處理核廢料也需要為期數百年甚至數千年以上的時間，會為將來人類留下一個沉重的負面遺產。至目前為止，依舊還沒有找出一個能從根本上處理這些核廢料的方法。

正如聯合國秘書長潘基文所指：「核能事故是沒有國境之分的。它直接威脅着全人類的健康與環境……正因為它的影響超越國境，所以這個課題需要在全球間進行討論。」(A Visit to Chernobyl)

不錯，核能源這問題超越國境，僅僅在某一國家的能源政策範圍內進行討論是沒有作用的。日本發生的地震佔全球10%，歷史上也曾多次發生海嘯及各種災害，絕對不能樂觀地認為核電站事故不會重演。

我認為，日本應該儘早研究如何擺脫依賴核能的政策，與已經導入可再生能源的先進國家一起合作，積極地共同開發能大幅度降低成本的技術，讓那些受能源問題困擾的發展中國家也能夠受惠。我認為積極研發革新的技術，正是日本的使命。

另外，在改變能源政策的時候，要考慮到它對社會及經濟的影響，有必要對於那些目前經濟大部分依賴核能發電的電力供應地區，實施包括培育其它代替產業基礎的各種方法。

核能作為國際社會的課題，依舊存有許多仍待解決的課題。當務之急是各國之間如何去協調合作。在切爾諾貝爾核電站事故發生二十五年後的去年 4 月，聯合國秘書長潘基文在訪問當地後發表的文章中，提醒國際社會對核能的注意時說：「處理核電站安全問題必須要像處理核武器問題一樣認真。」

使用核武器就不用說了，伴隨着開發及實驗核武器所產生的核輻射污染與核電站事故的污染，對人體帶來同樣的災害。絕對不應重複發生這樣的事故。

從 1954 年蘇聯在世界上首次啟動核電站起，經過了超過半世紀的時間，很多核電站已經迎來了使用壽命的期限。另一方面，與世界上核電站的數量成正比的是，核廢料的數量也不斷地增加。

到目前為止，國際原子能機構一直在推進對於和平利用核能的研究和開發、促進交換科學和技術資訊，以及防止原子能用作任何軍事目的等。但是，面對世界目前面臨着的核電站已使用了半個世紀以上的問題，在吸取福島核事故教訓的同時，更應在現在的日常工作基礎上，推進如何處理核廢料的國際間合作。

我要呼籲，除了以國際原子能機構為中心儘早推進關於核廢料管理的國際合作之外，更要進一步研究和探討核電站發生事故時的緊急對策，及處理廢棄核反應堆時的國際合作。

⁂ 徹底廢除核武器

最後我要為禁止、廢除核武器提出具體的意見。

從某種觀點上，去年 3 月發生的福島核電站事故令人想起自 1950 年代以來，有核國家在各地反復進行的核武器試驗所帶來的輻射污染。當時開發核武器競爭不斷激化，致令創價學會第二代會長戶田城聖於五十五年前發表了《禁止原子彈氫彈宣言》。

在宣言中，戶田第二代會長談到「現在世界掀起了禁止核武或原子彈氫彈實驗的運動。但我更想把隱藏在核武背後的魔爪摘除」。(《戶田城聖全集》四)

他堅決認為，如果不能完全廢除建立在犧牲許多民眾的基礎上的安全政策，那麼禁止核武器實驗本身也不能從根本上解決問題。

在此之前，戶田第二代會長就提出了「地球民族主義」倡言，套用現今的詞彙就是「世界公民主義」，呼籲任何國家、任何民族都不應該成為戰爭的犧牲品，民眾需要以團結來杜絕戰爭。

在戶田第二代會長去世的前一年 (1957 年 9 月)，他把阻擋人類發展前進的「一凶」的焦點鎖定在核武器之上，通過發表《禁止原子彈氫彈宣言》，希望年輕一代能繼承禁止和廢除核武器的運動。

在宣言發表的三年前，美國在比基尼環礁進行氫彈實驗[3]，對人和環境造成巨大損害。從這事件可以看出，核武器不但在作為攻擊武器的時候，在其開發階段也給人類及生態帶來嚴重的禍害。另外，雖然同意不再進行核武器實驗，但是擁有作為威脅力量的核武器本身，就表明了以保衛國家安全為名的政策，可以不惜犧牲其他多數民眾及地球生態環境，是一種非人道的思想。

佛法把引起戰爭的貪、瞋、癡的煩惱根源稱為「元品無明」，指出這是來自對於他人的蔑視、憎惡和踐踏生命的心態。如果不克服這種不尊重生命的本能性衝動，那麼即使不使用核武器，毫無疑問不在乎犧牲民眾的悲慘戰爭定會不斷重演。

這就是戶田第二代會長的《禁止原子彈氫彈宣言》由始至終在探討的問題點。我們絕對不應把核武器當作「必要的惡」來容忍下去，相反地，要把它視為「絕對的惡」而努力禁

3　1954 年 3 月，美國在太平洋中西部的比基尼環礁進行氫彈實驗，而令在附近捕魚的日本漁船「第五福龍丸」的乘務員受到輻射污染事件。由於美國從 1946 年到 1958 年，不斷在比基尼環礁進行核武器試驗，令馬紹爾羣島周圍的住民長期受輻射污染，生活在苦痛之中。

止和廢除。

實際上，於 1996 年國際法院的諮詢意見書上，也遇到一個不能衝破的障礙。那就是，使用核武器一般是違反國際人道法的，但「當一個國家的存在受到重大威脅，處於需要自衛的極端狀況下」，使用核武器是否具有違法性這一點，還得不到具體的最終結論。

但是，2010 年《不擴散核武器條約》締約國審議大會上，一致通過了一份或許能彌補這一法律漏洞的最後文件。

以下是其中一節：

「審議大會對使用核武器造成的災難性人道主義後果深表關切，重申各國在任何時候都必須遵守適用的國際法，包括國際人道主義法。」

文中的「各國在任何時候」，明確指出無論哪個國家在甚麼樣的情況下都必須遵守這國際法。

我在 2009 年發表的廢除核武器的倡言中曾經呼籲，應該以 2015 年為目標，匯集全世界民眾要求把核武器非法化的意見，確立一個能成為《核武器公約》基礎的國際規範。

在《不擴散核武器條約》審議大會上達致的規範是打破這僵局的關鍵，我們要再接再厲地使它昇華為一個明確的條約。

一般來講，為了確立新的國際規範，要經過以下三個階段：

1. 原有規範的局限性浮現，出現要求制定新規範的意見。

2. 推進制定新規範的意見廣泛增加，贊同國數目日益增多。

3. 新規範在國際社會上廣泛地獲得接納，以條約等形式正式制度化。

根據這一方式來看，我們現在正處於進入第二階段的時機，贊同國日益增加狀態指日可待。我抱有如此確信，是根據如下的世界形勢：

1997 年以民間社會為主導完成了《核武器示範公約》，而 2007 年提出其修訂本，顯示出研討從禁止到廢除核武器所必要的法律措施已在進行中。

1996 年以來，以馬來西亞等國家為中心，每年向聯合國大會提出要求開始討論《核武器公約》的決議，到去年已獲中國、印度、巴基斯坦、北韓、伊朗等一百三十多個國家贊同，支持的範圍不斷擴大。

2008 年，聯合國秘書長潘基文提倡根據《核武器公約》或一個獨立但相互支撐的協議框架來推進核裁軍。

潘基文秘書長的主張在 2010 年的《不擴散核武器條約》審議大會上得到了全會一致的同意。

在由一百五十九個國家參加的「各國議會聯盟」(Inter-Parliamentary Union) 上，包括俄國、英國、法國、中國在內的全體參加國一致表明支持這項主張。

由全世界超過五千一百個城市參加的「和平市長會議」要求開始討論《核武器公約》。同樣地，以各國前首相、前總統構成的「前政府首腦國際行動理事會」(Inter Action Council of Former Heads of Government, ICFHG）也呼籲締結《核武器公約》。

2009 年 9 月，聯合國安理會的首腦會議上，通過了以構築無核武器世界為誓約的 1887 號決議。

各國財政預算受目前經濟不景氣打擊，核武器國之間也提出檢討包括核武器支出在內的軍事預算的議論。

雖然以上的行動也許還沒有單獨打開局面的力量，但是要求「無核武器世界」的呼聲卻是一步一步、義無反顧地在前進。在民間社會的主導下起草的示範條約，以及透過署名運動等活動要求展開以締結《核武器公約》為目標的磋商等事例都顯示，作為這公約的規範的精神源泉，正脈動在民眾當中。

現在正需要具體地把「絕不能重演核武器帶來的悲劇」、「人類不能與核武器共存」這些民眾共識，成立為條約，作為人類共通的規範明確樹立起來。

❊ 擴大反核章程

重要的是匯聚各方的力量，再一次掀起各國的注意，大大地增加《核武器公約》的贊同國。為此，我提議除了現存的國際人道法所體現的精神以外，更須再加上「人權」及「可持續發展」，以此來匯集全球民眾的意識。而青年們應該站在這運動的最前線，強力呼籲要求「無核武器世界」。

為甚麼呢？因為如果站在「人權」及「可持續發展」的觀點上，那麼顯而易見的是，不管有否使用核武器，只要核武器繼續存在，而國家安全政策繼續依靠核武器來維持，那麼生活在同一地球上的許多人及其後代，都必須挑起異常沉重的擔子。

世界保障人權的支柱的其中一條條約，就是《公民權利和政治權利國際公約》(The International Covenant on Civil and Political Rights)。1984 年，監視公約實施的聯合國人權委員會（現人權理事會），曾表明如下的意見：「設計、試驗、製造、擁有和部署核武器顯然是當今對人類生命權利的最大威脅。……此外，這種武器的實際存在和威力在國家之間製造了猜疑和恐怖氣氛，從而妨害按照《聯合國憲章》和《國際人權公約》的規定促使全世界都尊重和遵守人權及基本自由的工作。」(第 14 號一般性意見， General Comment No.14)

也就是說，只要核武器存在，就會萌生以強大軍事力量恫嚇對方的衝動，令其他許多國家感到不安及恐懼。而事實上，這種恫嚇的惡性循環，會帶來無法估計的核武器擴散和軍備擴充，令世界永無寧日。

威脅帶來不安，不安造成擴軍，而這又進一步增加威脅——為了這種惡性循環，把龐大的預算與資源，都耗費在生產核武器及擴充軍備上。如果將預算和資源用在維護人的生命、生活和尊嚴上，那麼世界上各項以消除貧困、促進教育等為目標的議程不知會取得多大的進展。

1955 年，主張消滅戰爭及核武器的《羅素—愛因斯坦宣言》，其起草者之一的哲學家羅素（Bertrand Russell）指出：「我們的世界產生了異樣的安全概念和歪曲的道德觀念。在把武器像珍寶一樣保護着的同時，卻把孩子們放於戰火的危險之下。」（*The Words of Peace*）

為了打破這種非人道、冷酷的社會狀況，我在兩年前的 2010 年倡言中呼籲，將《聯合國憲章》第 26 條的精神具體化，強調「把裁軍作為人道主義的活動」。

紅十字國際委員會主席克倫貝格爾（Jakob Kellenberger）也在 2010 年 4 月從可持續發展的角度提出了警告：「核武器破壞力大，造成難以名狀的人類苦難，而且不太可能將其破壞力控制在一定的空間和時間內，還會對環境、人類的後代甚至是生存造成威脅。」（Bringing the Era of Nuclear Weapons to an End）。

這都是在警告世人關於核武器的非人道性，以及此類武器會對可持續發展構成的威脅。再加上「國際紅十字與紅新月運動」於 2011 年 11 月舉辦的代表會議上提出的要求廢除核武器的決議，這都是核武器國家應該側耳傾聽的疾呼。

目前世界上仍存在着兩萬枚以上的核彈頭。其總和威力可以不止一次地消滅地球上所有人類及其子孫，破壞地球上所有的生態系統。我們懷疑，究竟這些龐大數量的核武器所保護着的又是甚麼呢？假設在核武器的保護下而讓自己國家的一部分人民能僥倖生存下來，但是他們所要面臨的，又能稱得上是一個「未來」嗎？

如此在國際人道法的精神上，加上「人權」和「可持續發展」這全球人類都關心的課題，我們能擴大以「無核武器世界」為目標的運動範圍。

特別是對於擁有核武器國家和依存在「核保護傘」下的國家的人民，希望以上的做法能引起他們開始考慮和認識到，繼續執行現行政策，會對「人權」及「可持續發展」造成重大的侵害，並促使他們改變意識。

本着以上的條件，作為實現《核武器公約》的一個方法，我提議以基本條約配合議定書的形式，來禁止及廢除核武器。就是說，以「贊同建設『無核武器世界』為人類共同的事業，遵照國際人道法、人權及可持續發展的精神，不進行違反這一建設、損害其理念的行為」，以這精神作為基本條約的骨幹，通過不同步驟締結各種議定書，來徹底禁止開發、製造、使用和威脅使用，決定如何進行廢棄及驗證。

其重點就是樹立一個全人類共同合作的廢除核武器的框架，令所有人民在物質和心理方面都得到保障。

如此定位的話，條約就能超越現在各國的不同立場，成為一個向着「無核武器世界」這共同目標前進的立足點。同時締約國由於擁有共同目標，就不用繼續進行相互威脅的角逐。

如果能夠成立如此「把威脅變為安心」的條約，那麼即使到條約的議定書生效為止需要花上一點時間，也不會像現在那樣前途不明朗，讓威脅漫無邊際地放縱和擴大，相信能夠基於如此明確的整體現狀，形成一個根據國際法而自動停止的狀態。

為此，有必要儘早開始進行準備。我提議在今年乃至明年間，以有志的國家及非政府組織為中心，成立一個「核武器公約行動小組」(暫定名稱)。我們 SGI 也將會積極參與這一運動。

一方面研究和探討基本條約的原方案及議定書草案的結構，一方面以青年的熱情及信念喚起國際輿論，來加強全球民眾的團結，擴大贊同國家的陣容。

希望到 2015 年為止，能爭取簽署禁止及廢除核武器的基本條約。我提議以廣島或長崎作為發表其最終草案的地方。

一直以來，我提議在原子彈轟炸七十週年的 2015 年，於廣島及長崎舉行由各國首腦及民間社會代表參加的、帶有終止核武器時代意義的「廢除核武器首腦會議」。另外，我也提議將於 2015 年召開的《不擴散核武器條約》審議大會也可以選擇在廣島和長崎舉辦。

雖然考慮到《不擴散核武器條約》審議大會通常只是在紐約或日內瓦舉行，而在其它地方召開可能會帶來一些困難。但無論是「廢除核武器首腦會議」還是《不擴散核武器條約》審議大會，我期盼能在受過原子彈轟炸的地方召開，是希望親身訪問該地的各國首腦和參加者，能重新立下實現「無核武器世界」的不屈不撓的信誓，來解決核武器問題。

最近幾年，與基辛格博士共同提倡「無核武器世界」的前美國國防部長佩里，在參觀廣島的原子彈轟炸遺址及原子彈爆炸死難者和平紀念館的感想中這樣寫道：「原子彈爆炸後的恐怖畫面，深深烙印在我心中。當然，到目前為止，我自認為對於核武器的恐怖有充分的理解。但是當實際的悲慘現實呈現眼前，讓我去感受的時候，我重新痛感到原子武器擁有的強大威力，和能帶來的無法估量的悲劇。這體驗令我強烈地決意，絕對不能在地球上再次使用這種武器。」(《追求無核武器世界》)

當然，每一個人的感想是不同的，但是一定會有一些刻印在心的感受吧！

無論如何，為了要儘早阻止目前的核武器擴散，阻止其實際的威脅，我們要向在同一地球上生活的人們進一步呼籲，讓大家更為關注這個與自己的生命、尊嚴以及子孫後代息息相關的問題，除此以外別無其他辦法。

SGI 從戶田第二代會長的《禁止原子彈氫彈宣言》發表

五十週年的 2007 年起，發起了「廢除核武器民眾行動十年」運動，努力匯集民眾的聲音。作為其中一環，到目前為止，已經在世界二百二十個城市舉辦了呼籲廢除核武器的「從暴力文化到和平文化：人的精神變革」展，得到眾多市民前來參觀。

除此之外，SGI 還與防止核戰爭的國際防止核戰爭醫生組織（International Physicians for the Prevention of Nuclear War, IPPNW）所開展的「國際廢除核武器運動」（ICAN）合作，來擴大要求實現《核武器公約》的民眾網絡。同時，也通過與國際新聞社（IPS）共同發表有關廢除核武器的消息等，來尋找實現「無核武器世界」的新方案。

另外，我在 1996 年創辦的戶田紀念國際和平研究所，為了支援從一般民眾的層次開展「無核武器世界」的國際性行動，準備從今年開始推出擴大「無核武器區」的新研究專案。

「如果是我的弟子，就應該繼承我今天的聲明，並將其意義向全世界推廣。」（《戶田城聖全集》四）五十五年前恩師的教誨至今言猶在耳。

與 SGI 的青年們一起，為了實現對恩師戶田第二代會長的誓言，創建一條由民眾親自開拓的「無核武器世界」的道路。為此，我們要與志同道合的所有團體及民眾共同攜手，決心完成這個史無前例的挑戰。

❊ 分享誓言

以上，我對如何解決災害、環境和開發等問題，以及消滅核武器的問題等分別提出了具體的方案。雖然這些都並非朝夕可以解決的問題，但是我深信，只要匯集民眾的無限可能性和每個人的力量的話，就一定能夠開拓解決的道路。

六十年前的1952年恩師戶田第二代會長提出了「地球民族主義」構思，五十五年前的1957年又發表了上述的《禁止原子彈氫彈宣言》。戶田第二代會長的信念，就是要我們經常審視一百年、二百年後來行動。

他向弟子的我所託付的每一句說話，成為了我終生的誓言和行動的原點。

「為了人類的和平，你要提出具體的方案，並要為實現它而站在最前線行動，行動最重要。即使不能夠馬上實現，但是這些行動將成為火種，進而成為和平的火焰擴大開去。脫離實際的理論永遠是空洞的，具體的方案是邁向實現和平的樑柱，是保護人類的屋頂。」

至今於這三十年間的和平倡言，正是為實現與恩師的誓言的不懈行動。

為了解決這些全球性問題，我將不斷提出各種方案，同時為了擴大解決問題的最大原動力——全球民眾的團結，我正與一百九十二個國家、地區的SGI同志們一起，日復一日地推進對話運動，來點亮人們心中的勇氣與希望。

為和平、人權、人道的奮鬥，絕不是爬過一座高山的頂峰就可以達到終點。重要的是要創建一股一代接一代、誰也阻擋不了的滔滔巨流，並日積月累地把它發展和擴大。這就是我們為了建設一個和平未來的不斷挑戰。

今後，我將繼續燃燒着這一信念，更加強而有力地推動這「民育、民有、民享」的運動，決心建設一個和平與共生的地球社會。